Responsa-bilidade e Autoridade Social das Empresas

O selo DIALÓGICA da Editora InterSaberes faz referência às publicações que privilegiam uma linguagem na qual o autor dialoga com o leitor por meio de recursos textuais e visuais, o que torna o conteúdo muito mais dinâmico. São livros que criam um ambiente de interação com o leitor – seu universo cultural, social e de elaboração de conhecimentos –, possibilitando um real processo de interlocução para que a comunicação se efetive.

Antonio Siemsen Munhoz ■

Responsabilidade e autoridade social das empresas

Rua Clara Vendramin, 58 . Mossunguê
CEP 81200-170 . Curitiba . PR . Brasil
Fone: (41) 2106-4170
www.intersaberes.com
editora@editoraintersaberes.com.br

Conselho editorial	Dr. Ivo José Both (presidente)
	Dr.ª Elena Godoy
	Dr. Nelson Luís Dias
	Dr. Neri dos Santos
	Dr. Ulf Gregor Baranow
Editora-chefe	Lindsay Azambuja
Supervisora editorial	Ariadne Nunes Wenger
Analista editorial	Ariel Martins
Preparação	BELAPROSA
Capa e projeto gráfico	Charles L. da Silva
Diagramação	Querido Design

1ª edição, 2015.
Foi feito o depósito legal.

Dados Internacionais de Catalogação na Publicação (CIP)
(Câmara Brasileira do Livro, SP, Brasil)

Munhoz, Antonio Siemsen
 Responsabilidade e autoridade social das empresas/Antonio Siemsen Munhoz. Curitiba: InterSaberes, 2015.

 Bibliografia.
 ISBN 978-85-443-0220-0

 1. Administração de empresas 2. Empresas – Aspectos sociais 3. Mudança organizacional 4. Responsabilidade social corporativa I. Título.

15-05492   CDD-658.408

Índices para catálogo sistemático
1. Organizações: Responsabilidade social corporativa: Administração de empresas   658.408
2. Responsabilidade social corporativa: Organizações: Administração de empresas   658.408

Informamos que é de inteira responsabilidade do autor a emissão de conceitos. Nenhuma parte desta publicação poderá ser reproduzida por qualquer meio ou forma sem a prévia autorização da Editora InterSaberes.
A violação dos direitos autorais é crime estabelecido na Lei n. 9.610/1998 e punido pelo art. 184 do Código Penal.

Sumário

Palavra do autor — 11

Apresentação — 13

Introdução — 21

CAPÍTULO 01
Ética e responsabilidade social na sociedade pós-moderna — 25

    A teoria do caos — 27

    Da ideia à prática — 30

    Responsabilidade e autoridade social das empresas — 34

    Por onde começar? — 39

    Justiça social — 42

    Desenvolvimento humano — 44

    Preservação dos recursos naturais — 47

    O capital e o social — 50

CAPÍTULO 02
Práticas empresariais éticas e responsabilidade social — 53
- Imposição social — 55
- O indivíduo na sociedade contemporânea — 57
- Ações dos grupos sociais — 61

CAPÍTULO 03
A prática da responsabilidade social individual — 65
- Um novo perfil profissional — 67
- A criatividade e o lado social — 70
- Plano de ação — 73

CAPÍTULO 04
Respeito à diversidade e ao multiculturalismo — 79
- Ações em favor da diversidade — 83
- Desafios sociais — 85

CAPÍTULO 05
Apoio à criança e ao adolescente — 91
- Ações das empresas — 97
- Plano de ação — 99

CAPÍTULO 06
Apoio à terceira idade — 105
- Definição de idoso — 108
- Desafios — 110
- Garantia de prioridade — 112
- Ações da sociedade civil e das empresas — 113

CAPÍTULO 07
Apoio à mulher e valorização do feminino — 117
- Ações sociais de órgãos públicos — 121
- Ações das empresas — 125
- Ações dos grupos sociais — 129

CAPÍTULO 08
Apoio à democratização da educação 137
   Situação atual 141
   Ações da sociedade civil 143
   O que as empresas podem fazer? 145

CAPÍTULO 09
Apoio à eliminação do analfabetismo funcional 161
   Definição 166
   Ações das empresas 169

CAPÍTULO 10
Apoio ao município 175
   Responsabilidade das empresas e do Estado 180
   Proposta de desenvolvimento sustentável 181
   Ações das empresas 184

CAPÍTULO 11
Apoio à reabilitação do preso 191
   Dificuldades 195
   Ações sociais 197
   Ações das empresas 199
   Contratação de serviços penitenciários 205

CAPÍTULO 12
Apoio à inclusão de pessoas com necessidades especiais 209
   Questões de igualdade 212
   Legislação 215
   Ações das empresas 218

CAPÍTULO 13
**Apoio à erradicação da pobreza
e aos processos de inclusão social** — 221
- A exclusão social — 225
- A pobreza — 229
- Ações das empresas — 232

CAPÍTULO 14
Apoio aos processos de inclusão digital — 237
- Sociedade da informação e da comunicação — 240
- Ações de inclusão digital — 243

CAPÍTULO 15
**Apoio aos processos de
recuperação do meio ambiente** — 253
- Surgimento e progressão do problema — 258
- Grupos sociais — 262
- O Mecanismo do Desenvolvimento Limpo (MDL) — 267

CAPÍTULO 16
Apoio aos processos de inclusão racial — 271
- Combate à exclusão das minorias — 275
- Ação das empresas — 279

CAPÍTULO 17
**Apoio ao voluntariado e a
organizações da sociedade civil** — 283
- O voluntariado — 286
- Terceiro setor — 290
- Ações das empresas — 292

CAPÍTULO 18
Apoio aos movimentos LGBT   297
Ações das empresas   304

CAPÍTULO 19
Compromisso com os objetivos do milênio 307
Ações dos grupos sociais   310

CAPÍTULO 20
Um olhar para o futuro   315

Considerações finais   321
Referências   327
Sobre o autor   351

Palavra do autor

Este estudo foi elaborado com uma proposta clara e definida: orientar empresas e organizações – e em particular seus colaboradores, pessoas físicas – sobre a necessidade de desenvolvimento de propostas voltadas à melhoria das condições de vida das pessoas e à proteção do meio ambiente, a fim de atingir um estado de bem-estar social. Um vasto referencial bibliográfico foi consultado de modo a prover um material de estudo reunido em uma única fonte, o qual abrange todos os principais problemas vividos pela sociedade na pós-modernidade.

Ver este trabalho publicado é um prêmio ao esforço empreendido. Isso será ainda mais relevante se o livro for útil de alguma forma para qualquer pessoa ou organização. Caso deseje manter contato comigo para obter informações adicionais ou fazer sugestões que resultem na melhoria deste material, você pode acessar o endereço: <http://www.tecnologiaeducacional.net>.

Dr. Antonio Siemsen Munhoz,
Consultor em tecnologias educacionais e educação a distância

Apresentação

Com este estudo, temos o objetivo de analisar, discutir e orientar novas atitudes e novos comportamentos na sociedade contemporânea. É um chamado para organizações públicas e privadas, bem como para os colaboradores em todos os níveis. Todos os envolvidos participam do cenário social que se deseja mudar.

Essas novas atitudes e esses novos comportamentos exigem que tais instituições sejam efetivas, com a responsabilidade e a autoridade social que delas se espera. Assim, todos poderão contribuir de forma decisiva para a melhoria das condições de vida das pessoas, que retiram a sua sobrevivência do contexto no qual vivem e operam.

A dificuldade ou mesmo a não efetivação do direito de todos à cidadania, à convivência pacífica e à moradia – provocadas por relações de poder existentes entre os grupos mais favorecidos e os menos favorecidos – não podem mais ser aceitos de forma passiva. Questionamentos entre patrão e empregado, entre empresa e sociedade e entre diferentes etnias florescem na pós-modernidade de forma aberta. A transparência é exigida em toda a amplitude possível.

Existe hoje um diálogo aberto sobre temas como *ética, respeito ao cidadão e ao meio ambiente* e *responsabilidade social*, a ponto de o atendimento às demandas globais ser visto como diferencial meritório. Para a empresa, o prêmio é o ganho em competitividade; para o profissional, o aumento de sua empregabilidade – ou seja, sempre se espera um retorno e as ações são tomadas no sentido de provocar algum benefício.

O que deveria ser natural – a discussão sobre temas de interesse comum que envolvem a melhoria das condições da vida humana – passa de obrigação não cumprida à condição de estratégia para obtenção de vantagens. A difícil convivência entre o capital e o social, por suas exigências singulares, parece dificultar a tomada de medidas profundas, que são substituídas por outras, paliativas e oportunistas, na busca dos méritos assinalados.

Para remunerar esse capital, parte dele deve ser dedicado ao desenvolvimento sustentável e à melhoria do Índice de Desenvolvimento Humano (IDH) – é preciso salientar o surgimento, ainda que tardio, desse novo paradigma.

Nesse sentido, o presente estudo trata da ética e da responsabilidade das organizações, com base no questionamento de alguns aspectos desses atributos no âmbito individual, das empresas, dos governos, e assim sucessivamente. Nosso propósito é oferecer orientações e recomendações para que seja possível alcançar um nível de motivação suficiente, de modo a facilitar o atingimento desse objetivo.

Primeiramente, é necessário salientar que cada componente dessas organizações deve se conscientizar da necessidade de recuperar, nos mais diversos tipos de relacionamento humano, atitudes e posturas éticas, com base nas quais a responsabilidade e a autoridade social podem se manifestar como um comportamento natural.

Em todas as propostas será destacado o conhecimento das diversas razões que justificam as exigências postas na sociedade contemporânea para serem efetivadas e dos resultados benéficos advindos da transformação de situações sociais. É importante que cada um saiba a serventia que essa atitude apresenta em todos os níveis (indivíduos, organizações e planeta).

Seguindo essa linha de raciocínio, esta obra se destina a profissionais de todas as áreas de conhecimento e cria a expectativa de que cada um responda positivamente de acordo com a formação pessoal e o interesse que tem no desenvolvimento de atividades voltadas à melhoria da vida social como um todo.

Para que você tenha condições de desenvolver um estudo abrangente sobre responsabilidade e autoridade social, o livro está dividido em 20 capítulos. Cada um pode ser lido de forma independente, pois analisa um eixo temático particular único. Assim, você e as organizações podem tratar de aspectos pontuais e colaborar de forma decisiva para atender a apelos sociais que não se fazem calar.

Os temas tratados são:

1. Ética e responsabilidade social na pós-modernidade
2. Práticas empresariais de ética e responsabilidade social
3. Prática da responsabilidade social individual
4. Respeito à diversidade e ao multiculturalismo
5. Apoio à criança e ao adolescente
6. Apoio à terceira idade
7. Apoio à mulher e valorização do feminino
8. Apoio à democratização educacional
9. Apoio à eliminação do analfabetismo funcional
10. Apoio ao município

11. Apoio à reabilitação do preso
12. Apoio à inclusão de pessoas com necessidades especiais
13. Apoio à erradicação da pobreza e aos processos de inclusão social
14. Apoio aos processos de inclusão digital
15. Apoio aos processos de recuperação do meio ambiente
16. Apoio aos processos de inclusão racial
17. Apoio ao voluntariado e a organizações da sociedade civil
18. Apoio aos movimentos LGBT
19. Compromisso com os objetivos do milênio
20. Um olhar para o futuro

No Capítulo 1, discutimos ética e responsabilidade social na pós-modernidade como práticas recomendadas a todas as organizações e seus elementos componentes.

No Capítulo 2, analisamos as formas de desenvolvimento das práticas empresariais de ética e responsabilidade social em termos do que cada uma das corporações de maior destaque pode fazer.

No Capítulo 3, discorremos sobre as formas de desenvolvimento da prática da responsabilidade social individual, com base na necessidade individual de desenvolver comportamentos e atitudes mais recomendados.

Na sequência, no Capítulo 4, destacamos a importância do respeito à diversidade e ao multiculturalismo desenvolvido com as propostas de globalização e das correntes migratórias.

No Capítulo 5, ressaltamos a necessidade urgente de apoio às crianças e aos adolescentes submetidos a explorações em diferentes níveis e formas na sociedade contemporânea.

No Capítulo 6, recomendamos ações de apoio à terceira idade para evitar que o envelhecimento signifique dor e sofrimento às pessoas que já deram de si o que podiam em benefício da sociedade.

No Capítulo 7, renovamos o estímulo a ações de apoio à mulher e valorização do feminino, amiúde colocada em patamar inferior, discriminada e sujeita à dupla ou à tripla jornada de trabalho.

No Capítulo 8, enfatizamos a importância do apoio à democratização educacional, considerando que, para um país melhorar o IDH, a educação deve ocupar lugar de destaque, sendo merecedora de atenção especial.

No Capítulo 9, abordamos estratégias para eliminar o analfabetismo funcional. Tal articulação se constitui como uma das principais necessidades sociais, já que impede o desenvolvimento de ações sociais pela falta de compreensão do que se lê.

No Capítulo 10, investigamos formas de apoio dos governos federal e estadual aos municípios, os quais têm carreado muitos recursos para a esfera federal sem receber o retorno.

No Capítulo 11, procuramos responder aos anseios da sociedade, em especial das famílias, para a implementação de ações voltadas ao apoio à reabilitação do preso, que tem poucas condições de reinserção social.

No Capítulo 12, tratamos dos cuidados necessários para o apoio à inclusão de pessoas com necessidades especiais, cuja condição muitas vezes mal nascidas como é, consequência de erros humanos.

No Capítulo 13, discutimos a necessidade de erradicação da pobreza e de desenvolvimento de processos de inclusão social de forma a permitir que as pessoas alcancem a cidadania em sua integralidade.

No Capítulo 14, identificamos caminhos para que seja possível desenvolver processos de inclusão digital, com a finalidade de evitar a criação de uma nova elite que tenha no conhecimento um instrumento de dominação intelectual.

No Capítulo 15, refletimos acerca de formas de apoio aos processos de recuperação do meio ambiente – que, aos poucos, deixa de ser um hábitat saudável àqueles que exaurem os recursos do planeta sem se atentar para a necessidade de sustentabilidade.

No Capítulo 16, abordamos a necessidade de apoio aos processos de inclusão racial, considerando que todos são iguais e têm os mesmos direitos perante a lei – fato nem sempre respeitado.

No Capítulo 17, tratamos para ações individuais de apoio ao voluntariado e a organizações da sociedade civil que podem colaborar com iniciativas de diversas empresas quando consideradas em sua totalidade.

No Capítulo 18, analisamos de forma particular os movimentos LGBT (lésbicas, gays, bissexuais, travestis, transexuais e transgêneros), levando em consideração a gravidade das agressões contra seus participantes, com destaque aos procedimentos que estão sendo adotados em sua defesa.

No Capítulo 19, identificamos em que medida foi cumprida a proposta das metas do milênio, cujo objetivo é manter acesos os propósitos humanitários, muitas vezes esquecidos e que devem ser permanentemente renovados.

Por fim, no Capítulo 20, lançamos um olhar para o futuro, no sentido de verificar quais medidas já estão previstas e quais são as novas metas estabelecidas para a melhoria significativa das condições de vida em nosso planeta.

Durante todo o desenvolvimento do material, são efetuados diálogos, reflexões, exercícios e pesquisas. Essa interação tem como principal objetivo incentivar você, leitor, a aprofundar o estudo e, dentro de suas possibilidades, iniciar um processo de ações, não importa em que extensão, para a criação de uma cultura voltada a tornar a responsabilidade e a autoridade social um comportamento natural.

Optamos por não nominar especificamente instituições, organizações, escolas e outras entidades. Utilizamos os termos *organizações, empresas, instituições* e *corporações* de forma abrangente, também sem propor nenhuma taxonomia para eles – como primários, secundários, intermediários e outras que possam ser criadas. Definições emanadas de estudos sociológicos são a base para a adoção desse conceito.

Cohen, Phillips e Hanson (2010) e Gitterman e Salmon (2010) estão entre os sociólogos que desenvolvem um trabalho mais aprofundado sobre o tema. Interessa-nos, de forma particular, a definição desses estudiosos a respeito dos grupos sociais. Segundo os autores, um grupo social é considerado um grupo de pessoas que interagem umas com as outras e compartilham características semelhantes e um senso de unidade. Ele se estrutura de diversas formas: pode ser um grupo social de mulheres, de engenheiros e assim por diante. Levando em conta o propósito de que este estudo atinja todos os grupos sociais, chegamos à adoção dessa perspectiva sociológica.

A percepção de que uma pessoa pode pertencer a muitos grupos sociais ao mesmo tempo, o que de fato ocorre na vida diária, torna o trabalho mais abrangente e pode orientar ações individuais em todos os grupos, um dos nossos principais propósitos. Os grupos sociais desempenham um papel fundamental no desenvolvimento da natureza social e dos ideais das pessoas, ponto nevrálgico que com este livro pretendemos atingir. Quando são sugeridas ações individuais, partimos do pressuposto de que elas somente têm significado se for tomado como pano de fundo o contexto dos grupos sociais, além de poderem ser destinadas a si mesmos ou a outros grupos (etnia, preferência sexual, gênero etc.)

Introdução

Cada um de nós tem, como cidadão, um conjunto próprio de valores e crenças adquiridos durante o curso da vida. Nosso caráter é formado pela educação que recebemos e pelas experiências que vivenciamos. Somos, portanto, resultado direto das interações sociais que temos com as outras pessoas e as situações colocadas em nosso caminho.

O mesmo acontece com as organizações: são parte integrante da vida social como entidades representativas inseridas na vida das pessoas. Por um lado, isso acontece para atender às nossas vontades, às nossas necessidades e aos nossos desejos de consumo; por outro, serve como elemento de subsistência a uma parcela da população que retira dessas organizações o próprio sustento.

As empresas retiram do contexto local ou remoto os elementos de que necessitam para o desenvolvimento de seu trabalho. Modificam o meio ambiente local e a vida das pessoas e, de alguma forma, são orientadas a devolver – na forma de cuidados com o ambiente, as pessoas e as situações – aquilo que usufruíram.

Cada organização tem a sua verdade. Seus gestores definem a sua missão. As atividades que cada uma executa obedecem a conceitos particulares do que é certo e do que é errado, os quais não estão necessariamente alinhados com o que a sociedade pensa e considerá como válido.

O capital é quem dá possibilidade de ação às empresas. Historicamente, ele se opõe ao social, razão por que muitas vezes coloca pressões sobre a produção. As questões referentes a esse tema envolvem produtividade, competição e retorno financeiro, entre outros aspectos. São eles que desviam a atenção dos administradores no sentido de assumirem atitudes positivas do ponto de vista do bem-estar comum.

Houve um tempo em que comportamentos éticos sugeridos no tratamento com o cidadão e na preservação do meio ambiente somente eram cumpridos por empresas com maior consciência cidadã; tratava-se de uma decisão que estava nas mãos de seus administradores. Nos dias atuais, já existe legislação pertinente[1] – e quem não a respeita se sujeita a penalidades.

Na sociedade contemporânea, além da legislação, movimentos provenientes das redes sociais – que exercem pressão para que direitos sejam respeitados – e recomendações de uma série de conferências desenvolvidas com propostas para a defesa do meio

---

1   Acesse informações sobre os direitos do cidadão na Constituição Federal brasileira no *site*: <http://www.planalto.gov.br/ccivil_03/Constituicao/ConstituicaoCompilado.htm>. Acesso em: 22 set. 2014. Para aprofundamento das questões sobre proteção do meio ambiente, veja as 17 leis ambientais atualmente em vigor no *site*: <http://planetaorganico.com.br/site/index.php/meio-ambiente-as-17-leis-ambientais-do-brasil>. Acesso em: 25 set. 2014.

ambiente[2] procuram estabelecer condições mais justas. As redes sociais parecem confirmar o que antigamente se ouviu na Grécia pela voz de Aristóteles: o homem é, por natureza, um ser social e necessita de contato com as outras pessoas. Tomaél, Alcará e Di Chiara (2005) consideram a inserção em rede como determinante para o compartilhamento da informação e do conhecimento. As pesquisadoras inferem, com base na literatura existente sobre o assunto, que as redes sociais, além de constituírem importante recurso profissional e pessoal, permitem que as pessoas se reúnam em torno de objetivos comuns e atuem como instrumento de pressão social para mudar situações sociais indesejáveis (por exemplo, falta de investimentos em educação e saúde, além de gastos efetivados com a Copa do Mundo no Brasil). Marteleto (2001) define as redes sociais como um conjunto de participantes autônomos capazes de unir ideias e recursos em torno de valores e interesses compartilhados.

Durante o desenvolvimento deste estudo, foi possível observar a necessidade da conscientização de todos – indivíduo, sociedade, empresas e governos – para que ações conjuntas fossem desenvolvidas com vistas à superação desses condições, que em nada contribuem para a melhoria da qualidade de vida.

Um olhar para o tecido social revela, em diversos e diferentes contextos, iniciativas ainda pontuais, conhecidas como *efetivação da responsabilidade social*. Neste estudo, consideramos que se essa efetivação é necessária, mas nem sempre suficiente, é preciso que quem a efetive tenha autoridade. A responsabilidade é algo delegado e que deve ser cumprido; nesse sentido a autoridade, aqui considerada como competência para o fazer, é uma alternativa

---

2   Veja a declaração final da Conferência Rio+20, na qual é possível observar as preocupações atuais com relação ao meio ambiente.

para todas organizações. Assim, damos preferência à utilização do termo *responsabilidade e autoridade social* como uma visão mais completa da proposta de melhoria constante da vida em nosso planeta.

Não privilegiamos nenhum segmento em especial, pois buscamos alcançar a todos indistintamente. Nesse sentido, não tratamos a responsabilidade e a autoridade social das empresas, dos clubes de futebol, dos governantes e assim por diante, mas partimos do princípio de que, se cada um fizer a sua parte de forma cooperativa, talvez seja possível enxergar um futuro mais promissor para a humanidade.

Os temas que apresentamos têm como objetivo orientar a cultura dessas organizações com base em aspectos que visem à luta por ações humanistas – sem ignorar o meio ambiente, um organismo vivo em sentido mais amplo.

01

ÉTICA E RESPONSABILIDADE SOCIAL NA SOCIEDADE PÓS-MODERNA

PREOCUPAR-SE COM A ética e a responsabilidade social é uma imposição da sociedade contemporânea para as organizações, considerando uma série de ameaças à integridade, não somente individual, mas também em nível global, que surgem como resultado da ação empresarial sobre o meio ambiente. Hoje, as organizações devem adotar comportamentos que deem destaque a esses aspectos.

A teoria do caos

Todo e qualquer ato que seja cometido, seja pelo indivíduo, seja por qualquer dos grupos que compõem o tecido social, tem consequências diretas tanto nas pessoas quanto no ambiente ecológico, considerado em nível planetário. Sempre há alguma forma de retorno, conforme explica a lei física de ação e reação, do ponto de vista de sua aplicação ao comportamento humano.

Leitura complementar

Leia mais sobre o assunto em Mussak (2004). Ao final da leitura, faça uma sinopse do conteúdo e guarde em seu diário de bordo – caderno no qual poderá anotar as solicitações de estudo que vamos efetuar durante todo o desenvolvimento do conteúdo. Se você seguir esta recomendação, quando terminar de ler o livro terá em mãos um rico material composto de resumos, reflexões e considerações sobre temas polêmicos.

Podemos nos referir a esse fenômeno como *efeito borboleta*, constituinte da teoria do caos. O que diz essa teoria? Ela propõe que todas as conclusões tiradas de fatos que acontecem na vida real têm por base a imprevisibilidade: não há uma formulação matemática que possa determinar uma sequência lógica que explique algum fato observado. Isso se aplica às variações climáticas e às oscilações no mercado financeiro, que, a exemplo de outros fenômenos, representam flutuações erráticas e irregulares.

Se você deseja afastar-se um pouco do viés acadêmico dessa definição, observe o cair das folhas de uma árvore. É possível prever exatamente quando elas vão cair? Acreditamos – e achamos que você também acredita – que isso não é possível. Atualmente já antevemos, no seio da comunidade científica, indícios de soluções para explicar esse estado, as quais preveem resultados próximos da realidade. A situação de incerteza é que nos leva até o efeito borboleta. Certamente você já deve ter ouvido ou lido em algum texto a frase: "Uma borboleta bate as asas na China e causa um furacão na América".

A complexidade desse tema o afasta das preocupações mais comuns, mas sua discussão crescente nos meios acadêmicos revela o estado de incerteza em que vivemos na sociedade atual. Se você está mais voltado para o lado filosófico, estude-o, pois ele é de grande interesse para sua formação pessoal. Para começar a "esquentar os motores", vamos sugerir como primeira atividade de reflexão um tema polêmico.

Reflexão

O que a teoria do caos tem a ver com a responsabilidade e a autoridade social das organizações? Pense um pouco antes de responder e procure, dentro do possível, justificar suas colocações. Se necessário, busque sustentação teórica no referencial bibliográfico ao final do livro. Não se esqueça de anotar no diário de bordo suas considerações. Você também poderá se divertir enquanto reflete com o filme *The Butterfly Effect* (Efeito Borboleta, 2004).

Dessa forma, quaisquer ações tomadas por você como indivíduo ou por uma organização trazem junto a responsabilidade (legada) e a autoridade (desenvolvida) social, que devem considerar as consequências de toda ação. Normalmente, agimos de forma mecânica ou nos voltamos para nossos interesses imediatos, sem a preocupação de como eles poderão afetar as outras pessoas ou o meio ambiente.

O que uma pessoa ou empresa faz, de uma forma ou de outra, retorna para a fonte de forma reflexiva, positiva ou negativa. A pessoa ou a organização envia e, ao mesmo tempo, recebe os efeitos da ação. Parece que a natureza obedece à lei de Talião ("olho por olho, dente por dente").

■ —————————— **Leitura complementar**

Apure seu senso filosófico. Apesar de ele ser necessário, muitas vezes nos esquecemos de refletir sobre os fatos da vida. Para isso, leia Duarte (2009) e faça anotações.

—————————————————————— ■

O retorno pode ser imediato, em curto prazo, ou, quando não é possível se recordar do fato que deu origem a algum efeito que o emissor venha a sofrer, em longo prazo. Nesse segundo caso, é possível que a pessoa sinta-se surpresa por não saber a causa de determinada consequência.

Todas as suas ações são lançadas no ecossistema e, após algum tempo, retornam de uma forma ou de outra. Imagine uma indústria que lança resíduos industriais nas proximidades de mananciais aquíferos que servem à população de determinada região. Com a ação, essa indústria pode estar dando origem a alguma pandemia, capaz até de atingir os seus diretores. Muitas vezes fica no ar a pergunta: Por que isso aconteceu comigo? A resposta: podemos considerar que tudo o que ocorre ao nosso redor é consequência direta daquilo que fazemos. Quando atingimos alguma pessoa ou o meio ambiente, atingimos a nós mesmos em maior ou menor grau.

É possível que agora você esteja compreendendo de modo mais completo a razão de estudar a responsabilidade e a autoridade social das empresas: todos devem tomar cuidado com os próprios atos, pois estes podem atingir efeitos extensivos que se voltam contra quem os cometeu.

Da ideia à prática

Tendo como base a teoria do caos, como é possível efetivar a responsabilidade e a autoridade social individual e organizacional na sociedade pós-moderna? Boa pergunta, diriam alguns. A resposta, ainda que não agrade à maioria das pessoas, revela que ainda temos um longo caminho a percorrer de forma que possamos contribuir para a construção de um mundo melhor para todos os seres vivos.

É possível observar que as razões que dificultam esse processo podem estar:

- na individualidade da sociedade ocidental;
- no conflito entre o capital e o social, que impede os gestores das empresas de desenvolverem ações necessárias;
- na desenfreada competição autofágica, na qual todos os seres vivos são lançados para sobreviver.

Diálogo

Paramos por aqui e deixamos o barco correr? Se você observar com mais cuidado o entorno social, verá que é forte a correnteza que tende a levar o barco para a cachoeira mais próxima – de lá, ela despenca de grande altura, sem que ninguém possa fazer nada. Somente recebe ajuda quem a procura.

O individualismo faz com que muitas pessoas se precipitem no abismo, ainda que no meio de uma multidão. Responder a essas questões pode ser uma boa atividade para despertar sua atenção para o conceito de *individualismo*.

Assim sendo, soluções heroicas isoladas não resolvem o problema. É preferível sugerir que, com base em pequenas atitudes tomadas pelos indivíduos e pelas organizações, estabeleça-se uma consciência coletiva, posta por Durkheim (1999) como resultado da mistura de ações individuais.

Parece posto e aceito que a natureza não dá saltos. A vida é um movimento em constante mutação, razão por que não é possível obter mudanças radicais em pouco tempo. Por isso, importa que olhemos para a sociedade e vejamos onde podemos, como indivíduos ou instituições, exercer nossa responsabilidade e autoridade social. A vida é feita de diversos momentos, e se dedicarmos alguns deles para desenvolver atividades nas quais não haja interesses em algum tipo de benefício que não a satisfação de ter ajudado, estaremos colaborando para a melhoria da qualidade de vida.

Diálogo

Uma lista de responsabilidades pode ser um bom começo, não importando muito as diferentes formas de nomeá-las: *contabilidade social, empresa cidadã, desenvolvimento sustentável, ética social* etc. Seu significado em instância final é o mesmo. Gostamos de dar diferentes nomes, pois eles trazem prestígios que podem se refletir em uma situação melhor financeira ou competitiva, começando pela falta de cidadania pessoal ou corporativa.

Vamos desenvolver uma tarefa que, se é árdua, pode ser compensadora caso desperte consciências individuais. Para atuar com responsabilidade e autoridade social, indivíduos e empresas deveriam começar a se preocupar em:

- Fazer com que a ação parta do local para o global; a comunidade e o ecossistema subjacentes devem ser merecedores das primeiras e principais atenções.
- Adotar uma estratégia de comportamento ambiental e social voltada ao ambiente e ao olhar para o outro, abandonando a individualidade.
- Aumentar a competitividade (se não houver justificativa melhor), pois isso satisfaz todos os níveis – fornecedores, colaboradores internos, sociedade subjacente, investidores, ou seja, toda a cadeia de valor da empresa.
- Obter alguma ISO; talvez seja melhor uma que se refira aos cuidados ambientais (já existente no mercado).
- Estimular a comunicação pessoal e da corporação, além da transparência nos atos – da qual não está isenta, como muitos pensam (de lá de dentro, é claro), a atividade governamental.
- Promover o desenvolvimento sustentável, que consiste em mais do que uma palavra bonita e estranha; ele passa a ser uma preocupação contra o consumismo individual e os gastos das empresas, além de poder ser utilizado para dar mais peso a alguma proposta.
- Envidar esforços em favor da democracia, da equidade e da justiça social, visto que são temas importantes, sugestivos e que podem provocar a admiração e a aceitação de propostas inovadoras, materializadas em atitudes voltadas para a responsabilidade e a autoridade social.

- Harmonizar o comportamento ético com as exigências do capital e do individualismo humano, o que pode influenciar as pessoas em vários âmbitos.
- Buscar a colaboração e a cooperação – não aquelas incutidas em atos como distribuir moedas nos semáforos, as quais, para serem cunhadas, custaram mais que seu valor nominal –, pois essa postura pode trazer resultados positivos.
- Propor processos de formação permanente e continuada às organizações, numa perspectiva de se tornarem grupos aprendentes (Senge, 1990) ou serem classificadas como investidores na cidadania. Isso pode e deve ser entendido como responsabilidade e autoridade social, desde que o conhecimento adquirido seja disseminado no tecido social e nas organizações, em vez de se transformar em um caminho apenas para engrandecimento pessoal.

Reflexão

Os assuntos tratados no decálogo anteriormente apresentado representam – todos eles, sem exceção – paradigmas para os grupos sociais e os indivíduos. Analise cada um deles e registre suas impressões no diário de bordo.

Leitura complementar

Aproveite o intervalo entre os tópicos para a leitura de um material complementar de grande relevância. O mais interessante da seguinte obra, que tem a participação de 12 pesquisadores, é que retrata a realidade brasileira – aquela em que nós vivemos –, o que a torna mais compreensível.

ASHLEY, P. O. A. et al. **Ética e responsabilidade social nos negócios**. São Paulo: Saraiva, 2005.

Leia e prepare uma sinopse sobre esse livro. Utilize o pensamento crítico. Ao agir assim, você pode adquirir o bom hábito de ler e nao aceitar tudo o que está dito no material de leitura que cair em suas mãos.

Despertar essa habilidade em seu perfil profissional é um dos grandes benefícios que você pode prestar a si mesmo. O pensamento crítico é descrito por Vaughn (2008) como a utilização de um método ou uma prática que permite analisar, criar e avaliar crenças, além de determinar se elas são suportadas por boas razões.

Responsabilidade e autoridade social das empresas

Neste momento, convidamos você a questionar os vocábulos que compõem a frase que algumas pessoas julgam rodeada de pompa e circunstância: "responsabilidade e autoridade social na sociedade pós-moderna".

A **responsabilidade** é algo legado como consequência da ação que a instituição desenvolve sobre o meio ambiente – ela tem responsabilidade pelos seus atos. Já a **autoridade** é construída com base em seus princípios éticos, a partir de ações que não agridam o meio ambiente e garantam sua sustentabilidade para as gerações futuras (lembre-se da introdução deste livro, na qual solicitamos que você decifrasse por que iríamos utilizar esses termos de forma composta).

Quanto à sua abrangência social, a autoridade é consequência direta dos atos das empresas, não apenas sobre si próprias, mas sobre todo o tecido social. Lembre-se da teoria do caos e confirme o que você já sabia: a toda ação corresponde uma reação igual em sentido contrário, princípio natural ainda não falseado.

Se algumas corporações detêm o poder financeiro, por que recai sobre elas o ônus da efetivação da responsabilidade e da autoridade social? Porque a elas foi dado, como prerrogativa exigida pelo processo de globalização e pelo neoliberalismo, explorar à exaustão os recursos naturais e econômicos em nome de um bem-estar que não é geral, como apregoam aos quatro cantos os seus arautos.

É possível enxergar, por meio de pequenos exercícios de observação do que acontece ao nosso redor, que essa liberdade superou a preocupação que o Estado tem como obrigação com o cidadão e com a sociedade e que agora quer resgatar. Um dos instrumentos de pressão para que esse panorama seja alterado é a ação individual e das redes sociais. Outra forma é o incentivo que o Estado pode dar a fim de que determinadas medidas sejam efetivadas (como redução de impostos, entre outros). Há também o apelo para que tais medidas sejam algo natural dos responsáveis. A criação de leis de defesa a diversas situações que provocam graves problemas sociais representa a providência mais severa possível.

Reflexão

Reflita sobre a seguinte ideia: "A exigência da responsabilidade social das organizações surge como resposta à incompetência estatal que nos sujeita a uma burocracia sufocante e impede a supressão da corrupção". Analise, valide e comente essa afirmação. Lembre-se de que ler e escrever (bem) é uma exigência da sociedade moderna. Preencha mais algumas folhas de seu diário de bordo. Ele poderá lhe ser útil quando você menos esperar.

Apesar de o Estado exigir essa contrapartida, ela é, na realidade, uma exigência social. Dignidade e justiça social nunca foram prerrogativas de contextos históricos, tampouco algo emanado como ordem do Poder Público. Se do Estado nada mais podemos esperar, a não ser iniciativas pontuais consequentes de arrependimento tardio e raras vezes uma política direcionada para o social, recai sobre os ombros do segundo e terceiro setores o que deveria ser uma prazerosa tarefa: a luta pelo bem-estar humano para que o meio ambiente seja melhor para nossos filhos e netos.

Antes de prosseguir, é necessário discriminar os setores nos quais as instituições são divididas: primeiro, segundo e terceiro setor. Escóssia (2009) considera que o primeiro setor é o Estado, representado pelas prefeituras municipais, pelos governos dos estados e pela Presidência da República, além das entidades correlacionadas; já o segundo setor é o mercado, constituído pelo conjunto de empresas que exercem atividades privadas, ou seja, que atuam em benefício próprio e particular; por fim, o terceiro setor é o mercado constituído por organizações sem fins lucrativos e atua nas lacunas deixadas pelos setores públicos e privados, buscando o bem-estar social da população.

Atenção

Sempre que estiver lendo um texto complexo, procure utilizar como rotina a tarefa de anotar as dúvidas. Inicialmente elas povoam a sua memória em curto prazo, levando-o a uma sobrecarga. Antes que isso aconteça, pare um pouco e anote o que está em sua cabeça, pois isso vai ajudar a jogar a informação para sua memória de longo prazo e dar ao cérebro o prazer de novas sinapses. Assim você estará de acordo com a psicologia cognitiva, que considera importante incorporar à cultura dos sujeitos coisas simples, tais como evitar jogar o papel e o palito do sorvete no chão.

Você pode não estar muito familiarizado com alguns termos que citamos, por isso, vamos fazer uma breve descrição de cada um deles. A *psicologia cognitiva*, segundo Miranda (2013), é uma área de conhecimento que estuda como as pessoas são capazes de perceber, aprender, lembrar e pensar a respeito de determinadas situações da vida. Nunes (2010) considera a *memória de curto prazo* aquela que podemos reter por 20 segundos se prestarmos atenção à informação; a de *longo prazo*, por sua vez, é duradoura e se torna uma representação detalhada. A transição entre uma e outra é desenvolvida pela memória de trabalho. As *sinapses* são as ligações que ocorrem entre dois neurônios[1] (Herculano-Housel, 2010).

O assunto é mais profundo do que se pode captar por estas definições curtas; por isso, se você quer conhecer um pouco mais sobre ele, recomendamos a leitura da obra indicada a seguir.

FIALHO, F. **Psicologia das atividades mentais**: introdução às ciências da cognição. Florianópolis: Insular, 2011.

Como temos orientado, se você conseguiu desenvolver a atividade sugerida, faça uma sinopse sobre o material de leitura.

---

1   Para saber mais sobre sinapses, acesse: <http://neuroinformacao.blogspot.com.br/2012/01/o-que-e-uma-sinapse.html>. Acesso em: 2 jun. 2014.

Visto dessa forma, resta às organizações e a nós próprios resgatar o papel de agentes transformadores da sociedade, assumindo a tarefa de vigilantes, sempre a postos para coibir ações que possam, de forma reflexiva, voltar-se contra nós mesmos e diminuir o tempo de vida do planeta.

Eis o problema central: manter a atenção e procurar pautar todas as ações em objetivos sociais e fazer com que no local de trabalho seja possível desenvolver ações sob a mesma perspectiva. A efetivação desse propósito não pode mais estar restrita a campanhas em nome de uma falsa filantropia, que não deixa transparecer valores e princípios, manifestos em prol do bem-estar individual e social. Iniciativas que apresentam essa característica estão mais ligadas à promoção pessoal ou à politicagem barata.

Para a felicidade de muitos, a reflexão das ações sociais começa a trazer uma inesperada remuneração do capital intelectual, obtida de forma ainda intangível para as corporações. O aumento dos lucros em atividades cuja relação custo–benefício é compensadora faz o capital voltar os olhos para o social e investir em seus colaboradores.

Stewart (1998) assevera que o capital intelectual é capaz de se transformar no maior diferencial competitivo das empresas; ele é encontrado no talento de seus colaboradores, em sua cultura, em seus processos e também em seus clientes e fornecedores. Na atualidade, as empresas começaram a reconhecer a veracidade disso. Contar com colaboradores engajados que, por serem reconhecidos, assumem a missão da organização como sua e desenvolvem o trabalho de maneira prazerosa é uma realidade que começa a ser aceita no mercado.

Colaboradores alienados e sem interesse foram substituídos pelo profissional do conhecimento (Drucker, 2008), capaz de enfrentar e resolver problemas e desafios colocados pelo novo a cada momento. Esse profissional foi definido por Drucker (2008) como uma pessoa altamente qualificada, com alto nível de escolaridade, capaz de converter informações em conhecimento, utilizando as próprias competências. Essa característica parece motivar o aumento da demanda pela educação em nosso país e em outros lugares do mundo.

Em silêncio, organizações reagem, buscando dividir com toda a sociedade – por meio dos grupos sociais do terceiro setor, iniciativas governamentais, além de outras atitudes tomadas por eles mesmos – a responsabilidade por propostas de qualificação de colaboradores em todos os níveis. Apesar de intangível, o retorno a essa preocupação parece ser aceito pelo mercado como algo possível.

Empresas que empregam pessoas, geralmente as de médio porte para cima, iniciam processos de qualificação que começam no *chão de fábrica* – expressão que identifica as pessoas que trabalham com tarefas operacionais para as quais não são exigidas qualificações (muitas delas não têm nenhuma formação escolar).

Reflexão

Faça uma pausa na leitura deste texto. Reflita sobre o parágrafo anterior e relacione essas atividades com o aumento da demanda da educação. Anote o resultado de seu trabalho.

Por onde começar?

Quando o tema em questão é discutido – não importa em qual nível o diálogo ocorra –, algumas perguntas iniciais são colocadas de forma invariável: Por onde começar? O que fazer? Muitas empresas e indivíduos querem colaborar, mas, desacostumados às iniciativas sociais, encontram algumas dificuldades.

A curiosidade sobre ações válidas enuncia boas perguntas, mas será que há boas respostas para elas? Vamos analisar o que dizem autoridades no assunto – por meio de uma busca pela bibliografia subjacente, que fornece credibilidade e suporte teórico para nossas considerações –, a fim de identificar se existem respostas e ações em desenvolvimento para dar início aos trabalhos.

Mas por onde começar? Iniciemos o processo de investigação com outra indagação: O que é o social, o indivíduo, o ecológico e o econômico? Todas essas ideias são representações sociais valoradas. Então, vamos começar por elas – quem sabe seja possível obter resultados surpreendentes ou confirmar a impossibilidade de atingir objetivos sociais por parte das organizações e de seus colaboradores.

Será que elas podem se transformar ou pelo menos travestir-se com uma aparência cidadã, ao empreender a luta pela justiça social pautada no investimento no desenvolvimento humano e na preservação dos recursos naturais? Será que a diminuição da remuneração do capital pode agir nesse sentido? Se não podem fazê-lo, as empresas podem ao menos envidar esforços para tal, cujo resultado será salutar a elas próprias, a seus responsáveis e a seus colaboradores. Com isso, talvez também seja obtida uma imagem institucional melhorada que atraia novos clientes.

Sobre esse ponto, a principal motivação de muitas iniciativas, é importante que façamos algumas considerações complementares. Diversos pesquisadores da área (Almeida, 2002; Ashley, 2005; Melo Neto; Froes, 2001) defendem que empresas que trabalham no social – não importando o negócio ou a área do conhecimento – registram aumento de popularidade e, consequentemente, de competitividade em sua imagem institucional (*brand* – marca).

Sem querer diminuir o clima de confiança de algumas pessoas no resultado de ações sociais governamentais e individuais, vamos propor a você uma atividade literária.

■ ──────────── Leitura complementar

Leia com atenção o resumo de um livro de Voltaire (2001), chamado *Cândido, ou o otimismo*, originalmente de 1759:

Cândido, ou o otimismo retrata a vida de um jovem, Cândido, de uma jovem, Cunegundes, e de uma sociedade apodrecida. A vida desses dois jovens apaixonados não foi nada fácil. O destino teimou em lhes oferecer apenas desencontros, tragédias e desamores. Ele irá viver, entre tantas desventuras, momentos únicos na sua vida. São situações muito complicadas das quais tira lições de vida com um valor inigualável. Cândido escutava um sábio, Pangloss, sempre a dizer que no mundo tudo ia bem. A frase não lhe saía da mente. A cada dia que passava, mais certeza ele tinha de que essa máxima era a maior falsidade que jamais ouvira. No mundo tudo ia mal. A sociedade sofria de uma terrível doença: a corrupção. Corruptos eram todos os homens que cruzavam com Cândido na rua; corruptos eram as falsas pessoas que Cândido conhecia; corrupta era toda a sociedade. No final, Cândido reencontra a sua amada e tenta ser feliz. É claro que eles, Cândido e Cunegundes, viveram uma vida cheia de desgraças, mas no fim dos seus tormentos ficaram juntos, ainda que por pouco tempo, pois a idade não perdoa ninguém. Uma lição de vida.

■ ──────────────────────────── **Reflexão**

Você acabou de conhecer um pouco sobre a obra *Cândido, ou o otimismo*, de Voltaire. Desenvolva uma atividade de reflexão, situando esse texto no século XXI (ele foi produzido no século XVIII, mesmo que nos pareça tão atual e revolucionário quanto o foi na época). Conduza a análise de forma comparativa, imaginando as duas situações. Agindo assim, você sentirá que toda a tecnologia que ronda a sociedade contemporânea parece não ter alterado de modo significativo o comportamento humano, pelo menos não para melhor. Busque também investigar como as organizações efetivam em seus trabalhos a responsabilidade e a autoridade social.

──────────────────────────────── ■

Justiça social

Certamente, um bom começo para as empresas é investir na busca por uma sociedade mais justa, conforme asseveram artigos e mais artigos produzidos nas constituições de quase todos os países do mundo. Pena que muitas delas continuem apenas como modelos de boas intenções, cujos preceitos não são efetivamente praticados em virtude da incompatibilidade já referenciada entre o capital e o social. Continua pertinente o questionamento: Como as corporações e seus colaboradores podem iniciar o trabalho nesse campo?

Elas devem olhar para a evolução do mercado contemporâneo e perceber que as organizações que adotam uma gestão democrática, voltada para a justiça social, têm apresentado resultados animadores, exatamente por causa de uma distribuição mais equitativa dos lucros advindos da estratégia de trabalho – a responsabilidade social seria um de seus componentes.

Do macromundo social, no qual a justiça social pode proporcionar para a sociedade o mínimo para que as pessoas satisfaçam as necessidades fundamentais, físicas, espirituais, morais, artísticas e financeiras, para o micromundo das organizações, nada se altera. Adotando uma política interna de melhor distribuição da renda auferida com o produto do trabalho dos próprios colaboradores, elas investem na justiça social em seu contexto, que, ainda que limitado, é capaz de movimentar as rodas dentadas da complexa engrenagem das corporações na pós-modernidade.

Primeiro ponto esclarecido: boa parte das ações tem início dentro de casa. Dessa forma, a iniciativa será orientar investimentos no desenvolvimento humano mediante o estabelecimento de planos de carreira, segurança, transparência da gestão, aplicação de tempo e recursos no capital intelectual e na distribuição equitativa de rendimentos, além de melhoria no clima entre os colaboradores, na satisfação no trabalho e com o local em que as atividades são realizadas. Atingir esse estado pode não ser fácil. Esse é o primeiro passo, pois permite que todos os demais sejam dados por pessoas satisfeitas e conscientes da necessidade de colaboração, para que a empresa a que estão ligados seja um bom local para se trabalhar. A organização passa, assim, a ser vista com outros olhos pelos profissionais, o que facilita o trabalho dos caçadores de talento.

Entre as corporações que empregam trabalhadores, cabe aos departamentos de gestão de pessoas um trabalho direcionado no que se convencionou agrupar sob a rubrica *desenvolvimento humano*.

Desenvolvimento humano

Na esteira da batalha pela justiça social no micromundo das organizações, as questões de desenvolvimento humano secundam as ações necessárias para que uma organização seja considerada uma empresa cidadã. É uma atividade de endomarketing que aumenta o engajamento dos colaboradores nas propostas da organização. Segundo Carvalho (2009), o endomarketing é uma técnica de "vender" aos próprios colaboradores uma ideia. Em nosso caso, o que se quer vender são as vantagens que os colaboradores podem ter ao se engajarem de forma atuante nas estratégias adotadas para a aquisição de competitividade por meio da valorização do capital intelectual.

Esse é mais um ponto favorável. No entanto, continua no ar a pergunta: Como fazer? Essa é uma questão fácil de responder, mas não tão fácil de se implantar. Valorizando o capital intelectual e humano que tem em suas fileiras, a empresa transforma todos os colaboradores em soldados na guerra, sem quartel, movidos por uma melhor competitividade no mercado. Ela melhora a justiça social por meio do investimento em desenvolvimento humano. Nesse sentido, está no caminho certo, em busca de obter elevado nível de desenvolvimento profissional, diminuindo consequentemente o injusto processo de banalização da injustiça social (Dejours, 2007), representado pelas atividades de *downsizing* ou desterritorialização defendidas pelo neoliberalismo.

Segundo Mendonça e Vieira (1999), o *downsizing* (enxugamento) é uma das principais técnicas utilizadas para redução de custos em corporações com problemas de fluxo de caixa (balanço entre a entrada e a saída de recursos financeiros), e em seu nome muitas injustiças sociais são cometidas. Segundo Nojima e Almeida Júnior (2007), a desterritorialização consiste na transferência de uma empresa e de seus ativos de uma localidade para outra, como resultado de interesses comerciais e ideológicos que buscam maximizar os lucros, sem a preocupação do que pode acontecer em nível social. Os custos da mão de obra e de incentivos governamentais podem definir essa mudança, que geralmente provoca grande impacto e injustiças sociais.

Essa etapa é o início de toda uma série de ações que uma empresa pode tomar, pois consegue alinhar em suas fileiras estratégicas os colaboradores, aqueles que realmente colocam as coisas nos devidos lugares e fazem o grupo caminhar.

Muitas pessoas ainda confundem o termo *recursos humanos* com o processo de *gestão de pessoas*. Freitas (2009) alerta para a diferença entre os dois conceitos, considerando que, conforme a expressão *recursos humanos*, os colaboradores eram considerados subordinados; na sequência, passaram a ser tratados como empregados, colaboradores e, finalmente, como profissionais do conhecimento. No início, esse processo era uma relação autocrática e coercitiva, que tratava apenas de documentos legais. O pesquisador observa que, a partir dos anos de 1990, o tratamento do colaborador como "recurso do grupo social" perdeu o sentido (Freitas, 2009). Ao serem exigidos dele criatividade e inovação, senso crítico e capacidade para resolver problemas, as coisas mudaram de figura e os departamentos de recursos humanos se alteraram – inicialmente apenas sua nomenclatura (Freitas, 2009). Nos dias atuais, os procedimentos estão voltados – não somente nas grandes empresas, mas também nas de pequeno e médio porte – para a valorização do capital intelectual (Freitas, 2009). A mesma posição é adotada por outros pesquisadores da área, como Peres (2011), gerente da Catho, empresa de colocação de pessoas;

Fontinele, Oliveira e Costa (2013); e pesquisadores ligados ao RH Portal (2015), outra organização de destaque que trabalha com a inserção de profissionais no mercado.

Ter uma universidade corporativa à disposição dos colaboradores é uma iniciativa de considerável peso, tanto para as grandes corporações, que o fazem por iniciativa própria, quanto para as pequenas e médias, que podem ser atendidas pelo órgão de classe que esteja investindo pesado na responsabilidade social.

Meister (1999) define *universidade corporativa* como uma instituição de ensino criada por uma empresa e na qual são oferecidos cursos livres e estabelecidos convênios com instituições de ensino para completar a formação dos colaboradores. A autora a enxerga como laboratórios de aprendizagem, e não universidades convencionais. Ela tem a proposta de substituir o departamento de Treinamento e Desenvolvimento (T&D), responsável pela formação de recursos internos nos grupos sociais. Os treinamentos têm o objetivo de completar o perfil profissional por meio de competências e habilidades não formadas durante o processo de educação formal.

Deixar que a qualidade total e o máximo desempenho sejam consequências de uma série de ações em benefício do colaborador é de bom tom. É importante que a valorização pessoal venha diretamente das chefias superiores e que sejam evitadas disputas demoradas que apenas incentivam a competição irracional entre pessoas na busca por impressionar os responsáveis pelas promoções.

Acreditamos que o que foi dito até aqui pode dar uma orientação segura e um norte para organizações que ainda estão perdidas e não têm um conceito próprio sobre como agir em benefício da melhoria do desenvolvimento humano interno. Há leituras complementares acerca do desenvolvimento humano que você pode encontrar nas obras de Valle (2009) e Coolinvaux, Leite e Dell'Aglio (2006).

Preservação dos recursos naturais

Um exemplo de corporação que pode ser citada sem medo de erro como investidora na área de preservação de recursos naturais é o Grupo Boticário (2015). Seus responsáveis são as pessoas mais indicadas para responder se valeu a pena ou não investir na preservação dos recursos naturais de nosso minguado planeta.

Podemos afirmar, com alguma certeza, que o retorno, desde que a comunicação dentro do grupo seja eficiente, é possível. Ele não vem somente na forma de benefícios tangíveis; o grupo pode criar, em torno de sua imagem institucional e de sua marca, uma aura de respeitabilidade difícil de ser quebrada. A imagem dele é fortalecida, dando-lhe alto grau de credibilidade, fator que pode lhe dar diferencial competitivo.

Posar de mocinho fortalece a imagem. No entanto, atualmente atuar em defesa do planeta deixou de ser modismo ou papo para grupos de intelectuais. A consequência do desenfreado esgotamento das reservas naturais já é sentida em muitos estratos sociais, mas ainda é oculta pela propaganda oficial, segundo a qual tudo está bem.

A geração de mídia é quase espontânea, já que muitos querem ver na internet, na televisão etc. crianças plantando florestas que poderão nunca vingar. Mas não se pode negar que a propaganda é bonita e ainda provoca alguns minutos de tranquilidade e crença na raça humana – algo quase em extinção. As propagandas efetuadas em locais protegidos fornecem a visão paradisíaca de um planeta ainda saudável, ainda que não saibamos por quanto tempo ele continuará assim, já que não foi e não está sendo tratado de acordo com o que estabelecem os princípios fundamentais de preservação ambiental.

A efetivação desse objetivo requer que as empresas se insiram no contexto local. Para isso basta que alguns executivos se disponham a conhecer as demandas da comunidade. É uma atitude simples e que pode surtir muito mais efeito em termos de retorno do que milhares de reais gastos em propaganda enganosa. Melhor ainda se esses líderes não tiverem nenhuma intenção política, tida na atualidade como a arte de enganar as pessoas.

Foucault, segundo Branco e Veiga Neto (2011), considera a política uma das formas de combate à falta de governabilidade e à apatia governamental. A partir de ações individuais, é possível conscientizar a sociedade de que a responsabilidade pela preservação da natureza recai sobre os governos, mas que é necessária a participação de toda a população nesse processo.

A efetivação da responsabilidade e da autoridade social tem como uma das primeiras consequências tornar as pessoas fiéis à marca. O respeito que emana das organizações orienta o sentido de preservação dos seus bens móveis ou imóveis, aos quais o público tem acesso em caso de algum ato de revolta popular. Nesse sentido, ser um dos primeiros nomes lembrados em pesquisas sobre destaques sociais constitui uma resposta que as ações sociais encontram nos dias atuais.

Quando uma empresa atinge esse "estado de graça", até o Poder Público e a corrupção arrefecem seus desmandos: surgem como benesses a diminuição de impostos, as ofertas de benefícios e a participação, com o governo, de iniciativas eleitoreiras. O destaque é aproveitado não somente por oportunistas de plantão que querem aparecer entre as corporações de maior apelo popular para angariar votos ou vantagens pessoais, mas também por espertalhões com interesses financeiros escusos.

Enfim, investir na salvação do planeta é uma das estratégias mais em voga, às vezes contraditoriamente. É algo que satisfaz e conquista clientes. Esse investimento, quando não tem outras intenções senão aquelas voltadas ao bem-estar da sociedade, é bem-vindo; todavia, quando isso não ocorre, é preciso ter cautela. Um exemplo clássico são as ações sociais promovidas pelos chefes do tráfico nas favelas cariocas. Em sã consciência, incentivar sua continuidade não é coerente com as propostas relacionadas ao comportamento ético.

Reflexão

Lembre-se que você está sendo incentivado a se transformar em um crítico de plantão e em um futuro agente de vigilância ambiental.

Sugerimos que trabalhe um pouco no ambiente virtual. Acesse os endereços de grandes grupos brasileiros, como o Boticário[2] e o Votorantim[3], e também os estudos desenvolvidos pelo Instituto Ethos[4] – eles podem trazer um bom indicativo de outras corporações em ação. Durante o processo, anote o que está sendo feito por esses grupos no tocante à proteção ambiental.

---

2   Visite o *site* do Grupo Boticário para obter mais informações: <http://www.grupoboticario.com.br/pt-br/Paginas/default.aspx>. Acesso em: 8 out. 2014.
3   Visite o *site* do Grupo Votorantim para obter mais informações: <http://www.votorantim.com.br/pt-BR/Paginas/home.aspx>. Acesso em: 18 out. 2014.
4   Estudos desenvolvidos pelo Instituto Ethos podem ser encontrados no *site* da organização: <http://www3.ethos.org.br>. Acesso em: 8 out. 2014.

O capital e o social

Estamos prestes a observar um "casamento" no mínimo inusitado: a união entre o capital e o social, sempre anunciada, mas cancelada com um dos futuros consortes abandonando o outro à beira do altar. Anos de namoro se passaram e o matrimônio nunca foi realmente efetivado.

É de se esperar que, nessa feliz ocasião, a união se realize com direito à lua de mel em praias paradisíacas e bodas de ouro, platina, diamante e outras. É um desejo compartilhado por um número cada vez maior de pessoas de que a sociedade sofra menos.

São dois os tipos de benefício que advêm das ações sociais. Os maiores ainda estão na categoria dos intangíveis: aumento de fidelidade, afirmação da marca (*brand*), e fidelização de consumidores de produtos e serviços. O segundo tipo de benefício, que se reflete mais claramente nas pesquisas de mercado realizadas por diversas organizações, revela um crescimento de vendas dos serviços e produtos na esteira de ações desenvolvidas para a efetivação de sua responsabilidade e autoridade social. Trata-se de uma proposta que traz reflexos dourados no aumento da competitividade, os quais certamente poderão carrear dinheiro para os cofres dos investidores (que amiúde acabam em paraísos fiscais). Ainda assim, sempre sobra alguma coisa em termos de bem-estar para a sociedade. Vale a paráfrase "se é para o bem de todos e felicidade geral da nação, diga ao povo que invisto em responsabilidade e autoridade social", a qual caberia nos discursos dos gestores das mais diversas corporações.

Leitura complementar

Leia a pesquisa a seguir, desenvolvida por uma empresa que tem batalhado para efetivar a responsabilidade e a autoridade social no tocante ao campo educacional. A leitura pode permitir que você se engaje mais ativamente nas lides sociais e acredite no que estamos falando. Anote as conclusões em seu diário de bordo e aumente a sua biblioteca digital.

VILHENA, J. B. Responsabilidade social: vale a pena investir? **Instituto MVC**, 4 ago. 2014. Disponível em: http://www.institutomvc.com.br/artigos/post/responsabilidade-social-vale-a-pena-investir>. Acesso em: 31 jan. 2015.

É cada vez mais necessário que os investidores se apercebam de sua ganância e do fato de que as exigências cada vez maiores pela remuneração do capital poderão, ao final das contas, acabar matando a "galinha dos ovos de ouro". Os consumidores, quando pressionados, costumam sair pela porta dos fundos, para nunca mais voltar.

Podemos esperar boas ações, como maior controle sobre as agressões contra a natureza, caso haja aumento no ritmo de trabalho em todas as empresas. Segundo a pesquisa do Instituto MVC que indicamos na "Leitura complementar" anterior, bons resultados podem advir para investidores, colaboradores, clientes, sociedade, Estado e os principais interessados: o planeta e seus habitantes. Para tanto, é necessário que as iniciativas se multipliquem (Vilhena, 2014).

Nosso comportamento social também exerce influência, pois ele é capaz de aumentar o coro das reclamações feitas pela sociedade – as redes sociais podem ser utilizadas para tanto. Depende de todos para que essas iniciativas sejam multiplicadas: se cada pessoa se transformar em um consultor ambiental que, com conhecimento de causa, exige das empresas que têm influência sobre nós medidas de alcance mais amplo, a tendência é que a situação melhore para o planeta, recolocando-o no bom caminho da preservação dos recursos naturais.

Se você acredita nas redes sociais, em sua força como veículo formador de opinião e como instrumento de pressão, prepare-se para encontrar resistências. Ainda é possível achar muitas pessoas com a cabeça fechada para o novo, que não olham para o futuro, local onde elas próprias, além da geração futura, irão viver. Que seja em um país sem apagões, falta de água e outros problemas mais sérios.

Leitura complementar

Para obter mais informações sobre programas de preservação ambiental, acesse:

ESOBRE SUSTENTABILIDADE. Disponível em: <http://sustentabilidade.esobre.com/preservacao-ambiental>. Acesso em: 8 out. 2014.

Nesse endereço, você vai encontrar artigos relacionados com a efetivação da responsabilidade e da autoridade social. Lembre-se: ler é como ser convidado a viver uma aventura – você sabe onde ela começa ao abrir a primeira página do livro, mas nunca sabe aonde vai terminar.

Agora, com a rede mundial de comunicações, somos capazes de registrar tudo o que é criado pela humanidade e colocá-lo à disposição das pessoas interessadas, na forma de informações que podem ser transformadas em conhecimento.

02

PRÁTICAS EMPRESARIAIS ÉTICAS E RESPONSABILIDADE SOCIAL

02

AO INVESTIGARMOS AS práticas das empresas relacionadas à ética e à responsabilidade e autoridade social em conversas que temos com os alunos de nossos cursos e com outros profissionais interessados no tema, é frequente o questionamento sobre o porquê das preocupações com essas questões. Como resposta, elucidamos uma visão da sociedade moderna.

Imposição social

A sociedade contemporânea é caracterizada por um sentimento de perplexidade notório – mas ignorado por muitos –, resultado de um processo de radicalização do individualismo contra a incerteza e a insegurança. Para Santos (1997), são cinco as perplexidades presentes na sociedade contemporânea:

1. A contradição entre o problema de natureza econômica e uma teoria sociológica que vem desvalorizando o problema econômico em detrimento do político, do cultural e do simbólico.
2. A contraditória posição do Estado nacional, que perde a sua autonomia ante o neoliberalismo.
3. O esgotamento do estruturalismo, o foco no indivíduo e em seu modo de vida (individualização crescente), ao mesmo tempo que sua vida é tornada pública em consequência da perda da privacidade e dirigida pelo domínio ideológico.
4. A atenuação dos princípios democráticos – a democracia em crise.
5. As consequências das interações globais, que fazem com que relações sociais ultrapassem fronteiras; como resultado, pode ocorrer uma diminuição da importância dos grupos sociais.

Pare em alguma esquina das ruas de sua cidade – escolha preferencialmente a mais movimentada – e apenas observe o rosto das pessoas. Veja o ar de preocupação estampado em suas faces e perceba a pressa com que se movimentam, sempre como se estivessem atrasadas para algum compromisso importante, quando, na verdade, estão simplesmente retornando do trabalho para casa.

Diversifique e vá a algum restaurante da moda. Observe as pessoas se alimentando. Vozes altas, garfadas apressadas em comidas engorduradas, risadas nervosas, desconexas e desnecessariamente estridentes. Vá até algum local de encontro da juventude e verá rostos pintados, desenhos nos cabelos, barrigas de fora, *piercings* e tatuagens pelo corpo todo.

Volte para casa e sente-se no lugar onde costumeiramente se recolhe para suas leituras e reflexões. Lembre-se do que você viu e reflita. Perceba como as pessoas estão cooptadas pelo sistema, entregues a uma desenfreada azáfama e com medo de tudo e de todos como resposta à escalada da violência – outra consequência direta de erros cometidos pelas organizações. A sociedade pós-moderna, ou *sociedade do espetáculo*, segundo Debord (2003), vive em tropel. Todos querem vencer alguma corrida e conquistar algum prêmio, mas correm em busca de coisa nenhuma.

Reflexão

Espere um pouco aí! Não estamos loucos – ainda não. Apenas estamos no "olho do furacão", sentindo os ventos velozes e furiosos da tecnologia a levar tudo de roldão. Pare um pouco e registre sua opinião sobre tudo o que está sendo dito. O tom apocalíptico é necessário quando as pessoas olham para as coisas sem reagir a nada.

Parece que tudo está virado ou virando de cabeça para baixo. Pessimismo daqueles que se consideram fora do seu tempo? Opiniões similares que partem de faixas etárias as mais diversas indicam que não. Quem tem cabeça para pensar, além de servir de repositório para olhos que nada enxergam, deve tentar lutar contra as mudanças que não são naturais, mas apenas consequências do caminho que a humanidade escolheu para si própria – e que pode ser modificado.

O que ensejamos que o leitor analise não é o senso moral de tudo o que estamos observando. A moral é filha do tempo. O que deve ser questionado é a dimensão ética desse louco comportamento social, considerando a ética não como filha do tempo, mas direcionadora do correto proceder, que independe do contexto e da época em que as coisas acontecem.

Recomendamos essa ação ainda que não consigamos definir uma forma abrangente capaz de medir todas as pessoas pelo mesmo metro e indicar o que seria um padrão de correto. Nem pretendemos intentar tal tarefa; ela estaria destinada a pessoas cuja proposta é o aprofundamento filosófico, escopo maior do que o previsto para este material de estudo.

Seria o termo *hedonismo*[1] o mais apropriado para definir a sociedade moderna? Seria o egoísmo, como ação de amor exclusivo e excessivo de si, implicado na subordinação do interesse de outrem ao seu próprio, o sentimento que impera em todos os quadrantes sociais? São dúvidas que ficam para reflexão do leitor a partir de uma análise introspectiva de seu comportamento.

O indivíduo na sociedade contemporânea

Considerando o perfil inicial da sociedade como um todo, é possível transferir suas características para o nível de indivíduo. Esse é um exercício de reflexão que pode nos levar a obter, como produto final, uma fotografia não muito agradável dos seres humanos.

---

1 Doutrina que considera que o prazer individual e imediato é o único bem possível e a finalidade da vida moral.

Trata-se de tarefa ingrata, mas necessária no caminho que leva ao conhecimento das necessidades sociais, pois por meio dela é possível sugerir ações corretivas ou uma renovação total, de modo a criar um novo protótipo de "ser" no interior da sociedade do "ter".

Debord (2003) nos auxilia na compreensão dessa "sociedade do espetáculo" – infelizmente em uma linguagem que não consegue ir além do psicológico ou do acadêmico. Assim, as verdades ditas ficam longe daqueles que precisariam conhecê-las mais profundamente.

Podemos funcionar como tradutores, ou filtro, para um nivelamento inferior à compreensão filosófica – mais profunda por natureza e com a qual nos desacostumamos a tratar. Segundo Debord e seus seguidores – interessados em uma visão mais clara do perfil ou estereótipo social –, o perfil individual aponta para uma sociedade decadente. Nela, as dimensões da subjetividade e da privacidade somem na frente do "olho que tudo vê", já apresentado ao público na obra de George Orwell (2009), intitulada *1984*, lançada no ano de 1949, na qual o autor critica a sociedade do "Grande Irmão", aquele que controlava a todos, retirando de cena tudo o que não era de interesse da ideologia dominante. Tomamos dele uma frase que pode nos interessar: "Se você quer uma imagem do futuro, imagine uma bota prensando um rosto humano para sempre" (Orwell, 2009).

Reflexão

Pare agora! Deixamos para você indicações de obras dos dois autores que tratam de aspectos sociológicos da sociedade contemporânea. São assuntos que podem aumentar os seus conhecimentos e a compreensão sobre muitas das coisas que estão referenciadas neste material. Aumente sua biblioteca virtual e preencha mais uma folha de seu diário de bordo. Boa leitura!

VELHO, G. **Individualismo e cultura**: notas para uma antropologia da sociedade contemporânea. 8. ed. Rio de Janeiro: J. Zahar, 2008.

VIANA, N. **Os valores na sociedade moderna**. Brasília: Thesaurus, 2007.

Sabemos que o assunto que estamos tratando é pesado e pode provocar estranheza. A intenção é justamente essa. Sacudir antes de usar pode ser uma boa recomendação para conteúdos que, quando não utilizados com frequência, depositam-se no fundo das garrafas.

Veja que essa recomendação pode aplicar-se (figuradamente) ao cérebro – quando este é posto apenas a serviço do esforço motor, no desenvolvimento de tarefas repetitivas. Por isso, você deve, sempre que possível, dedicar-se a uma atividade de reflexão acerca dos assuntos que são de seu interesse.

Voltemos à sociedade contemporânea. Chaui (2012) considerou a mídia como o segundo deus da sociedade atual, tamanho o seu poder. Existem pessoas que a veem como o primeiro, a comandar todas as ações dos seres humanos. A socióloga tinha ao seu lado a fundamentação em estudos profundos e a observação acurada dos efeitos da evolução tecnológica dos meios de comunicação, levando em conta as profundas mudanças sociais em curso causadas por esse fenômeno.

"Tudo está exposto", como afirma Lima (2004) em suas pesquisas sobre a pós-modernidade, ao considerar esse estado de coisas como o "fim do segredo" ou o "fim da intimidade". Segundo o autor, vivemos na era das contradições ou dos paradoxos, em que acreditamos que tudo esteja colocado em condição de dicotomia: ou é ou não é (Lima, 2004).

Todas as gradações intermediárias foram perdidas. Tecnologia, ame-a e transforme-se em um tecnófilo ou deixe-a, tornando-se um tecnófobo e analfabeto digital. A mesma situação repete-se em diversos outros contextos. Foi roubada a nossa capacidade de decidir ser aquilo que queremos; temos de obedecer a um padrao de comportamento predeterminado, sob o risco de não ser. Em outro trecho do estudo, Lima (2004) aponta para um fator que consideramos de fundamental importância. Ele ressalta que, na pós-modernidade, a perversão e o estresse são resultado da falta de lei, da falta de tempo e da falta de perspectiva de futuro, porque tudo se desmoronou (do Muro de Berlim à crença nos valores e na esperança). Tudo se tornou demasiadamente próximo, promíscuo, sem limites, deixando-se penetrar por todos os poros e orifícios (Lima, 2004).

Poderíamos ou deveríamos estender os temas discutidos para além do que já tratamos, o que deixamos a seu cargo, leitor, que, a partir da leitura das duas obras indicadas, somadas àquela sugerida ao fim do capítulo, pode aumentar o seu cabedal de conhecimentos a respeito de assuntos que tratam do social. Assim você poderá superar os objetivos ou o tempo previsto e completar os estudos sobre o tema.

O panorama do sujeito na atualidade mereceria maior atenção – tópico que foi relegado a um segundo plano pelo pragmatismo[2]. Em nosso caso, essa utilidade se refere ao tempo que foi concedido a esses estudos, que apresentam apenas considerações sobre conceitos específicos, como forma de incentivo para que você busque se aprofundar.

---

2 O pragmatismo tem como tese fundamental que a verdade de uma doutrina consiste no fato de que ela seja útil e propicie alguma espécie de êxito ou satisfação.

Vamos retornar ao assunto principal. Esperamos com otimismo que você tenha compreendido o transcorrer do texto até este momento. Vamos, então, um pouco mais longe e questionar: O que esse conteúdo tem a ver com responsabilidade e autoridade social? Se você compreender que a responsabilidade e a autoridade social desenvolvidas pelas empresas dependem intrinsecamente do comportamento e das atitudes que tomam, irá perceber que de você será exigido comportamento semelhante, em outro nível e em outros contextos.

Lima (2004) pontua que não é sem motivo que, nos lugares de trabalho em que a competição é mais acirrada, onde não existem limites definidos entre trabalho, estudo e lazer, encontramos pessoas queixosas, infelizes, frequentemente em busca de médicos e hospitais. Se a modernidade prometia a felicidade por meio do progresso da ciência ou de uma revolução, a pós-modernidade promete um nada que pretende ser o solo para tudo.

Um dos grandes pontos de apoio de todas as iniciativas sociais é a mídia. É preciso evitar que ela continue colocada a serviço de interesses alheios ao social, como tem sido em grande parte do tempo. Sua grande capacidade de penetração – principalmente do rádio, que atinge a todas as camadas da população – permite que o que nela é veiculado atinja grande número de pessoas e aos poucos crie uma cultura voltada para o social.

Ações dos grupos sociais

Procure se lembrar do que foi dito sobre responsabilidade e autoridade social. A responsabilidade diz respeito ao que a empresa é obrigada a fazer, seja por lei, seja por imposição social. Ao superar os objetivos superficiais das obrigações legais, ela adquire um "certificado" de autoridade que pode lhe conferir maior grau de competitividade no mercado, além de estabelecer vantagens para a "marca" dos produtos e serviços com os quais trabalha. A vantagem depende do segmento no qual desenvolve seus trabalhos.

Para superar as obrigações legais, a organização precisa desenvolver projetos internos, cuja finalidade seja assegurar a qualidade do ambiente de trabalho para os colaboradores, e não apenas a melhoria de qualidade de atendimento ao cliente – obrigatoriedade imposta pela competitividade do mercado.

A empresa passa a atuar visando atender necessidades do entorno social subjacente e do próprio meio ambiente, diminuindo o impacto de ação sobre ele. É como se tentasse reparar o que foi assumido de forma consciente: ainda que a sua ação no meio ambiente produza efeitos mais ou menos devastadores, uma organização não deixa de se esforçar para trabalhar eticamente. Assim, os problemas podem ser diminuídos ou evitados, dependendo da estratégia estabelecida.

Acostumadas a "matar um leão por dia" em busca de melhores resultados financeiros, muitas não sabem (ou não querem saber) de uma atuação baseada em princípios éticos capazes de efetivar a responsabilidade e a autoridade social.

O Instituto Ethos, uma das instituições mais atuantes nas questões da responsabilidade e da autoridade social, fornece para diversos pesquisadores materiais relevantes provenientes dos estudos e dos fóruns que promove. Nesse sentido, ressaltamos uma recomendação de Weingrill (2003), a de que uma empresa deve desenvolver trabalhos em sete áreas, as quais serão analisadas uma a uma na sequência. São elas:

1. Valores e transparência.
2. Público interno.
3. Meio ambiente.
4. Fornecedores.
5. Comunidade.
6. Consumidores/clientes.
7. Governo e sociedade.

Se você observar a lista dos assuntos que serão contemplados neste livro, vai notar o tratamento deles nos títulos que se seguem. Todo o conteúdo está posto como resultado de diversas pesquisas bibliográficas que podem ser encontradas em relatórios de instituições nacionais e organismos internacionais.

Exercício

Se você está atento às leituras, acabou de ganhar um presente que todos que gostam de leitura apreciam: um bom artigo. Veja a referência a seguir:

SANTOS, M. J. N.; SILVA, R. R. da. A importância da responsabilidade social corporativa para a potenciação do capital social em pequenas e médias empresas. **Revista de Ciências da Administração**, v. 12, n. 27, p. 190-207, maio/ago. 2010. Disponível em: <http://www.dominiopublico.gov.br/download/texto/fs000235.pdf>. Acesso em: 21 out. 2014.

Vamos então ao exercício: leia o artigo e faça uma sinopse. Registre as conclusões em seu diário de bordo.

03

A PRÁTICA DA RESPONSABILIDADE SOCIAL INDIVIDUAL

03

NÃO SOMENTE DE empresas são exigidos comportamentos diferenciados – afinal, novos comportamentos passam a fazer parte das atitudes e das ações individuais, hoje pontuadas por um individualismo ímpar e crescente, o que não somente justifica tal necessidade, mas a coloca como prioritária. Assim, é preciso que se tenha uma visão de que o indivíduo, de posse de sua cidadania integral, pode apresentar em relação a comportamentos e práticas em termos ideais.

Para que as pessoas possam exigir das organizações públicas e privadas a efetivação da ética e da responsabilidade e autoridade social, primeiramente é necessário que elas próprias ajam de acordo com esses princípios. Sem tal perspectiva, a força da pressão que podem exercer fica diminuída.

É necessário que você compreenda que, para o sucesso das iniciativas sociais de uma empresa, são impostos aos colaboradores novos comportamentos e novas atitudes. Efetivar o processo de comportamento ético e a responsabilidade e a autoridade social individual é um dos aspectos que iremos discutir mais atentamente.

Se você ainda não iniciou os trabalhos no sentido de desenvolver ações sociais em benefício do bem-estar geral, eis uma boa oportunidade para fazê-lo, agora que conhece alguns dos elementos que determinam a importância da atuação das pessoas e das corporações nessa direção.

Um novo perfil profissional

Um bom começo é pensar sobre um novo perfil profissional do indivíduo, sob o ponto de vista inicial da empresa, para, em seguida, ampliar os horizontes, inquirindo seu perfil social. Então, mãos à obra. Ele será pomposamente denominado *o profissional do conhecimento*, termo cunhado por Drucker (2008) em seus estudos escatológicos.

Esse profissional está distante daquele que, ao acordar, tem como primeira atividade diária polir as armas de uma competitividade desenfreada. Com frequência podemos vê-lo buscar nos livros, na comunidade virtual e em todos os meios de comunicação formas de aprimorar a formação pessoal, agregando ao seu perfil competências e habilidades disputadas a peso de ouro pelo mercado, de modo a disseminar esse conhecimento entre todos os pares. Esse tipo de profissional é o desejado pelas organizações aprendentes (Senge, 1990).

O filósofo e educador Bernardo Toro (2000), ex-presidente da Confederação Colombiana de Organizações não Governamentais, desenvolveu estudos sobre essas instituições. Suas sugestões no que se refere às qualidades mínimas inerentes ao perfil do profissional do século XXI são apresentadas a seguir (Toro, 2000):

1. Deve saber ler e escrever com desenvoltura, de modo a poder participar ativa e produtivamente da vida social.
2. Deve ser capaz de fazer cálculos e resolver problemas do trabalho e da vida diária.
3. Deve ter a capacidade de analisar, sintetizar e interpretar dados e fatos, de modo a poder expressar seus pensamentos oralmente ou por escrito.
4. Deve ter a capacidade de compreender e atuar no âmbito social, com o direito de receber informação e formação satisfatórias, que lhe permitam atuar como cidadão.
5. Deve ouvir criticamente os meios de comunicação, não se deixando manipular como consumidor e como cidadão.
6. Deve apresentar a capacidade de acessar, da melhor forma, a informação acumulada, sabendo localizar dados, pessoas, experiências e, principalmente, como utilizar tais informações para resolver problemas.
7. Deve ter a capacidade de planejar, trabalhar e decidir em grupo, disseminando saberes estratégicos para a produtividade e a democratização do conhecimento.

Outros pesquisadores poderiam ser citados, mas acreditamos que o perfil profissional indicado por Toro (2000), que traz em seu trabalho características sociais e filosóficas, é suficientemente claro.

■ ─────── Leitura complementar

Para que você não perca o embalo, vamos indicar uma leitura complementar de autores que estudam o perfil do profissional após a primeira década do novo milênio.

BLAU, C. R. O gestor de sustentabilidade: a emergência de um novo perfil profissional em um ambiente de crescente instabilidade. **Revista BSP**, mar. 2011. Disponível em: <http://www.revistabsp.com.br/edicao-marco-2011/2011/03/01/o-gestor-de-sustentabilidade-a-emergencia-de-um-novo-perfil-profissional-em-um-ambiente-de-crescente-instabilidade>. Acesso em: 25 set. 2014.

QUEIROZ, E. S. Quais são os segredos do sucesso de profissionais considerados extraordinários. **Artigonal**, 5 dez. 2011. Disponível em: <http://www.artigonal.com/vendas-artigos/qual-sao-os-segredos-do-sucesso-de-profissionais-considerados-extraordinarios-5456923.html>. Acesso em: 15 set. 2014.

VIEIRA, P. R. **O perfil do profissional do novo século**. Disponível em: <http://www.sato.adm.br/artigos/espaco_rh_o_perfil_do_profission.htm>. Acesso em: 22 set. 2014.

■ ─────── Reflexão

É importante mencionar as organizações não governamentais (ONGs) e sugerir a leitura de textos que as definem. Procure na grande rede materiais relativos ao assunto. Aproveite essa mudança de tópico para fazer uma pausa, entender o assunto, anotar o que identificou como significativo e aumentar os conhecimentos que está guardando em seu diário – uma memória de longo prazo que poderá lhe ser útil em algum tempo futuro.

A criatividade e o lado social

Os fatos que estão sendo descritos conclamam ao desenvolvimento da criatividade; somente ela pode esclarecer a transformação do planeta, de um mundo finito de certezas em outro, infinito de indagações e dúvidas.

Para contrariar aqueles que descreem da relevância dessa habilidade, imagine a importância de uma pessoa que saiba responder ao seguinte questionamento: Será que existe algum modo de tornar as coisas mais fáceis? Zugman (2008) considera que a resposta será dada com maior facilidade por quem for dotado de elevado nível de criatividade.

Lacerda Filho (2015) defende que a criatividade é necessária e acredita na importância de sua efetivação nos campos da indústria, do comércio, da educação e do desenvolvimento social e comunitário — áreas pouco privilegiadas quando confrontadas com artes, ciências e tecnologias, nas quais a criatividade humana é mais desenvolvida.

Outra área de trabalho é aquela que trata do respeito às identidades culturais, a qual envolve o olhar para o outro e a maior participação dos indivíduos em seu entorno social.

Dos estudos desenvolvidos sobre identidades culturais[1], emanam diversas recomendações sobre o conhecimento de seus fundamentos. Se você não tem ainda um domínio mais profundo do tema, aproveite uma brecha e dê uma volta pelo mundo da educação. Essa atividade pode lhe proporcionar um conhecimento maior acerca do conceito de identidade cultural. Aproveite e cadastre-se

---

1   Para saber mais sobre identidade cultural, acesse: <http://www.mundoeducacao.com/sociologia/identidade-cultural.htm>. Acesso em: 2 jun. 2014.

no *site* Mundo Educação para receber as novidades e ter acesso a outros textos de interesse. O único cuidado que você precisa ter na rede é desenvolver sempre o senso crítico na escolha de materiais e evitar o ecletismo².

Alguma vez já lhe disseram que o seu senso crítico estava falho? Ou então elogiaram essa habilidade em seu perfil? Você sabe o que significa *senso crítico*? Se sim, pode ir direto para o exercício proposto no parágrafo seguinte; se não, veja se concorda com a colocação feita por Carraher (1983), para o qual trata-se de uma habilidade cujas características são a constante curiosidade intelectual e o questionamento, de modo a pensar logicamente e penetrar até o cerne de um debate. O autor considera que, com essa habilidade, é possível questionar e analisar tudo de forma racional e inteligente, sem simplesmente aceitar e dar como verdadeiro o que pessoas consideradas de posse de argumento de autoridade (cuja opinião é respeitada em seu meio) venham a afirmar sem justificativas.

Cabe outra pergunta acerca do mesmo assunto: Alguma vez já lhe apontaram que coisas que você disse eram senso comum? Não se ofenda se isso acontecer. Todas as pessoas têm opiniões e crenças, mas devem se desvencilhar delas quando estiverem em atitude de pesquisa e análise de resultados ou quando da apresentação de relatórios. Nesses momentos, também é importante evitar o uso de chavões, o que nem sempre se consegue pela facilidade de encontrá-los na sociedade e em nosso pensamento.

É importante que você se acostume com esses parênteses feitos no decorrer do texto eles – acontecem quando estamos

---

2   Doutrina que recolhe e seleciona elementos de outras teorias que parecem apropriados. Sua essência está na liberdade de escolher e conciliar vários estilos diferentes. Ela é objeto de críticas e discussões por ser considerada uma colcha de retalhos sem direcionamento filosófico.

tratando de conceitos importantes e sobre os quais pode haver dúvida ou desconhecimento. Vale lembrar que ninguém nasceu sabendo de tudo e, sendo assim, podem existir no texto conceitos que você ainda não aprendeu. Porém, se já os conhecer, pode se adiantar no texto ou aproveitar para confirmá-los ou, até mesmo, fazer alguma atualização.

Leitura complementar

Que tal ganhar mais um presente? Melhor ainda, dois. A seguir você tem acesso a materiais bastante interessantes.

CARRAHER, D. W. **Senso crítico**: do dia a dia às ciências humanas. São Paulo: Pioneira, 1983.

UNESCO – Organização das Nações Unidas para a Educação, a Ciência e a Cultura. **Declaração Universal sobre a Diversidade Cultural**. Disponível em: <http://unesdoc.unesco.org/images/0012/001271/127160por.pdf>. Acesso em: 3 set. 2014.

Interrompa um pouco a leitura e mergulhe nos textos indicados a fim de aumentar o número de páginas preenchidas em seu diário de bordo.

Assim, sugere-se a criatividade como algo que deve ser trabalhado – e existem técnicas para tanto, dentre as quais uma das mais eficazes é o *brainstorming*. Para Ormandy (2012), deve ser a primeira coisa a fazer quando um desafio chega a nossas mãos, pois essa técnica colabora de forma decisiva para que possamos encontrar a solução de um problema. Muitas vezes, essa tal solução é bloqueada pelo medo do desemprego em massa, que origina, em grande parte, processos de injustiça social e de banalização, fenômeno estudado por Ribeiro (2008).

> **Exercício**
>
> Interrompa um pouco sua leitura e procure mais informações sobre questões referentes ao medo do desemprego, tanto na obra citada a seguir quanto em outros materiais que você poderá coletar na internet.
>
> RIBEIRO, A. M. et al. **A modernidade como desafio teórico**: ensaios sobre o pensamento social alemão. Porto Alegre: Ed. da PUCRS, 2008.
>
> Depois da leitura, desenvolva uma atividade de reflexão e faça uma análise mais acurada sobre o perfil social do profissional do terceiro milênio.

Podemos questionar e voltar nossas armas contra as organizações tayloristas no que se refere ao paradoxo segundo o qual quanto mais elas necessitam de criatividade, que emana de pessoas altamente motivadas, mais se ligam aos velhos métodos, baseados no controle, criando efeitos desmotivadores e barreiras cada vez maiores à criatividade, mesmo quando ela é necessária.

Plano de ação

Apresentamos o que é necessário ao perfil de um novo profissional, mas nada mencionamos sobre como desenhar essas qualidades adicionais. Então, vamos a essa agradável e idealista tarefa.

O plano de ação tem um objetivo claro: criar a noção da cidadania no perfil profissional. Não estamos tratando daquela cidadania passiva, outorgada ou exigida, que apenas aguarda a mediação do Estado. Nos referimos à cidadania ativa, que envolve o processo de criação e garantia de direitos e a intervenção direta e decisiva do indivíduo nos espaços políticos e sociais. Significa passar a interferir diretamente na elaboração e nas decisões da vida social, processo que ocorre de forma coletiva, com elevado senso de cooperação comunitária.

É algo como sair da casca do ovo, abrir os olhos e aceitar o fato de que a todas as organizações e a seus colaboradores cabe parte da responsabilidade pela melhoria das condições de vida dos menos favorecidos pela sorte ou pelo acaso. Assim pensa e age Leonardo Boff (2003), quando defende que a libertação dos oprimidos deverá provir deles mesmos, na medida em que se conscientizem da injustiça de sua situação, organizem-se entre si e comecem a implementar práticas capazes de transformar estruturalmente as relações sociais iníquas.

Com base nessas considerações, podemos resumir o processo de responsabilidade e autoridade social como o papel que cabe às corporações e a cada indivíduo como cidadão na construção de uma sociedade livre, justa e solidária.

Independentemente desses fatos, a necessidade revela-se inadiável. Se você não mudar e não exigir das empresas o mesmo, buscando desenvolver comportamentos e atitudes voltados para a cidadania, tudo o que sobre isso vier a ser escrito apenas ornará seu perfil intelectual com frases de efeito. A transformação depende fundamentalmente da vontade de cada um.

Deve-se voltar a encarar a ação social como responsabilidade, e não como algo excepcional, que quando acontece deve ser exaltado mediante a divulgação excessiva nos meios de comunicação de massa. Tudo acaba se resumindo na intenção de "fazer média" com as grandes corporações e/ou com atitudes individuais de famosos. A ação social não necessita de atestados de idoneidade ou parceria, dando um *status* diferenciado a quem apenas está cumprindo as obrigações para consigo próprio e para com a sociedade na qual vive.

Para onde ir? Acreditamos que o caminho que resta aos meros mortais é o do voluntariado nas ações sociais. Ele poderá ser efetivado de modo individual ou por meio da participação nos trabalhos de ONGs ou nas Organizações da Sociedade Civil de Interesse Público (OSCIPs).

Como você já sabe o que é uma ONG, é importante conhecer esse "familiar" próximo: as OSCIPs, que são parcerias e convênios com todos os níveis de governo e órgãos públicos, os quais permitem que doações realizadas pelas empresas possam ser descontadas de impostos a pagar. Foram criadas pela Lei n. 9.790, de 23 de março de 1999 (Brasil, 1999b)[3]. Em 2013, com a intenção de evitar a corrupção no terceiro setor, foi criado o documento "Marco Regulatório das Organizações da Sociedade Civil"[4], cujo conhecimento é importante para todos os interessados em ações sociais.

Além de tudo, importa adotar um comportamento e um olhar ao outro, desenvolvendo a atividade colaborativa no próprio micromundo social, no interior de sua empresa, de sua escola, de sua comunidade de bairro. O caminho é íngreme e não é recomendável esperar honrarias.

Nada do que estamos falando extrapola a obrigação que todos temos de direcionar de forma ética a nossa atuação como cidadãos. Antes de bradar contra os céus, cobrando direitos que nem sempre temos, tratemos de cumprir nossos deveres para conosco e para com o entorno social, do qual tiramos o sustento de forma gregária – característica inerente ao ser humano.

Deve-se incorporar como procedimento natural a iniciativa individual em favor do coletivo e da comunidade. Essa postura

---

3   Para mais informações, acesse: <http://www.planalto.gov.br/ccivil_03/leis/l9790.htm>. Acesso em: 25 set. 2014.

4   Para saber mais sobre o "Marco Regulatório das Organizações da Sociedade Civil", acesse: <http://www.secretariageral.gov.br/atuacao/mrosc>. Acesso em: 28 set. 2014.

pode ser considerada como a única forma – no interior da sociedade atual, em estado visível de degradação – de preservação de valores humanos para garantirmos a sobrevivência do planeta, ainda que em um estado de penúria social, para o qual não se enxerga uma escapatória, pelo menos em curto prazo.

Essa posição não revela pessimismo, senão indícios de que, para recuperar tudo o que foi feito de errado, talvez fosse necessário uma mudança definitiva para um planeta desabitado, para onde se leve todo o conhecimento e a tecnologia acumulados pelo gênio humano.

Visto dessa forma, só resta ao indivíduo a alternativa de atuação no voluntariado, que pode ser individual ou desenvolvido em comum acordo com alguma organização pública ou privada. O destinatário é a comunidade subjacente ou não ao local onde o voluntário reside. A posição assumida pela pessoa voluntária é mais filosófica do que pragmática, pois da tarefa podem não advir benefícios financeiros.

O foco está totalmente voltado para a valorização do ser humano e a eliminação ou diminuição do processo de exclusão social. Mesmo se for impossível ajudar a todos ou resolver todos os problemas sociais, você representa um elo de uma vasta corrente que pode ser orientada no sentido de promover ações necessárias para se atingir esse objetivo.

Outras iniciativas que parecem ter menor valor, tais como o senso de vigilância e a proteção ambiental, podem ser tomadas sem que haja a necessidade de um posicionamento formal externo, mas na dimensão de um compromisso interno de colaborar no que for possível. A você e aos seus companheiros, se os tiver, cabe a divulgação de ações voluntárias diferenciadas, inovadoras, bem-sucedidas, capazes de se constituir em exemplo a ser seguido e até, em um nível mais abrangente, provocar mudanças em políticas públicas, evitando o populismo e o viés eleitoreiro.

Assim, o indivíduo se incumbe de um papel social e passa a constituir-se em um elemento valioso de apoio, com quem podem contar as ONGs e outros órgãos, além da própria sociedade. Apesar de chamar você a assumir uma responsabilidade a mais, acreditamos que a leitura dessa última parte do texto foi menos cansativa e mais sugestiva.

Se a tarefa não é tão fácil – pois exige o rompimento com a inércia –, ela não se configura como algo impossível ou que venha a exigir que você abandone compromissos profissionais e sociais para abraçá-la. Depende apenas de sua boa vontade: assumir um compromisso consigo mesmo de atuar no sentido de lançar ao outro o olhar que gostaria de ter se estivesse na situação dele.

Reflexão

Desenvolva uma atividade de reflexão sobre o assunto deste capítulo, que apresentou a você responsabilidades adicionais, e anote em seu diário o que sugere como um plano de ação que possa ser aplicado em seu grupo social.

Leitura complementar

Leia, leia e leia. Conselho melhor não existe. Depois, escreva, escreva e escreva. Comece pelo texto sugerido a seguir.

Enfim, leia, como forma de superar os objetivos colocados para este módulo, a obra indicada:

LOURES, R. C. da R. **Educar e inovar sob uma nova consciência**. São Paulo: Gente, 2009.

Procure identificar os pontos de destaque com relação a temas similares aos que estão sendo tratados neste material.

Voltamos a ressaltar que as atividades propostas têm uma finalidade didática e pedagógica e procuram fornecer a você recursos adicionais para uma perfeita compreensão dos temas tratados no estudo.

04

RESPEITO À DIVERSIDADE E AO MULTICULTURALISMO

04

EM PRATICAMENTE TODOS os ambientes sociais – como resultado de correntes migratórias que se constituem em deslocamentos de grandes contingentes de pessoas entre países e continentes – convivem diferentes culturas. O fim das distâncias, tema pesquisado por Cairncross (2000), sublinha os efeitos da globalização e a consequente transferência cultural entre pessoas em distintas localidades. Em todas as iniciativas sociais, o respeito a essa diversidade é pontuado como uma necessidade inadiável e de bom tom, por representar atitudes e comportamentos politicamente corretos, como veremos neste capítulo.

Antes de discutirmos qualquer assunto, devemos compreender a ideia que está por trás dele com algum grau de profundidade, e não nos limitarmos a uma simples definição. Principalmente quando se trata de algo que diz respeito ao social, área na qual o positivismo não presta grande ajuda em razão da complexidade e da diferenciação dos resultados em contextos diversificados.

O conceito de *diversidade cultural* é fundamental para a efetivação de políticas, tanto as provindas do setor governamental quanto do privado ou das organizações da sociedade civil, no tocante às áreas de cultura e política social. Podemos nos apoiar na Declaração Universal sobre a Diversidade Cultural, conforme proposta pela Organização das Nações Unidas para a Educação, a Ciência e a Cultura (Unesco[1]). Ela pode nos dar a compreensão e o grau de profundidade necessários para o desenvolvimento de atividades nessa área. Considera-se que os direitos culturais fazem parte dos direitos humanos e que a dimensão cultural é indispensável e pode ser vista nos dias atuais como estratégica em qualquer projeto de desenvolvimento. Como você poderá observar na referida declaração, os indivíduos e instituições devem ter garantidas as condições de:

- *Criar e difundir suas expressões culturais;*
- *Exercer o direito à educação e à formação de qualidade que respeite sua identidade cultural;*
- *Participar da vida cultural de sua preferência e exercer e fruir suas próprias práticas culturais, desde que respeitados os limites dos direitos humanos.* (Unesco, 2002)

Na declaração da Unesco, considera-se que o direito à diferença e à construção individual e coletiva de identidades por meio das expressões culturais é elemento fundamental da promoção

---

[1] Em inglês, *United Nations Educational Scientific and Cultural Organization*.

de uma cultura de paz. Todavia, sua aplicação não ocorre de forma natural no contexto social. Um dos exemplos claros de intolerância vem dos países árabes, nos quais o fundamentalismo[2] se sobrepõe a todos os valores existentes em outras culturas — não mais se reconhecem e se valorizam a diversidade cultural ou as ideias ligadas à busca da solidariedade entre os povos e à consciência da unidade do gênero humano.

Esse processo se acelera em função da efetivação da globalização, facilitada pela evolução das tecnologias da informação e da comunicação existentes nos dias atuais. Enfrentar essa situação é um desafio para toda a sociedade.

Reflexão

A preocupação com a diversidade cultural não é algo novo. A novidade é sua transformação em imposição e a destinação, por algumas nações, de capitais para que ela seja efetivada. Assim, você, como futuro profissional, independentemente de sua área de formação, deve incluir entre os seus atributos características de compreensão e respeito à diversidade cultural. Interrompa a leitura do texto e reflita sobre as colocações que até o momento efetuamos com base na Declaração Universal sobre a Diversidade Cultural. Se ainda não leu o documento, consulte o *link* já indicado neste livro na p. 72.

Podemos observar que as declarações em prol da melhoria da qualidade de vida têm um impacto inicial; mas, na sequência, por uma inércia própria, acabam sendo esquecidas. As iniciativas

---

2   Termo utilizado para se referir à crença na interpretação literal dos textos sagrados.

atuais não parecem seguir a urgência proposta como solução para a convivência entre os povos.

Além da criação da Secretaria da Identidade da Diversidade Cultural[3] e da participação de alguns grupos formados para a estruturação de políticas culturais em nosso país com base no conceito de *diversidade cultural*, não temos maior incentivo relacionado à obediência às recomendações e ao plano de ação sugerido.

Ações em favor da diversidade

Acreditamos que o primeiro desafio capaz de conduzir à tomada de ações é a compreensão do que seja *diversidade cultural*, conforme propusemos anteriormente, via leitura da declaração da Unesco. Existem outros materiais nos quais você poderá obter mais informações, como o Observatório da Diversidade Cultural[4]. Ali é possível encontrar orientações de ações a serem tomadas com relação à diversidade cultural nos grupos sociais do mercado contemporâneo.

A grande maioria dos artigos considera que o cenário econômico, além de apresentar exigências por produtividade e competitividade, é acompanhado de demandas e expectativas em relação ao caráter ético e legal de atuação das empresas. O estudo desenvolvido para produção deste material tem como objetivo

---

3   Encontre informações a respeito no seguinte *site*: <http://www2.cultura.gov.br/site/tag/secretaria-da-identidade-e-da-diversidade-cultural>. Acesso em: 25 out. 2014.
4   Para obter mais informações sobre o Observatório da Diversidade, acesse: <http://observatoriodadiversidade.org.br/site>. Acesso em: 26 set. 2014.

alertar as organizações sobre a necessidade de que os temas aqui tratados e presentes como tarefas sociais sejam efetivados.

As facilidades que a tecnologia oferece nos levam a considerar a atuação na área de respeito à diversidade cultural como um diferencial competitivo que não pode ser desprezado. Existem alguns claros exemplos (Petrobrás, Boticário etc.) que apresentam ações diretamente referentes e relativas ao tema.

O aumento da competitividade é destacado por diversos organismos. No Observatório da Diversidade Cultural você pode obter uma das pesquisas mais recentes sobre o assunto[5]. Nesse e em diversos outros relatórios (Myers, 2003; Fleury, 2000), é possível perceber uma convergência que indica que esse fato está diretamente relacionado com a qualidade da relação que a empresa mantém com as pessoas, interna e externamente; essa qualidade, por sua vez, está diretamente relacionada com o problema da inclusão ou exclusão de diferentes grupos sociais, com suas múltiplas culturas, visões de mundo e estilos de trabalho.

Os resultados geralmente são confirmados nos relatórios que podem ser obtidos quando houver o envolvimento com atividades sociais. A consequência direta é a conquista de respeito, o que tem levado muitas corporações a se envolverem diretamente com propostas voltadas a incentivos concernentes à diversidade cultural.

O estímulo à diversidade cultural representa um reforço à expressão de talentos e potencialidades individuais, o que torna uma organização mais capacitada a avaliar e a promover seus empregados, tendo por base a efetiva competência destes. Isso porque ambientes de discriminação reprimem esses talentos e podem

---

5   Veja o estudo desenvolvido em 2011 e 2012, com os resultados apresentados em dezembro de 2013, que analisa as ações tomadas pelo governo do Estado de Minas Gerais, no seguinte *site*: <http://observatoriodadiversidade.org.br/site/wp-content/uploads/2011/06/Relatorio-LMIC-30Dez13-Versao-final.pdf>. Acesso em: 26 set. 2014.

comprometer a capacidade de reconhecer, de forma adequada, o desempenho de funcionários e dirigentes.

Como regra geral, ocorre consequentemente um fortalecimento no desempenho financeiro, que pode ser mensurado tanto pelos benefícios tangíveis quanto intangíveis, bem como no que se refere ao elemento humano.

Exercício

Pare um pouco a leitura do texto e reflita sobre o que foi discutido e apresentado neste tópico. Sempre que estiver no desenvolvimento de atividades de leitura complementar ou de reflexões, procure interagir com o texto e montar pequenos apontamentos na forma de ensaios ou artigos de opinião. Registre esses resultados em seu diário de bordo.

Desafios sociais

O trabalho referente à diversidade cultural pode ser colocado como uma série de desafios sociais, alguns dos quais são relacionados na Declaração Universal sobre a Diversidade Cultural, da Unesco.

Moehlecke (2009) apresenta em pesquisa desenvolvida com órgãos federais as políticas de diversidade adotadas pelo Governo Lula (período 2003-2006), que podem facilitar a compreensão e chamar atenção para o que está sendo feito.[6] Os estudos

---

6   Há outros trabalhos sobre o assunto, disponíveis no seguinte *site*: <http://observatoriodadiversidade.org.br/site/pesquisa>. Acesso em: 8 out. 2014.

referenciados podem permitir a inferência dos seguintes desafios colocados a todas as organizações:

- Desenvolver a identidade e a diversidade cultural no contexto brasileiro considerando as expressões de singularidade dos indivíduos, grupos ou povos. Isso engloba o reconhecimento de situações específicas referentes às distinções de classe ou ao mundo do trabalho.
- Reconhecer o direito relacionado a gênero ou orientação sexual, aceitando movimentos homossexuais.
- Reconhecer os direitos considerando as situações etárias, como necessidades e direitos de idosos, jovens e crianças.
- Participar do reconhecimento de desigualdades advindas de situação étnica, a qual estabelece minorias que lutam por seus direitos.
- Ampliar os diálogos e o apoio aos grupos e redes que fazem a diversidade brasileira e reconhecer a identidade e a diversidade cultural que visa promover atividades de incentivo à diversidade como meio de promoção da cidadania. Sobre esse aspecto, observamos a implantação e atual revisão do Plano Brasil de Todos[7] e, no seu interior, a criação do Programa Brasil Plural – Identidade e Diversidade Cultural[8].
- Construir espaços de participação e instrumentos de fortalecimento de expressões culturais ligadas aos povos indígenas e às novas expressões populares urbanas e apoiar projetos que estabelecem direitos culturais a crianças, adolescentes e grupos culturais inovadores.

---

7   Para conhecer mais sobre o Plano Brasil de Todos, acesse: <http://www.sigplan.gov.br/arquivos/portalppa/15_%28PlanoBrasildeTodos%29.pdf>. Acesso em: 27 set. 2014.
8   Saiba mais sobre o Programa Brasil Plural – Identidade e Diversidade Cultural no *site*: <http://www2.cultura.gov.br/site/wp-content/uploads/2011/01/balanco-editais-2005-2010.pdf>. Acesso em: 5 out. 2014.

A tarefa de enfrentar esses desafios tem surgido em propostas dos órgãos oficiais, mas ainda se observa que o número de iniciativas é tímido e necessita de maior participação popular, de modo a evitar o isolamento em bolsões intelectuais.

Exercício

Interrompa um pouco a leitura e o estudo do texto e questione os aspectos discutidos neste tópico. Não deixe de anotar sugestões de possíveis programas a serem implantados em nível comunitário para atender aos desafios colocados. Transforme seu diário de bordo em uma coleção de referência – você pode precisar delas algum dia.

Nesse sentido, vamos apresentar agora, para sua apreciação, as linhas gerais de ação propostas na Declaração Universal sobre a Diversidade Cultural, conforme iniciativa da Unesco, como orientação para o desenvolvimento, no microcosmo que representa a ação, por parte do profissional de uma empresa, de comportamentos e atitudes que permitam a efetivação do respeito à diversidade cultural:

1. *Aprofundar o debate internacional sobre os problemas relativos à diversidade cultural, especialmente os que se referem aos seus vínculos com o desenvolvimento e a sua influência na formulação de políticas, em escala tanto nacional como internacional; aprofundar, em particular, a reflexão sobre a conveniência de elaborar um instrumento jurídico internacional sobre a diversidade cultural.*
2. *Avançar na definição dos princípios, normas e práticas nos planos nacionais e internacionais, assim como dos meios de sensibilização e das formas de cooperação mais propícios à salvaguarda e à promoção da diversidade cultural.*

3. *Favorecer o intercâmbio de conhecimentos e de práticas recomendáveis em matéria de pluralismo cultural, com vistas a facilitar, em sociedades diversificadas, a inclusão e a participação de pessoas e grupos advindos de horizontes culturais variados.*
4. *Avançar na compreensão e no esclarecimento do conteúdo dos direitos culturais, considerados como parte integrante dos direitos humanos.*
5. *Salvaguardar o patrimônio linguístico da humanidade e apoiar a expressão, a criação e a difusão no maior número possível de línguas.*
6. *Fomentar a diversidade linguística respeitando a língua materna em todos os níveis da educação, onde quer que seja possível, e estimular a aprendizagem do plurilinguismo desde a mais jovem idade.*
7. *Promover, por meio da educação, uma tomada de consciência do valor positivo da diversidade cultural e aperfeiçoar, com esse fim, tanto a formulação dos programas escolares como a formação dos docentes.*
8. *Incorporar ao processo educativo, tanto quanto necessário, métodos pedagógicos tradicionais, com o fim de preservar e aperfeiçoar os métodos culturalmente adequados para a comunicação e a transmissão do saber.*
9. *Fomentar a "alfabetização digital" e aumentar o domínio das novas tecnologias da informação e da comunicação, que devem ser consideradas, ao mesmo tempo, disciplinas de ensino e instrumentos pedagógicos capazes de fortalecer a eficácia dos serviços educativos.*
10. *Promover a diversidade linguística no ciberespaço e fomentar o acesso gratuito e universal, por meio das redes mundiais, a todas as informações pertencentes ao domínio público.*
11. *Lutar contra o hiato digital em estreita cooperação com os organismos competentes do sistema das Nações Unidas favorecendo*

o acesso dos países em desenvolvimento às novas tecnologias, ajudando-os a dominar as tecnologias da informação e facilitando a circulação eletrônica dos produtos culturais endógenos e o acesso de tais países aos recursos digitais de ordem educativa, cultural e científica, disponíveis em escala mundial.

12. Estimular a produção, a salvaguarda e a difusão de conteúdos diversificados nos meios de comunicação e nas redes mundiais de informação e, para tanto, promover o papel dos serviços públicos de radiodifusão e de televisão na elaboração de produções audiovisuais de qualidade, favorecendo, particularmente, o estabelecimento de mecanismos de cooperação que facilitem a difusão das mesmas.

13. Elaborar políticas e estratégias de preservação e valorização do patrimônio cultural e natural, em particular do patrimônio oral e imaterial, e combater o tráfico ilícito de bens e serviços culturais.

14. Respeitar e proteger os sistemas de conhecimento tradicionais, especialmente os das populações autóctones; reconhecer a contribuição dos conhecimentos tradicionais para a proteção ambiental e a gestão dos recursos naturais e favorecer as sinergias entre a ciência moderna e os conhecimentos locais.

15. Apoiar a mobilidade de criadores, artistas, pesquisadores, cientistas e intelectuais e o desenvolvimento de programas e associações internacionais de pesquisa, procurando, ao mesmo tempo, preservar e aumentar a capacidade criativa dos países em desenvolvimento e em transição.

16. Garantir a proteção dos direitos de autor e dos direitos conexos, de modo a fomentar o desenvolvimento da criatividade contemporânea e uma remuneração justa do trabalho criativo, defendendo, ao mesmo tempo, o direito público de acesso à cultura, conforme o Artigo 27 da Declaração Universal de Direitos Humanos.

17. Ajudar a criação ou a consolidação de indústrias culturais[9] nos países em desenvolvimento e nos países em transição e, com este propósito, cooperar para o desenvolvimento das infraestruturas e das capacidades necessárias, apoiar a criação de mercados locais viáveis e facilitar o acesso dos bens culturais desses países ao mercado mundial e às redes de distribuição internacionais.
18. Elaborar políticas culturais que promovam os princípios inscritos na presente Declaração, inclusive mediante mecanismos de apoio à execução e/ou de marcos reguladores apropriados, respeitando as obrigações internacionais de cada Estado.
19. Envolver os diferentes setores da sociedade civil na definição das políticas públicas de salvaguarda e promoção da diversidade cultural.
20. Reconhecer e fomentar a contribuição que o setor privado pode aportar à valorização da diversidade cultural e facilitar, com esse propósito, a criação de espaços de diálogo entre o setor público e o privado. (Unesco, 2002)

Lembre-se sempre da importância de interagir com o texto. O objetivo é sugerir atividades que permitam que você complete seus estudos sobre o tema em questão.

---

9 Esse é um tema controverso contestado pela Escola de Frankfurt e seus pesquisadores.

05

APOIO À CRIANÇA
E AO ADOLESCENTE

05

APESAR DA EXISTÊNCIA dos estatutos que garantem direitos inalienáveis aos contemplados, ainda há muito a fazer para que eles sejam respeitados. É necessária a ampliação de estudos sobre como as organizações podem se movimentar no sentido de assegurar o cumprimento de recomendações que lhes permitam o exercício total da cidadania.

Já se passaram mais de 20 anos da aprovação do Estatuto da Criança e do Adolescente (ECA), promulgado pela Lei n. 8.069, de 13 de julho de 1990[1], que estabeleceu a garantia dos direitos de crianças e adolescentes no Brasil (Brasil, 1990b). Basicamente, a partir desse momento passou-se a considerar que eles têm os mesmos direitos que os adultos. Ficou sacramentado que lhes seriam asseguradas por lei todas as oportunidades para o seu desenvolvimento físico, mental, moral, espiritual e social e em condições de liberdade e dignidade.

Ao Estado, à sociedade e à família, coube a responsabilidade pelo cumprimento da lei — ficando obrigados a assegurar os direitos das crianças e adolescentes a vida, saúde, alimentação, educação, esporte, lazer, profissionalização, cultura, dignidade, respeito, liberdade e convívio familiar e comunitário. São citados como fatores motivadores:

- o desconhecimento que crianças e adolescentes tinham, de forma parcial ou total, dos próprios direitos;
- a incapacidade total ou parcial de crianças e adolescentes defenderem ou exigirem o cumprimento de seus direitos quando estes eram violados ou não atendidos;
- a incapacidade de crianças e adolescentes proverem por si as próprias necessidades básicas.

---

1 Para informações sobre a garantia dos direitos das crianças e dos adolescentes na Constituição brasileira, acesse: <http://www.planalto.gov.br/ccivil_03/leis/l8069.htm>. Acesso em: 26 out. 2014.

■ ──────────────────────── **Reflexão**

Questione os aspectos elencados como motivadores para a criação e a edição do ECA. Como sugerimos desde o início, anote as conclusões em seu diário de bordo.

──────────────────────────────── ■

Como consequência direta, foram criados Conselhos de Direitos da Criança e do Adolescente nos níveis federal, estadual e municipal e implantadas políticas sociais básicas e programas supletivos de assistência social, além de serviços de prevenção e atendimento médico, psicológico e social a crianças e jovens vitimados e serviços de localização de pais, crianças e adolescentes desaparecidos.

Apesar de todas essas medidas, é evidente que a simples existência de uma legislação pertinente não resolveu os problemas concretos desse segmento social. Isso leva organizações não governamentais (ONGs) a elencarem o bem-estar da criança e do adolescente como objetivo; além da atenção da empresa moderna como parte integrante de um processo de efetivação de comportamento ético e de responsabilidade e autoridade social, focado nesta e em outras áreas sociais.

Essas instituições, sem a necessidade de mascarar índices com o objetivo de justificar investimentos públicos muitas vezes sujeitos à má administração, trazem relatórios que negam a voz oficial[2] (Varalda, 2015). Observamos que muitos programas e ações não são levados adiante por falta de aporte de recursos financeiros. Questões diversas, como o trabalho infantil, são combatidas na

---

2   Para conhecer abordagens a respeito do papel do Estado, acesse: <http://www.fesmpdft.org.br/arquivos/Renato_barao.pdf>. Acesso em: 28 set. 2014.

mídia, mas, na realidade do mercado de trabalho – tanto formal quanto informal –, a exploração desse contingente de pessoas é evidente. As organizações do terceiro setor (a sociedade civil) apontam como problemas ainda vigentes e em escala crescente:

- o aumento de níveis de mortalidade infantil;
- o aumento dos índices de desnutrição;
- o aumento do número de crianças em situação de miséria total;
- o aumento do número de crianças sem escolaridade;
- outras condições negativas relativas à qualidade de vida.

Exercício

Trabalhar com as duas pontas da vida, infância e velhice, é algo prazeroso e recompensador, apesar de a situação de pessoas nessa segunda faixa etária causar tristeza e desalento. Em vez de desanimarmos, podemos utilizar esse sentimento como combustível para nosso motor social. Pensando nessa perspectiva, interrompa por alguns momentos a leitura do texto e detalhe o que você acha que pode ser considerado "outras condições negativas relativas à qualidade de vida", como indicado entre os problemas ainda vigentes na área de proteção ao menor e ao adolescente. Seu diário de bordo está esperando mais algumas páginas a serem preenchidas.

As empresas devem chamar para si parte da responsabilidade que (isso é notório) é governamental. Assim, ao não encontrarem respaldo e solução aos seus problemas no setor público, passam a depender das ONGs em todas as esferas sociais.

Em 2012, foi publicado o relatório sobre a situação mundial da infância[3], do qual extraímos algumas considerações de nosso interesse, como conteúdo integrante do processo de formação humanística do profissional. O levantamento destaca, primeiramente, que milhões de crianças não foram favorecidas pelos benefícios gerados pelos avanços recentes, além de apontar que existe um contingente de "crianças excluídas ou invisíveis", sem acesso adequado à educação, a vacinas que salvam vidas e à proteção. No relatório, surgem conclusões como: crianças menores subnutridas; crianças sem acesso à saúde básica; crianças sem acesso à água potável; e crianças sem acesso à educação (Unicef, 2013).

São dados que mostram que existe ainda muito a ser corrigido para que as recomendações que o ECA estabelece possam ser cumpridas.

■ ──────────────── **Leitura complementar**

Acesse o conteúdo do relatório anual de 2012 sobre a situação da criança, produzido pelo Unicef, e prepare um pequeno ensaio ou artigo de opinião sobre o que considera uma solução para minimizar o sofrimento das crianças, principalmente nos países subdesenvolvidos. Proceda como está fazendo em outras atividades. Se considerar que seu trabalho é interessante, solicite a publicação. Suas ideias podem interessar a outras pessoas.

UNICEF – United Nations Children´s Fund. **Relatório anual Moçambique 2012**. Disponível em: <http://www.unicef.org.mz/annualreport2012/pt/UNICEF-Mocambique-Relatorio-Anual-2012.pdf>. Acesso em: 9 jun. 2015

──────────────────────────────── ■

---

3 Para obter mais informações sobre a situação mundial da infância, acesse o relatório no seguinte *site*: <http://www.unicef.pt/docs/PT_SOWC2013.pdf>. Acesso em: 26 set. 2014.

O relatório do Unicef, cuja análise foi sugerida como leitura complementar, considera 189 países que estabeleceram metas quantitativas para enfrentar a pobreza extrema e a fome, a mortalidade materna e infantil e o HIV/Aids, entre outras doenças. Eles se propuseram a promover, ao mesmo tempo, a educação primária universal, a igualdade de gênero, a sustentabilidade ambiental e uma parceria global para o desenvolvimento até 2015.

Nessa data-limite, espera-se que 500 milhões de pessoas ficarão livres da pobreza, 250 milhões serão poupadas da fome e 30 milhões de crianças que viveriam apenas até os 5 anos de idade terão sobrevivido. Essas metas são colocadas como *objetivos do milênio* (ODM)[4], voltadas para um mundo de paz, segurança, solidariedade e responsabilidade compartilhada (Instituto Grpcom, 2014).

Ações das empresas

A ação das empresas parte do pressuposto de que a responsabilidade pela criança e pelo adolescente não é apenas assunto do governo e responsabilidade dos setores públicos, mas de toda a sociedade. Com base nisso, algumas se emparelham ao terceiro setor, tomando atitudes e assumindo comportamentos que visam diminuir os problemas com a infância e a adolescência que assolam nosso país e todo o mundo na atualidade.

---

4 Acesse o *site* para obter mais informações sobre os objetivos do milênio: <http://www.institutogrpcom.org.br/objetivos-do-milenio>. Acesso em: 26 set. 2014.

A Convenção sobre os Direitos da Criança (CDC), apresentada no Decreto n. 99.710, de 21 de novembro de 1990[5], traz uma série complementar de recomendações que apontam para o combate ao trabalho infantil e o início da ação das organizações em prol da criança e do adolescente como atividades pertinentes e importantes no contexto da melhoria das condições de vida das crianças brasileiras (Brasil, 1990a). Procura-se quebrar alguns mitos que podem ser considerados falaciosos e de comprovada fragilidade. Os argumentos que justificavam a tolerância à situação da criança eram os seguintes:

1. *o da necessidade do trabalho infantil pela suposta ajuda que a criança traria à sobrevivência da família;*
2. *o dos supostos benefícios do trabalho infantil, que tornaria as crianças mais espertas e aptas a vencer profissionalmente quando adultas; e*
3. *o da nobreza do trabalho infantil, que afastaria as crianças do crime (sobretudo roubo e prostituição).* (Instituto Ethos, 2005b)

Uma série de programas de apoio foi criada por empresários da indústria de brinquedos e depois aberta a todas as corporações pela Fundação Abrinq[6] (Associação Brasileira dos Fabricantes de Brinquedos), os quais envolvem a preocupação com o desenvolvimento como meio de alegrar e tentar recuperar de alguma forma o amor próprio em crianças carentes.

Existem ainda outras iniciativas, entre elas o Programa Empresa Amiga da Criança[7], criado pela Abrinq, o qual reconhece a

---

5 Acesse informações sobre a Fundação Abrinq: <http://www.planalto.gov.br/ccivil_03/decreto/1990-1994/D99710.htm>. Acesso em: 26 set. 2014.
6 Visite o *site* para mais informações sobre a Associação Brasileira dos Fabricantes de Brinquedos: FUNDAÇÃO ABRINQ. Disponível em: <http://www.fundabrinq.org.br>. Acesso em: 18 set. 2014.
7 Confira o *site* para mais informações sobre o Programa Empresa Amiga da Criança: <http://www.fundabrinq.org.br/projeto.php?id=9>. Acesso em: 8 out. 2014.

ação das empresas com foco na infância e na adolescência, desde que se comprometam a não utilizar mão de obra infantil. Quando agraciadas, elas podem utilizar essa qualificação em suas atividades mercadológicas e ações de *marketing*, visando estabelecer uma imagem favorável no mercado.

Durante a mobilização das corporações contra o trabalho infantil, surgiu o Fórum Nacional de Prevenção e Erradicação do Trabalho Infantil (FNPETI)[8]. Também foi criado o Programa de Ações Integradas (PAI)[9], que tem como objetivo coordenar ações conjuntas dos governos federal, estadual e municipal, de grupos sociais, sindicatos e ONGs em áreas de grande incidência de exploração da mão de obra infantil, no sentido de tirar as crianças do trabalho e encaminhá-las às escolas. Denominado *Programa de Renda Mínima* ou *Bolsa-Escola*[10], ele fornece aos pais um auxílio financeiro em troca do compromisso de mantê-las na escola. Pode parecer, de início, mais uma ação isolada, mas aos poucos ela se soma a outras para formar um conjunto apreciável de atitudes e comportamentos.

Plano de ação

Com base no sucesso relativo – mas importante – das primeiras iniciativas, as empresas devem acelerar sua participação e a criação de novos programas, estabelecendo estratégias para a ação social organizacional em defesa da criança e do adolescente.

---

8   Para obter mais informações sobre o FNPETI, acesse: <http://www.fnpeti.org.br>. Acesso em: 8 out. 2014.
9   Para obter mais informações sobre o PAI, visite o seguinte *site*: <http://www.segplan.go.gov.br/post/ver/143597/segplan-6>. Acesso em: 8 out. 2014.
10 Para obter mais informações sobre o Programa de Renda Mínima ou Bolsa-Escola, acesse: <http://bolsa-familia.info/mos/view/Bolsa_Escola>. Acesso em: 8 out. 2014.

A divulgação deles – a exemplo do Programa Criança Esperança[11], apresentado pela Rede Globo de Televisão – é significativa e pode atrair um número cada vez maior de interessados.

O essencial é uma ação coordenada, que esteja prevista como estratégia organizacional e que defina de forma clara o que fazer e como fazer, evitando o desperdício de esforços no sentido de resolver problemas tão importantes. Muitas iniciativas indicam que o primeiro passo é adotar como compromisso tarefas capazes de melhorar a qualidade de vida de crianças e adolescentes.

Tudo começa pelo respeito à legislação e pelo estudo das iniciativas, com destaque para as que trouxeram resultados positivos. Em seguida, a empresa pode adotar o caminho do relacionamento direto com o contexto social subjacente, investigando a presença de escolas ou ONGs voltadas ao atendimento a essa faixa etária.

A doação direta e simples, apesar de bem-vinda, não pode ser considerada um envolvimento direto, como se pretende, o que apenas confirma um modelo assistencialista – aspecto que se deseja eliminar do relacionamento, seja público, seja privado, com os inúmeros problemas das crianças e dos adolescentes. Acreditamos que o caminho mais fácil é a corporação se valer de suas competências e habilidades para minorar as dificuldades sociais na área da infância e da adolescência. Dessa forma, a participação dela se torna mais efetiva e humanitária. A organização identificar o que produz e com esse material verificar como pode colaborar para solucionar ou diminuir os problemas pode representar um importante programa de vigilância social.

Se se tratar de uma indústria farmacêutica, por exemplo, ela pode doar remédios para a população pobre; se for uma ótica,

---

[11] Para obter mais informações sobre o Programa Criança Esperança, acesse: <http://redeglobo.globo.com/criancaesperanca>. Acesso em: 8 out. 2014.

pode fornecer óculos gratuitos e orientações de saúde via cartilhas e outras medidas. Observe que a empresa estará utilizando a sua experiência e colocando-a a serviço do social, descaracterizando um modelo apenas assistencialista e isento de participação.

Dependendo da marca, ela pode engajar o público de seu entorno social em campanhas de alfabetização, na criação de escolas, em mutirões sociais, entre outras atividades que envolvam colaboradores internos em ações de voluntariado. Esse tema será detalhado mais adiante.

Nos últimos anos, organismos internacionais e nacionais têm apresentado uma série de medidas que podem oferecer grande funcionalidade na tentativa de solucionar os problemas que as crianças enfrentam. São iniciativas voltadas para o trabalho no voluntariado interno em favor desse público, as quais vamos assinalar como orientação básica para o envolvimento da empresa. São elas:

- *definir visão, valores e responsabilidades sociais do grupo social em relação às crianças e adolescentes, incluindo esse compromisso em sua missão e definindo os objetivos visados com o voluntariado;*
- *recrutar um primeiro grupo de trabalho, identificando os setores e funcionários mais mobilizados pela ideia, misturando níveis hierárquicos, além de buscar exemplos de outros grupos sociais e informação especializada;*
- *desenvolver, com este grupo inicial, um conceito e uma estratégia de apoio ao programa de voluntariado em favor da infância, encarando-o como parte de sua missão e gerindo-o com os mesmos critérios de outros investimentos: com recursos, gerência profissional e avaliação de resultados;*
- *diagnosticar as experiências e potencialidades dos empregados, divulgando a iniciativa sob a ótica da cidadania e levantando quem*

e quantos são os funcionários sensibilizados, de quanto tempo dispõem e assim por diante;
- identificar as necessidades das crianças e adolescentes na comunidade, levantando dados de líderes locais, órgãos oficiais, ONGs comunitárias e universidades;
- estruturar o programa de atuação, definindo objetivos, estratégias, atividades, recursos, cronograma e sistema de avaliação;
- divulgar interna e externamente a ação voluntária em defesa dos direitos da criança e do adolescente;
- valorizar e reconhecer os voluntários com prêmios, cartas de agradecimento das próprias crianças beneficiadas, divulgação de suas iniciativas, identificações especiais e eventos de reconhecimento; e
- trabalhar em rede com outros programas de voluntariado voltados para a infância e com associações organizacionais com o mesmo fim. (Instituto Ethos, 2000)

À semelhança da forma como uma empresa trabalha no engajamento de seus colaboradores internos, ela pode agir entre outros atores de sua cadeia de valor, envolvendo fornecedores e clientes, com promoções para aqueles que desenvolverem atividades com o mesmo cunho social. Uma das formas que tem se mostrado mais simpática e granjeado melhores resultados é a participação direta na comunidade na qual está inserida para, nesse contexto, desenvolver e incentivar a implantação de ações voltadas para a melhoria da qualidade de vida na infância e na adolescência.

As organizações podem emprestar a experiência administrativa na obtenção e na geração de recursos, financiando projetos e ações comunitárias com os mesmos objetivos. Buscar apoio público ou de entidades internacionais é uma das formas que viabiliza a construção de uma imagem institucional positiva no mercado, em função das ações visarem ao saneamento de um grave problema social.

Consórcios de empresas podem diminuir a dificuldade de ações individuais das empresas de menor porte que também desejam colaborar. Nesse sentido, órgãos de classe podem ser envolvidos para agrupar corporações em um projeto único, estendendo benefícios à comunidade.

Uma das últimas providências, mas não de menor importância, referente às instituições, está associada à tarefa de conscientizar a sociedade utilizando a força de sua imagem entre o público, por meio do desenvolvimento de atividades de comunicação e *marketing* com o objetivo de despertar a comunidade para a participação em atividades colaborativas voltadas à solução dos problemas da criança e do adolescente.

A manutenção de creches e escolas básicas em projetos de educação no nível de chão de fábrica também constitui importante forma de colaboração, pois contribui para retirar crianças das ruas e de atividades perniciosas à sua formação. Acrescenta-se a isso a participação da empresa em ONGs ou em conselhos comunitários.

Assim, ao se apropriar de qualquer dos meios sugeridos até o momento ou criando projetos inovadores que venham a servir de exemplo para outras iniciativas, a corporação franqueia um caminho seguro para efetivar sua colaboração.

Além das crianças e dos adolescentes com dificuldades financeiras, ela pode também contribuir por meio do auxílio a crianças e adolescentes com necessidades especiais.

O caminho que pode servir para ampliar o grau de atendimento com a inclusão de mais esse segmento se vale das mesmas decisões e ações ou da proposta de sugestões inovadoras que incentivem outras empresas a se envolverem no mesmo objetivo.

Leitura complementar

Para encerrar em grande estilo o estudo sobre os trabalhos em favor da criança e do adolescente, sugerimos a leitura da seguinte obra:

RIBEIRO, S. M. N. **Quem sou eu?** Identidade e autoestima da criança e do adolescente. Campinas: Papirus, 2006.

Muitas assistentes sociais que atuam com crianças e adolescentes relatam um elevado grau de satisfação, o que colabora para a melhoria do clima organizacional dentro de uma empresa. Todo e qualquer resultado deve ser motivo para comemoração.

06

APOIO À TERCEIRA IDADE

06

DA MESMA FORMA como ocorre com o Estatuto da Criança e do Adolescente (ECA), é possível observar lacunas importantes no cumprimento das recomendações à proteção e ao bem-estar do idoso. A legislação que garante direitos inalienáveis a esse grupo não é respeitada, o que exige também a sua inserção em um conjunto de recomendações presentes neste material.

Em 2003, por exigência da sociedade civil e iniciativa de alguns políticos, foi publicado o Estatuto do Idoso, Lei n. 10.741, de 1º de outubro de 2003 (Brasil, 2003a)[1]. De forma similar ao ECA, ele tem como objetivo regular os direitos assegurados às pessoas com idade igual ou superior a 60 anos.

A ideia era oferecer ao idoso uma política nacional com o escopo de melhorar suas condições e sua integração com a comunidade. A boa qualidade de vida, devido ao avanço das tecnologias, aumenta a longevidade das pessoas e traz para todos os países – em especial ao Brasil, considerado até pouco tempo atrás um "país de jovens" – desafios com diversas dimensões e graus de dificuldade.

Ao olharmos para as pessoas que atingem e superam a barreira dos 60 anos, com raras exceções, vamos observar uma situação de exclusão do convívio social e de abandono. Os desafios colocados advêm da consequência natural da passagem do tempo e não são uma questão de tratar doenças, mas sim de integrar o velho saudável ao contexto social.

O envelhecimento é um processo normal e inevitável, o que passa a exigir uma intervenção que leve em conta aspectos econômicos e socioculturais diversificados. Não há como lutar contra os efeitos da passagem do tempo, mas podemos, sim, cuidar para que não sejam tão devastadores, tanto física quanto intelectualmente.

---

1   Acesse informações sobre o Estatuto do Idoso na Constituição brasileira em: <http://www.planalto.gov.br/ccivil_03/leis/2003/l10.741.htm>. Acesso em: 26 set. 2014.

Definição de idoso

O que importa não é a idade cronológica, mas a mental. Acreditamos que todos já ouvimos esse bordão. Mas o que se define como *idoso*? A Política Nacional do Idoso – estabelecida pela Lei n. 8.842, de 4 de janeiro de 1994 (Brasil, 1994) –, no projeto "Um Brasil para todas as idades", define quem é considerado "idoso" em nossa sociedade, que já o discrimina. Para maior aprofundamento, vale a pena ter acesso ao documento[2] que estabelece tal política.

Exercício

Leia o texto indicado a seguir sobre a Política Nacional do Idoso e desenvolva um pequeno ensaio no qual analise as consequências do envelhecimento para a perda da autoestima do idoso em nosso país. Escrever pequenos ensaios e artigos científicos é uma das melhores maneiras de você exercitar seu senso crítico e melhorar a sua capacidade de redação. Faça de seu diário de bordo o companheiro de todas as ocasiões e coloque nele o resultado do trabalho.

PORTO, M. A Política Nacional do Idoso: um Brasil para todas as idades. **Com Ciência**, 2002. Disponível em: <http://www.comciencia.br/reportagens/envelhecimento/texto/env02.htm>. Acesso em: 8 out. 2014.

Outros documentos discutem esse tema, como o Plano de Ação Internacional sobre Envelhecimento da Organização das Nações Unidas – ONU (Brasil, 2003c), que, acompanhando a

---

[2] Para mais informações sobre a Política Nacional do Idoso, acesse: <http://www.planalto.gov.br/ccivil_03/leis/l8842.htm>. Acesso em: 27 set. 2014.

orientação da divisão de população, estipulou 60 anos como o patamar que caracteriza o grupo idoso.

■ ──────────── **Leitura complementar**

Aproveite para baixar o plano completo, que pode ser encontrado no *link* a seguir. Trata-se de um material rico em considerações importantes que pode auxiliá-lo no desenvolvimento de algum trabalho sobre o assunto.

BRASIL. Secretaria Especial dos Direitos Humanos. Conselho Nacional dos Direitos do Idoso. **Plano de Ação Internacional para o Envelhecimento**. Brasília: Ministério da Justiça, 2003. (Série Institucional em Direitos Humanos; v. 1) Disponível em: <http://www.observatorionacionaldoidoso.fiocruz.br/biblioteca/_manual/5.pdf>. Acesso em: 21 out. 2014.

───────────────────────────── ■

Em dados demográficos, é usual estabelecer 60 ou 65 anos como o limiar que define a população idosa. Assim explica, em seu texto sobre o envelhecimento da população brasileira, o professor Morvan de Mello Moreira (1998), do Instituto de Pesquisas Sociais da Fundação Joaquim Nabuco (Fundaj – PE). O pesquisador considera que o envelhecimento populacional entende-se como o crescimento da população considerada idosa em uma dimensão tal que, de forma sustentada, amplia a sua participação relativa no total da população (Moreira, 1998). A ampliação do peso relativo da população idosa na demografia nacional deve-se a uma redução do grupo etário jovem, em consequência da queda da fecundidade, configurando o que se denomina *envelhecimento pela base*.

■ ──────────── Leitura complementar

Leia os textos a seguir, os quais podem ser encontrados nos endereços identificados:

A POLÍTICA Nacional do Idoso; um Brasil para todas as idades. **Com Ciência**, 2002. Disponível em: <http://www.comciencia.br/reportagens/envelhecimento/texto/env02.htm>. Acesso em: 8 out. 2014.

MOREIRA M. de M. O envelhecimento da população brasileira: intensidade, feminização e dependência. **Revista Brasileira de Estudos Populacionais**, Brasília, v. 1, n. 15, 1998. Disponível em: <http://www.abep.nepo.unicamp.br/docs/rev_inf/vol15_n1_1998/vol15_n1_1998_5artigo_79_94.pdf>. Acesso em: 5 out. 2014.

Questione as colocações anteriores que oferecem uma definição de idoso na sociedade atual; sua posição pode ser de discordância ou concordância total ou parcial. Da mesma forma como temos solicitado nos outros trabalhos, monte um pequeno texto de sua autoria e o registre no diário de bordo.

──────────────────────────────── ■

Tendo conhecimento do que se define por *idoso*, vamos analisar os tipos de comportamento que têm sido apresentados em nível social e quais dentre eles podem ser adotados pelas empresas com o intuito de minorar os problemas de que padecem os integrantes dessa faixa etária. Vale ressaltar que o trabalho com o idoso é tão ou mais gratificante do que aquele desenvolvido com crianças.

Desafios

Os desafios colocados visam assegurar ao idoso, "por lei ou por outros meios, todas as oportunidades e facilidades para preservação de sua saúde física e mental e seu aperfeiçoamento moral, intelectual, espiritual e social, em condições de liberdade e dignidade" (Brasil, 2003a). O Estatuto do Idoso considera como obrigações da família, da comunidade, da sociedade e do Poder Público assegurar ao idoso a efetivação do direito:

- à saúde;
- à alimentação;
- à educação;
- à cultura;
- ao esporte;
- ao lazer;
- ao trabalho;
- à cidadania;
- à liberdade;
- à dignidade;
- ao respeito;
- à convivência familiar;
- à convivência comunitária (Brasil, 2003a).

Seria ideal se esses direitos fossem realmente observados. Assim como acontece com outros estatutos, como o ECA, que vimos recentemente, é possível observar um abismo entre as intenções, a proposta de ações e sua real efetivação. Uma curiosidade é perceber que todos os direitos estabelecidos ou exigidos que sejam cumpridos nesses documentos nos parecem representar direitos naturais, abandonados por uma sociedade na qual, há muito tempo, o verbete *solidariedade* está esquecido.

Mas, ruim com eles, pior sem eles. A existência de algum documento legal parece ser necessária para lembrar as pessoas de suas obrigações. Além do mais, um dia todos iremos enfrentar com maior ou menor intensidade essa mesma situação. Nada melhor que começarmos a preparar para o futuro um caminho menos árduo, para ter esses direitos básicos respeitados.

Exercício

Analise os aspectos colocados como desafios, relate o conhecimento de alguma situação que se encaixe no tema ou sugira novos posicionamentos a serem considerados como objetivos para o futuro. Seu diário de bordo, dessa forma, será enriquecido.

Garantia de prioridade

O Estatuto do Idoso apresenta uma definição clara do que seja a garantia de prioridade a pessoas dessa faixa etária. Antes de analisar as ações que as organizações podem adotar, vamos reproduzir mais uma parte do documento.

Temos em mente aumentar a compreensão dos futuros responsáveis pela efetivação do comportamento ético e da responsabilidade e autoridade social da empresa moderna – senão em todos os campos, pelo menos em algum deles, que bem podem ser o respeito ao Estatuto do Idoso e a criação de iniciativas inovadoras para a solução dos problemas que hoje observamos em nosso entorno social. Segundo a legislação, a garantia de prioridade compreende:

> *Art. 3º [...]*
> *I – atendimento preferencial imediato e individualizado junto aos órgãos públicos e privados prestadores de serviços à população;*
> *II – preferência na formulação e na execução de políticas sociais públicas específicas;*

III – *destinação privilegiada de recursos públicos nas áreas relacionadas com a proteção ao idoso;*
IV – *viabilização de formas alternativas de participação, ocupação e convívio do idoso com as demais gerações;*
V – *priorização do atendimento do idoso por sua própria família, em detrimento do atendimento asilar, exceto dos que não a possuam ou careçam de condições de manutenção da própria sobrevivência;*
VI – *capacitação e reciclagem dos recursos humanos nas áreas de geriatria e gerontologia e na prestação de serviços aos idosos;*
VII – *estabelecimento de mecanismos que favoreçam a divulgação de informações de caráter educativo sobre os aspectos biopsicossociais de envelhecimento;*
VIII – *garantia de acesso à rede de serviços de saúde e de assistência social local.* (Brasil, 2003a)

Com base nessas considerações, podemos analisar que tipos de propostas podem orientar e sensibilizar as corporações no sentido de que o comportamento ético e a responsabilidade e a autoridade social sejam efetivados.

Ações da sociedade civil e das empresas

A sociedade civil tem sua ação manifesta na criação de organizações não governamentais (ONGs) e de Organizações da Sociedade Civil de Interesse Público (OSCIPs), que prestam assistência e zelam pelo cumprimento das cláusulas estabelecidas no Estatuto do Idoso. Alguns órgãos de classe – como o Serviço Social do Comércio (Sesc) e o Serviço Nacional de Aprendizagem

Comercial (Senac) – têm apresentado programas que visam proporcionar um envelhecimento ativo e digno.

A Confederação Brasileira de Aposentados e Pensionistas (Cobap)[3] busca, por meio de suas ações, a defesa de seus direitos sociais. Com esse propósito, podemos incluir também a Associação Brasileira de Gerontologia (ABG)[4], a Conferência Nacional dos Bispos do Brasil (CNBB)[5] e outros órgãos que indicam programas para a melhoria de qualidade de vida do idoso.

Além de colaboração direta com os órgãos que desenvolvem ações na sociedade civil, integrando-se ao contexto social em que atuam, as empresas podem incentivar ações de voluntariado individual entre os colaboradores e participantes de sua cadeia de relacionamento. Elas podem intervir também diretamente, tomando medidas que superem apenas intenções assistencialistas, quando o idoso já está sujeito a condições não dignas, e trabalhar no sentido de utilizar a experiência que essas pessoas acumularam durante toda a vida. Trata-se de uma proposta que pode transformar toda uma população crescente de idosos em uma força de trabalho que começa a ser reconhecida.

Aos poucos, cresce de forma significativa a participação de idosos no mercado de trabalho, o que lhes permite a recuperação de sua dignidade. Podem ser propostas atividades laborais, que tornem possível àqueles que ainda apresentam condições de saúde contribuir para o sustento da família e para o giro da economia.

---

3   Para mais informações sobre a Cobap, acesse: <http://www.cobap.org.br/capa>. Acesso em: 6 nov. 2014.
4   Para mais informações sobre gerontologia, acesse: <http://abgeronto.blogspot.com.br>. Acesso em: 6 nov. 2014.
5   Para obter mais informações sobre a CNBB, acesse: <www.cnbb.org.br>. Acesso em: 6 nov. 2014.

Para que essas ideias sejam implementadas, as empresas podem aproveitar recursos e incentivos governamentais e de órgãos internacionais direcionados para o atendimento e a melhoria da qualidade de vida das pessoas idosas – é possível que obtenham, como resultado de sua atuação, selos de reconhecimento que as nomeiam *amigas do idoso*[6], da mesma forma como acontece com os cuidados dedicados à criança e ao adolescente (Programa Empresa Amiga da Criança). As câmaras municipais podem entregar certificados, em cerimônias similares àquela na qual o Sesc foi reconhecido como Empresa Amiga do Idoso[7].

Uma área em que muitos idosos podem ser aproveitados é no desenvolvimento e acompanhamento de ações filantrópicas para organizações, levando em consideração que eles têm experiência em trabalhos diversos e o tempo necessário para desenvolvê-los. Atividades em áreas ambientais, que contribuem para a preservação dos recursos ambientais, da biodiversidade e do patrimônio cultural, também podem ser realizadas por idosos.

Com medidas como essas e a sua esperada multiplicação, pode-se considerar que há uma tendência das empresas na valorização da terceira idade. Algumas começam a enxergar que a aposta em pessoas de mais idade pode trazer o reconhecimento comunitário e a conquista da fidelidade do cliente, um dos alvos mais buscados no mercado contemporâneo.

Apesar de todas essas iniciativas, podemos perceber que a opção pelo aproveitamento dos idosos como força de trabalho ainda carece de maior esclarecimento das organizações quanto a

---

6   Para mais informações, acesse: <http://portalamigodoidoso.com.br>. Acesso em: 18 out. 2014.
7   Para obter mais informações sobre a cerimônia de entrega do certificado "Empresa Amiga do Idoso", acesse: <https://www.youtube.com/watch?v=aSAZ5Wducsk>. Acesso em: 6 nov. 2014.

aspectos legais vigentes – uma vez que há falhas que, muitas vezes, prejudicam o aproveitamento dessas pessoas. Em contrapartida, é possível observar, no outro lado da moeda, ocasiões em que há exploração dessa mão de obra, segundo aponta estudo realizado por Giaqueto e Soares (2010), no qual a situação é analisada com espírito crítico.

É importante lembrar que o que dá destaque especial ao trabalho do idoso é uma consideração válida para todas as idades: por meio do trabalho, o ser humano se reafirma e desenvolve ações sociais que resultam em autoestima e amor próprio.

Reflexão

Faça um exercício de reflexão para que tenha condições de propor alternativas inovadoras às empresas, seja de forma genérica, seja escolhendo algum ramo específico de atuação, com vistas a incentivá-las no respeito ao idoso. Procure dar atenção às questões de exploração dessa mão de obra e complemente com uma leitura mais detalhada do Estatuto do Idoso, utilizado como base os estudos deste capítulo. Analise os seus tópicos, insira críticas e sugira novas orientações. Você pode utilizar como leitura complementar para essa atividade as indicações a seguir:

BRASIL. Lei n. 10.741, de 1º de outubro de 2003. **Diário Oficial da União**, Poder Legislativo, Brasília, DF, 3 out. 2003. Disponível em: <http://www.planalto.gov.br/ccivil_03/leis/2003/l10.741.htm>. Acesso em: 26 set. 2014.

DALLARI, D. de A. **O destino dos velhos em nossa sociedade**. Disponível em: <http://www.dhnet.org.br/direitos/militantes/dalmodallari/dallari_idosos.htm>. Acesso em: 30 set. 2013.

SALGADO, M. A. **O idoso brasileiro no próximo século**. Disponível em: <http://www.sescsp.org.br/sesc/images/upload/conferencias/58.rtf>. Acesso em: 26 set. 2014.

07

APOIO À MULHER E VALORIZAÇÃO DO FEMININO

07

SUJEITA À TRIPLA jornada de trabalho, como mãe, esposa e profissional, seria de se esperar que à mulher fosse natural o tratamento igualitário em questões de respeito e remuneração. Porém, tal fato não ocorre, o que estabelece uma lacuna que traz consigo a necessidade de recomendações que colaborem com a proposta de um tratamento igualitário na sociedade contemporânea.

O que justifica colocarmos a mulher como passível de ser requerente de comportamento ético e de responsabilidade e autoridade social por parte das empresas é a sua comprovada desvantagem no mundo de trabalho, na política e na sociedade de forma geral.

A situação da mulher, com base em indicadores de organismos nacionais e no resultado da participação do Brasil em congressos internacionais, como o realizado em 2007 em Goiânia, é considerada assustadora, principalmente se levarmos em conta que estamos em pleno século XXI, no qual desigualdades e tratamento indigno se pressupõem eliminados.

Do total de 1,2 bilhão de pessoas que vivem abaixo da linha da pobreza[1], 70% são mulheres, número que estarrece e exige reflexão e ações no sentido de uma mudança necessária de comportamento, em nível individual e nas corporações. Esse processo é denominado *feminização da pobreza* (PNUD, 2008)[2].

Os dados do Programa das Nações Unidas para o Desenvolvimento (PNUD, 2008) permitem verificar a veracidade de uma realidade que muitos ainda tentam esconder e que revela uma das grandes mazelas da sociedade contemporânea. São números e informações realistas que sugerem ações imediatas em âmbito social, demonstram uma situação desfavorável para a mulher e apontam para a diferença de gêneros como fator que deve ser combatido de forma intensiva.

---

1   O Banco Mundial estabelece que, para efeitos de comparação, pessoas com ganho inferior a 1 dólar por dia se situam na linha de indigência, e a 2 dólares por dia, na linha de pobreza. No Brasil, para estar enquadrado na linha da pobreza, é necessário ter renda abaixo de 70 reais mensais por pessoa.

2   Veja o desenvolvimento do conceito (segundo pesquisadores brasileiros) no seguinte *site*: <http://www.pnud.org.br/Noticia.aspx?id=1301>. Acesso em: 6 nov. 2014.

---— **Exercício** ———

Desenvolva uma atividade de estudo independente na qual você, apoiado em algum referencial teórico ou em vivência própria, questione a problemática que viemos tratando, que se apresenta em nível mundial. Uma boa referência é a revista indicada a seguir. Apesar de ser um estudo centrado em determinada região, seus resultados podem ser extrapolados para a situação nacional. Formate o resultado na forma que considerar mais indicada, mas sugerimos que você faça uma sinopse e guarde-a para consulta futura.

FEE – Fundação de Economia e Estatística. **Mulher e trabalho**. Porto Alegre: PED – RMPA, v. 6, 2006. Disponível em: <http://revistas.fee.tche.br/index.php/mulheretrabalho/issue/view/178/showTo>. Acesso em: 6 nov. 2014.

Uma das questões mais preocupantes é a mortalidade materna, cujos números são alarmantes. Entre as metas do milênio, estão a promoção da igualdade entre os sexos e a autonomia da mulher, em nível geral, incluindo direitos iguais, acesso democrático ao processo de ensino e aprendizagem, valorização profissional, igualdade de oportunidades profissionais, igualdade salarial e muitas outras dimensões nas quais a valorização da mulher é um mito.

A educação diferenciada é colocada como um prejuízo e uma das causas da situação atual, claramente desfavorável à mulher. No campo da política, apesar de lei recente que determina um percentual específico, ainda temos baixa representatividade feminina. Esses fatos levam a incluir análises de indicadores e recomendações de ações tendo em mente a inclusão da mulher no mundo do trabalho e a melhoria geral de suas condições.

> ——————————— **Leitura complementar**
>
> Visando auxiliá-lo em suas pesquisas sobre a discriminação de gênero e ações tomadas para a correção dessa situação, indicamos a referência de diversos artigos e materiais de estudo relevantes em um único domínio. Selecione os mais interessantes e inclua-os em sua biblioteca virtual.
>
> ONG REDE MULHER DE EDUCAÇÃO. Disponível em: <http://www.redemulher.org.br>. Acesso em: 21 out. 2014.

Ações sociais de órgãos públicos

Grande parte das ações sociais públicas se limita a orientar o tratamento em igualdade de gênero, o que não tem sido suficiente. Algumas outras questões visam contribuir com a redução de sua carga de trabalho doméstico, cuidado com crianças e com os idosos da família e a proteção contra todas as formas de violência a que as mulheres estão constantemente submetidas.

Ações desenvolvidas como resultado da Declaração do Milênio e dos objetivos de desenvolvimento do milênio – ODM (8 jeitos..., 2015a)[3] abriram uma nova porta para a promoção da igualdade de

---

3 Para conhecer mais sobre os ODM, acesse: <http://www.objetivosdomilenio.org.br>. Acesso em: 26 set. 2014.

gênero. Os ODM podem ser o meio pelo qual o insidioso vínculo entre desigualdades de gênero, desperdício e destruição do potencial humano da mulher e a aparentemente infinita reprodução da pobreza possam ser vistos em minúcias e finalmente superados.

■ ——————— Leitura complementar

Queremos que você se torne um *expert* em assuntos relacionados com o social. Para tanto, é necessário um esforço adicional. Leia o texto a seguir sobre a igualdade de gênero e faça um resumo e anotações.

UNIFEM – Fundo de Desenvolvimento das Nações Unidas para a mulher. **Rumo à igualdade de gênero**. Disponível em: <http://www.unifem.org.br/sites/700/710/00000150.pdf>. Acesso: em 3 fev. 2015.

Trabalhos desenvolvidos por organismos internacionais pontuam como ações recomendáveis:

- a eliminação da violência contra a mulher;
- a eliminação da discriminação profissional;
- a eliminação da discriminação nos estudos;
- a eliminação da discriminação na escala de remuneração diferenciada no trabalho feminino;
- o incentivo à participação da mulher na política;
- a luta contra a estrutura patriarcal da sociedade;
- a proteção à maternidade para diminuir a mortalidade materna;
- a proteção e a defesa da mulher contra a Aids;
- a valorização da mulher negra e da mulher indígena;
- a luta contra exclusão digital da mulher na sociedade brasileira;
- a proposta de cotas nas assembleias.

■ ─────────── **Leitura complementar**

Por meio da leitura do texto a seguir – lei que criou o Conselho Nacional dos Direitos da Mulher (CNDM) –, pense nas medidas que desde então vêm sendo propostas, incluindo o Ano Internacional da Mulher (2004), com as ações realmente tomadas uma década depois.

> BRASIL. Lei n. 7.353, de 29 de agosto de 1985. **Diário Oficial da União**, Poder Legislativo, Brasília, DF, 30 ago. 1985. Disponível em: <http://www.planalto.gov.br/ccivil_03/leis/1980-1988/L7353.htm>. Acesso em: 26 set. 2014.

───────────────────────── ■

Mais uma vez podemos observar que, a partir do setor público, segmentos específicos e que apresentam problemas sociais não têm a guarida necessária para que as ideias interessantes que forem aplicadas evoluam. Até os dias atuais, a validade dessa legislação é contestada por alguns. Entretanto, seus defensores vêm constantemente estudando novas alterações que a tornem efetiva. É uma proposta que conta com a aprovação de grande maioria da sociedade e o apoio de outras minorias já beneficiadas. Nesse sentido, podem ser consideradas vitórias obtidas no Congresso em benefício das mulheres as medidas citadas a seguir.

- Constituição Federal[4], promulgada em 1988 (Brasil, 1988) – o grande marco legislativo no que tange às relações de gênero e às responsabilidades do Estado para com essas questões. A partir daí, sedimentou-se a igualdade entre homens e mulheres na sociedade, por meio de novos direitos, como o

---

4 Acesse informações sobre a Constituição Federal no *site*: <http://www.planalto.gov.br/ccivil_03/constituicao/constituicao.htm>. Acesso em: 26 set. 2014.

acesso ao planejamento familiar, a proteção contra a violência nas relações domésticas, o reconhecimento da união estável e a não discriminação dos filhos fora do casamento.

- Lei do Planejamento Familiar – Lei n. 9.263, de 12 de janeiro de 1996 (Brasil, 1996a)[5].
- Lei da União Estável – Lei n. 9.278, de 10 de maio de 1996 (Brasil, 1996b)[6].
- Lei de Cotas na Política – Lei n. 9.100, de 29 de setembro de 1995 (Brasil, 1995b)[7].
- Leis de proteção ao trabalho da mulher – Lei n. 9.029, de 13 de abril de 1995 (Brasil, 1995a)[8]; Lei n. 9.799, de 26 de maio de 1999 (Brasil, 1999c)[9]; e Lei n. 10.421, de 15 de abril de 2002 (Brasil, 2002)[10].
- Lei de proteção à mulher contra o assédio sexual – Lei n. 10.224, de 15 de maio de 2001 (Brasil, 2001)[11].
- Estatuto da Mulher – Lei n. 7.353, de 29 de agosto de 1985 (Brasil, 1985) –, no qual poderão se materializar, por meio do conhecimento coletivo e de forma abrangente, as metas que se pretende alcançar, cujas solicitações situam-se em duas vertentes diferenciadas: a regulamentação de

---

5   Acesse informações sobre a Lei do Planejamento Familiar no *site*: <http://www.planalto.gov.br/ccivil_03/leis/l9263.htm>. Acesso em: 26 set. 2014.
6   Acesse informações sobre a Lei da União Estável no *site*: <http://www.planalto.gov.br/ccivil_03/leis/l9278.htm>. Acesso em: 26 set. 2014.
7   Acesse informações sobre a Lei de Cotas na Política no *site*: <http://www.planalto.gov.br/ccivil_03/Leis/L9100.htm>. Acesso em: 26 set. 2014.
8   Acesse informações no *site*: <http://www.planalto.gov.br/ccivil_03/leis/l9029.htm>. Acesso em: 26 set. 2014.
9   Acesse informações no *site*: <http://www.planalto.gov.br/ccivil_03/Leis/L9799.htm>. Acesso em: 26 set. 2014.
10 Acesse informações no *site*: <http://www.planalto.gov.br/ccivil_03/leis/2002/l10421.htm>. Acesso em: 26 set. 2014.
11 Acesse informações no *site*: <http://www.planalto.gov.br/ccivil_03/leis/leis_2001/l10224.htm>. Acesso em: 26 set. 2014.

direitos individuais e coletivos e a regulamentação das responsabilidades do Estado na prestação dos serviços públicos e no atendimento aos interesses e às necessidades das mulheres.

Ações das empresas

A principal medida que as empresas podem tomar, de imediato, no sentido de melhoria da qualidade de vida das mulheres, é o pagamento de salários dignos, atrelado ao reconhecimento profissional e a oportunidades de capacitação e de carreira. Esses são aspectos que merecem a atenção de diversos organismos de proteção à mulher, a fim de efetivar o comportamento ético e evidenciar a responsabilidade e a autoridade social dessas organizações. Com base nesse pressuposto básico, as empresas podem, com credibilidade, desenvolver outras atividades voltadas à promoção da equidade entre os sexos e à autonomia das mulheres.

Tendo em vista os estudos realizados pelo Instituto Ethos – uma Organização da Sociedade Civil de Interesse Público (OSCIP) cuja missão é sensibilizar e auxiliar as organizações a gerirem seus negócios de forma responsável – e as instituições que hoje o compõem, consideramos que a alteração da situação social da mulher é interessante e vantajosa sob diversos aspectos. O instituto entende que a principal vantagem será o aproveitamento do potencial criativo e da capacidade de gerenciamento – áreas que podem ganhar muito com a promoção das mulheres no mundo do trabalho.

Olhando pelo lado do capital, é possível também afirmar que mulheres mais instruídas e mais competitivas representam um nicho que o mercado ainda não explora. Os indicadores levam em conta que uma empresa que contribui para a igualdade de oportunidades entre homens e mulheres é reconhecida pela sociedade, especialmente pelas próprias mulheres, que hoje têm grande força na opinião pública e no mercado consumidor.

Visando incentivar as corporações a apresentarem ações nesse sentido, expomos a seguir estatísticas e números que expressam a desvantagem e a discriminação da mulher, segundo o Instituto Ethos (2004).

- As mulheres ocupam menos de 3% dos altos cargos executivos das grandes corporações.
- As mulheres ocupam apenas 11% dos cargos no parlamento.
- As mulheres representam somente 1% das lideranças sindicais, embora constituam 40% da população sindicalizada.
- No Brasil, considerando apenas as maiores empresas estabelecidas, as mulheres ocupam apenas 9% dos cargos de direção.
- Nos países desenvolvidos, há menos garotas nas escolas do que garotos, e elas têm maior índice de abandono escolar.
- No mercado de trabalho, as mulheres ganham o equivalente a 77% do salário masculino – índice que cai para 73% nos países em desenvolvimento. No Brasil, embora as meninas estudem por mais tempo que os meninos, as mulheres enfrentam muitas desvantagens no mercado de trabalho.
- A participação feminina no mundo do trabalho é marcada por salários muito inferiores aos dos homens em iguais funções e por maiores dificuldades em fazer carreira – fatos captados pelas pesquisas de emprego e desemprego realizadas pelo Instituto Brasileiro de Geografia e Estatística (IBGE)[12] e

---

12 Acesse mais informações no *site*: <http://www.ibge.gov.br/home/estatistica/indicadores/trabalhoerendimento/pme_nova>. Acesso em: 27 out. 2014.

pelo Departamento Intersindical de Estatística e Estudos Socioeconômicos (Dieese)[13].

- O cuidado dos filhos e as tarefas domésticas são atividades atribuídas muitas vezes somente às mulheres, mesmo quando elas são profissionais ativas no mercado de trabalho. Para as mulheres negras, as desvantagens são ainda maiores, pois além da discriminação em relação ao sexo, são amiúde vítimas do racismo.
- Na política, as mulheres brasileiras estão insuficientemente representadas: apenas 8,2% na Câmara dos Deputados e 14,8% no Senado.
- Nos legislativos estaduais, as mulheres somam 12,5% do total de deputados.
- Dos 27 estados da Federação, apenas dois são governados por mulheres.
- No mundo inteiro, o empobrecimento das mulheres cresce a um ritmo maior do que o do aumento da pobreza. O risco de empobrecer também é maior entre as mulheres pela perda do cônjuge, por viuvez ou abandono, e pelo menor acesso aos sistemas previdenciários.
- Cerca de 12 milhões de mulheres trabalham em condições precárias no Brasil – mais de um terço da população feminina ocupada – e 4,8 milhões são empregadas domésticas.
- A jornada de trabalho das mulheres também ficou mais extensa: elas precisam trabalhar por mais horas para garantir o sustento da família.
- Os cortes nos gastos sociais transferem várias atividades do mercado de trabalho para a ação não remunerada das

---

13 Acesse mais informações no *site*: <http://www.dieese.org.br/analiseped/ped.html>. Acesso em: 27 out. 2014.

mulheres em casa – ou seja, a dupla ou tripla jornada de trabalho continua sem reconhecimento.

A falta de investimento público em creches e em escolas de tempo integral, por exemplo, reduz os postos de trabalho e faz com que uma parcela muito grande das atividades de educação e de cuidados com as crianças recaia sobre as mães, tias, avós e irmãs. Segundo dados do IBGE obtidos em 2000[14], mais de 4,5 milhões de crianças brasileiras são cuidadas pelas avós, contra números de dois milhões observados no censo de 1991 (IBGE, 2002).

As ocupações femininas em geral concentram-se em atividades derivadas das funções tradicionais, como serviços domésticos, costura e cuidados com as crianças e os doentes. Alguns ramos da indústria moderna, como o eletroeletrônico, também empregam mulheres para funções que requerem qualidades culturalmente atribuídas a elas, como paciência, docilidade, meticulosidade e delicadeza.

O trabalho considerado feminino, no entanto, não é igual em todos os tempos e lugares. A construção civil, por exemplo, é um dos redutos masculinos no mercado de trabalho em quase todo o mundo, exceto na Índia, onde as mulheres trabalham no setor normalmente, exercendo as mais diferentes funções.

■ ——————————— **Leitura complementar**

Não importa a qual gênero você pertença, o texto indicado para leitura se aplica a ambos os gêneros. Nosso interesse no momento é que você considere os estereótipos estabelecidos nas relações de gênero, de acordo com o que foi apresentado

---

14 Para ter mais informações sobre o perfil dos idosos responsáveis pelos domicílios no Brasil, acesse: <http://www.ibge.gov.br/home/estatistica/populacao/perfilidoso/perfidosos2000.pdf>. Acesso em: 27 set. 2014.

no parágrafo anterior. Leia, faça suas anotações e depois registre em seu diário de bordo.

MEDEIROS, C. R. de O.; BORGES, J. F.; MIRANDA, R. Estereótipos de Gênero e carreira executiva na literatura gerencialista. **Revista Gestão.org**, Pernambuco, v. 1, n. 8, p. 81-97, jan./abr. 2010. Disponível em: <http://www.revista.ufpe.br/gestaoorg/index.php/gestao/article/viewFile/18/14>. Acesso em: 3 fev. 2015.

Ações dos grupos sociais

Com base nas ideias dos parágrafos anteriores, é possível investigar o que os grupos sociais podem fazer para contribuir com a diminuição dos problemas de discriminação de gênero.

O ponto de partida de qualquer planejamento deve ser amplo, para evitar a continuidade de ações pontuais que acabam por não ter acompanhamento e caem no esquecimento – é o caso da Lei Maria da Penha (Lei n. 11.340, de 7 de agosto de 2006; Brasil, 2006a[15]), como é possível comprovar em artigo[16] específico sobre o assunto que parte da área jurídica (Vasconcellos, 2013), âmbito no qual essas questões deveriam ser resolvidas para acabar definitivamente com a violência contra as mulheres. Resultados de pesquisas desenvolvidas pelo Instituto de Pesquisa Econômica

---

15 Acesse informações sobre a Lei Maria da Penha no *site*: <http://www.planalto.gov.br/ccivil_03/_ato2004-2006/2006/lei/l11340.htm>. Acesso em: 26 set. 2014.
16 Para mais informações, acesse: <http://www.cnj.jus.br/noticias/cnj/60557-lei-maria-da-penha-ainda-nao-tem-efetividade-alerta-conselheiro-do-cnj>. Acesso em: 6 nov. 2014.

Aplicada – Ipea (Garcia et al., 2014) podem dar um quadro mais preciso da situação.

Existe uma linha de pensamento que considera necessária a expansão e a criação de uma sociologia feminista (Scavone, 2008) que busque ultrapassar o patamar da denúncia, para que medidas eficazes sejam tomadas.

Cada um dos grupos sociais pode atuar de acordo com suas características e assumir parte da responsabilidade para a diminuição da severa restrição que sofrem as representantes do sexo feminino. O objetivo de reduzir a discriminação de gênero deve começar no seio familiar, que é onde a mulher sofre, geralmente, as maiores humilhações e agressões.

Quem sabe a primeira pessoa para quem é preciso apelar somos nós mesmos – preste atenção na maneira como cria o seu filho e a sua filha, condições nas quais essa comparação é mais valiosa. Veja as diferenças de tratamento. Se você considera que seu comportamento é o mais correto, merece parabéns; então, recomendamos que observe o que acontece na casa de parentes e amigos.

Primeiramente, perceba que as garotas recebem um número muito maior de negativas sobre coisas que os garotos podem fazer e elas não. Quando seu filho pegar uma boneca em mãos, quando você diz de forma depreciativa que "isso é brinquedo para mulheres", estará dando início a um processo que vai acompanhar a mulher para toda a vida: a discriminação. Tendo isso em mente, você pode começar a agir dentro da sua própria casa, em sua família e em seu círculo de amigos para a erradicação dos preconceitos de gênero.

A escola como grupo social é o segundo lugar no qual tem continuidade uma verdadeira sina de discriminação do sexo feminino. É notório o favorecimento que alguns (importante destacar que não são todos) professores oferecem aos estudantes do sexo masculino.

Além disso, a morte materna apresenta índices desonrosos para os países subdesenvolvidos e em desenvolvimento, o que também acontece nos países mais ricos, segundo dados da Organização Mundial da Saúde (OMS)[17].

É preciso ter cuidados redobrados com as mulheres quando da natalidade, ocasião em que estão sujeitas a maior risco de morte. Apesar de os dados do Fundo das Nações Unidas para a Infância (Unicef)[18] revelarem uma diminuição de quase um terço no número de mortes maternas, ainda ocorrem mil mortes diárias em todo o mundo, números incompatíveis com qualquer proposta humanista (Unicef Brasil, 2014).

Orientar os grupos sociais que atuam como meios de comunicação pode influenciar a mudança cultural e é algo a ser colocado a serviço da diminuição da discriminação de gênero. A internet, com o crescimento do número de *sites* pornográficos, revela desvios de personalidade cada vez maiores, como apontam levantamentos[19] (Os danos..., 2003). Pesquisas também mostram que é cada vez maior o número de mulheres que trabalham em *sites* pornográficos (Crawford, 2009)[20]. Uma ação mais direta com divulgação extensiva nas mídias acerca dos perigos que se corre nesse meio é recomendável e pode ajudar de forma significativa.

Quem melhor do que os homens para lutar contra a discriminação machista? O desafio é convencê-los a tomar partido, uma

---

17 Acesse mais informações no *site* da OMS: <http://www.who.int/en>. Acesso em: 24 out. 2014.
18 Mais informações no *site*: <http://www.unicef.org/brazil/pt/media_18811.htm>. Acesso em: 26 set. 2014.
19 Ver mais informações sobre os danos da pornografia no *site*: <http://wol.jw.org/en/wol/d/r5/lp-t/102003523>. Acesso em: 27 set. 2014.
20 Confira a matéria no *site*: <http://www.estadao.com.br/noticias/tecnologia,crise-faz-numero-de-mulheres-trabalhando-em-sites-pornos-subir,435199,0.htm>. Acesso em: 26 set. 2014.

das medidas mais positivas, capaz de fortalecer a batalha contra a desigualdade de gênero. Muitos desejam atuar nesse sentido, mas a desistência de posições de poder nunca foi fácil em nenhum momento histórico.

Mulheres que conseguem atingir posições elevadas poderiam atuar de forma positiva entre as companheiras menos afortunadas, mas parece que entre elas se estabelece um distanciamento pelo qual aquelas com *status* e poder também não desejam perder seus lugares e, assim, não atuam de forma decisiva no sentido de colaborar.

Incentivar a caminhada das mulheres na política poderia ser uma boa tentativa, mas os percentuais – no Brasil está estabelecido por lei que 20% das bancadas devem ser compostas por representantes do sexo feminino – não são obedecidos: os números atuais se limitam a 9%. Campanha recente do Tribunal Superior Eleitoral (TSE)[21] tem como objetivo a convocação das mulheres para a política, tentativa já efetuada anteriormente sem sucesso. Quando isso acontece em um país cujo dirigente máximo é uma mulher, parece que até elas aceitam com passividade uma situação desfavorável – as mulheres líderes deveriam atuar em favor de suas companheiras de forma decisiva.

Mas a situação não é restrita ao Brasil. Segundo dados mundiais[22], a média do número de mulheres em cargos políticos atinge apenas 17% – Zimbábue é o país com o maior percentual (47,5%) (IPU, 2014).

---

21 Saiba mais informações sobre a campanha de convocação de mulheres para a política no *site*: <http://www.tse.jus.br/noticias-tse/2014/Marco/tse-lanca-no-senado-campanha-que-convoca-mulheres-para-a-politica>. Acesso em: 26 set. 2014.
22 Para mais informações sobre os dados de mulheres na política, acesse <http://www.ipu.org/wmn-e/classif.htm>. Acesso em: 6 nov. 2014.

Em casa, na escola, na mídia e na política, os dados mostram as mulheres em desvantagem, mas no mundo do trabalho se concentram as maiores e mais frequentes injustiças. Cada grupo social poderia efetivar levantamentos internos de modo a adotar políticas sociais com relação ao gênero feminino. Ao atingir um número maior de mulheres em seus interesses financeiros, as ações podem despertar maiores atenções.

Os cálculos de remuneração evidenciam situações nas quais mulheres que trabalham nas mesmas funções que os homens recebem valores inferiores, o que caracteriza discriminação salarial. Estudos da Fundação Sistema Estadual de Análise de Dados do Estado de São Paulo (Seade, 2002) indicam valores de remuneração média inferior para mulheres e ao mesmo tempo diferença de valores para a mesma ocupação[23].

Paralelamente à discriminação salarial, um relatório do Seade (Salim, 2003) apresenta outra forma de preconceito, a discriminação ocupacional: as mulheres não têm acesso a determinados cargos, ainda que reúnam as competências necessárias para um bom desempenho. Mesmo que se trate de um relatório regional, os números não devem variar muito em relação às regiões Sul e Sudeste, onde se concentra o maior número de mulheres empregadas. Em outras regiões, os resultados devem apontar números mais críticos, aos quais não temos acesso no momento.

A discriminação salarial se sustenta em justificativas infundadas, que consideram que a diferença salarial se deve a um menor grau de produtividade apresentado pelas mulheres, o que não é comprovado pelas pesquisas.

---

23 Para mais informações sobre o relatório do Seade, acesse: <http://www.seade.gov.br/produtos/mulher/index.php?bole=13&tip=03>. Acesso em: 6 nov. 2014.

A gravidez é outro aspecto destacado como pretexto, ao lado da justificativa que também não apresenta nenhum dado consistente. Questões étnicas e raciais igualmente são referenciadas e acabam por recair em outros tipos de discriminações.

A discriminação ocupacional também encontra motivações nos argumentos de bloqueio de cargos de chefia com a alegação de que as mulheres não suportam o estresse provocado por decisões gerenciais e se recusam a aceitar as inovações dos setores tecnológicos – ambos argumentos relacionados com uma pretensa menor capacidade intelectual.

O que observamos é que nenhuma das razões apresentadas traz fundamentação teórica necessária de modo que possam ser aceitas, o que revela uma posição tendenciosa presente no mercado. As contraprovas possíveis (de igualdade) estão apoiadas, em sua maioria, em referenciais seguros e em pesquisas intensivas, nos quais se demonstra que homens e mulheres têm as mesmas capacidades no desempenho de funções profissionais.

Os grupos sociais podem atuar em todas essas esferas. Eles o fazem para responder a pressões sociais, mas em iniciativas apenas paliativas, que não atingem o centro de origem das discriminações. Por exemplo: com relação à saúde da mulher, oferecem planos de saúde, mas poucos têm equipes de orientação para mulheres grávidas ou alertam para problemas de saúde que podem acometer as mulheres (como o câncer no seio). Assim, a solução não atinge o cerne da questão – repousa apenas em características paliativas. Muitos não dão às mães condições de trabalho, como a criação de creches para os filhos. A lista pode se estender por diversos outros itens.

Há um aspecto particular que deve ser analisado em separado: a dupla ou tripla jornada de trabalho da mulher são ignoradas. É o que acontece em grande parte dos casos com mulheres que trabalham fora de casa e atuam como profissional, mãe e esposa. Quem apoia essa sobrecarga aponta que ela é resultado do desejo de emancipação feminina. Uma visão machista considera que, na busca de autonomia e igualdade de direitos, sem se desvencilhar de atividades domésticas e familiares, a mulher concordou em viver sob esse tipo de pressão. O resultado é conhecido por todos: estresse laboral e psicológico, que pode acarretar adoecimento físico e psíquico.

■ ——————————— Leitura complementar

Que tal ler um pouco mais sobre a condição feminina? Um dos livros mais vendidos sobre o assunto foi escrito por Colette Downing. Nele, a condição feminina é dissecada. Se puder, leia-o e desenvolva uma pequena sinopse sobre o tema. Como sempre, registre suas impressões em seu diário de bordo.

DOWLING, C. **Complexo de Cinderela**. 3. ed. São Paulo: Melhoramentos, 2012.

Existem recomendações que orientam para a adoção de um comportamento ético em relação ao feminismo, cujo objetivo é evitar que as ações desenvolvidas por outros grupos sociais continuem a afetar as mulheres e a prolongar o tempo de opressão e sofrimento a que elas vêm sendo submetidas até os dias atuais. Podem ser consideradas atitudes convenientes:

- não utilizar a imagem feminina em iniciativas de *marketing* que atentam contra a dignidade das mulheres e colocam em destaque apenas características físicas do sexo feminino;
- evitar a manutenção de estereótipos que apenas diminuem o papel da mulher na sociedade e que enfatizam aspectos sem

fundamentação científica, como o aparentemente inocente bordão de considerar as mulheres "o sexo frágil";
- não limitar o acesso das mulheres a cargos políticos ou de chefias com justificativas que se apoiam no fato de as características femininas serem pretensamente indesejáveis na prática empresarial;
- pôr fim ao desrespeito dos direitos trabalhistas da mulher e à manutenção de diferenciais de remuneração em tarefas similares;
- interromper a desvalorização das qualidades femininas, consideradas às vezes como inaptidão.

Reflexão

As redes sociais têm prestado um serviço de inestimável valor ao criar a visão de um "novo feminismo". O texto a seguir discute o conceito e recomenda atenção e cuidado para que atitudes assim nomeadas não representem apenas uma continuidade em outro palco e sob outras luzes do mesmo processo de desvalorização da mulher.

Mesmo que você não seja do sexo feminino, é importante a leitura sobre os cuidados a tomar com a linha do "novo feminismo". Busque aprofundar o conhecimento em uma atividade de reflexão na qual coloque a sua visão a respeito do assunto. Seu diário de bordo aguarda ansioso por novas anotações.

MOSCHKOVICH, M. Existe, então, um "novo" feminismo? **Outras palavras**, 12 fev. 2014. Disponível em: <http://outraspalavras.net/posts/existe-entao-um-novo-feminismo/>. Acesso em: 3 fev. 2015.

08

APOIO À DEMOCRATIZAÇÃO DA EDUCAÇÃO

08

RELATÓRIOS DE QUASE todos os órgãos que se preocupam com a evolução dos países subdesenvolvidos e de países em desenvolvimento, notadamente os que podem ser obtidos e lidos no Clube de Roma[1] e na Organização das Nações Unidas para a Educação, a Ciência e a Cultura (Unesco)[2], colocam em destaque a educação como elemento de vital importância e o caminho mais fácil para melhorar a condição de vida de toda população. O tema é parte integrante das Metas do Milênio, devendo ser analisadas formas de melhorar sua efetivação.

---

1 Para mais informações sobre o Clube de Roma, acesse: <www.clubofrome.org>. Acesso em: 6 jun. 2014.
2 Para mais informações sobre a Unesco, acesse: <www.unesco.org>. Acesso em: 6 jun. 2014.

Podemos iniciar este capítulo com uma citação clássica, utilizada sempre que se fala em **educação**:

> A educação, direito de todos e dever do Estado e da família, será promovida e incentivada com a colaboração da sociedade, visando ao pleno desenvolvimento da pessoa, seu preparo para o exercício da cidadania e sua qualificação para o trabalho. (Brasil, 1988)

Com base na Constituição Federal brasileira de 1988 (Brasil, 1988), podemos, assim como fizemos nos capítulos anteriores, levantar aspectos que dão indícios de que essa é mais uma das propostas sociais não cumpridas em sua integralidade. Os números desfavoráveis variam de região para região dentro do Brasil e de país para país. Quando o Estado não consegue arcar com esse custo, a sociedade civil chama para si a responsabilidade.

Na atualidade, os grupos corporativos estão sendo desafiados a adotar comportamento ético e a efetivar a sua responsabilidade e autoridade social em diversas áreas – a da educação é uma para a qual podem dar grande colaboração, principalmente considerando-se que há incentivos governamentais significativos para os que assim procederem.

A ação de uma empresa visando ao aperfeiçoamento de seus colaboradores pode ocorrer em dois contextos diferenciados. O primeiro, em âmbito interno, completa as habilidades e as competências consideradas necessárias em sua força de trabalho e auxilia os familiares daqueles que para ela prestam serviços; o segundo é a aproximação das instituições de ensino em todos os níveis do sistema educacional brasileiro.

Em muitos países, a educação ocupa foco central e é considerada uma das únicas – senão a única – saídas para reaproximar os países mais desenvolvidos dos menos desenvolvidos – hoje separados por um fosso de enormes proporções e que parece aumentar cada vez mais.

De forma geral, estudos e relatórios apresentam dados nada animadores de todos os países considerados em desenvolvimento, entre eles o Brasil. Podemos observar uma melhoria qualitativa no número de pessoas que conseguem ter acesso ao processo de ensino e aprendizagem, mas percebemos a continuidade de uma educação de baixa qualidade que requer melhorias urgentes. Em que nível a sociedade e as empresas podem colaborar com maior propriedade?

Apesar de haver dificuldades em todos os níveis do sistema educacional brasileiro, na educação infantil e no ensino básico, onde proliferam as escolas públicas, localizam-se os maiores problemas. Isso introduz outra frente de atuação social e empresarial: a da formação permanente e continuada do docente, visando obter a qualidade ainda ausente nos níveis primários da educação.

Reflexão

Entre com o pé direito nos estudos complementares sobre temas de interesse na perspectiva da responsabilidade e autoridade social e, quem sabe, ganhe um alento para prosseguir na leitura. Leia a reportagem a seguir; depois, analise e, se possível, questione o ufanismo que a notícia pode despertar. Utilize seu senso crítico. Nessa hora isso é necessário para evitar entusiasmos sem uma análise mais detida.

PREVIDELLI, A. Os gastos do Brasil com educação em relação ao mundo. **Exame**, São Paulo, 17 set. 2012. Disponível em: <http://exame.abril.com.br/brasil/noticias/os-gastos-do-brasil-com-educacao-em-relacao-ao-mundo>. Acesso em: 3 fev. 2015.

Situação atual

Não podemos negar que a sociedade vive um momento de transição – um ponto de inflexão no qual estão sendo quebrados diversos modelos e paradigmas em todas as áreas do conhecimento humano. Na vida social, na vida econômica, no relacionamento interpessoal, as mudanças se sucedem e deixam muitos atônitos, pois nem todos estão preparados para a velocidade com que se processam as transformações em diversos campos do saber.

Nesse panorama, destaca-se a educação como prioridade para que uma nação possa acompanhar o desenvolvimento integral da sociedade em um mundo globalizado e em um contexto que se espalha em rede, onde as distâncias são eliminadas e o tempo apresenta outra característica – mudanças aceleradas quanto aos fatos sociais em relação à velocidade com que isso ocorria nas gerações que nos antecederam.

Em todos os nichos – seja no meio acadêmico, seja nos meios de comunicação, seja nas comunidades de base – estamos vivendo um mundo ainda distante daquele antevisto como capaz de proporcionar qualidade de vida às pessoas. A busca de maior produtividade, competitividade e lucratividade deveria trazer para todos, de forma geral, uma situação de bem-estar.

A realidade que podemos observar contraria esse discurso neoliberal e as previsões dos iluministas – pertencentes a um movimento intelectual que surgiu durante o século XVIII na Europa, o qual defendia o uso da razão (luz) contra o antigo regime (trevas), ao mesmo tempo em que pregava maior liberdade econômica e política[3]. Esse movimento promoveu mudanças políticas,

---

3   Para mais informações sobre o Iluminismo e suas características, acesse: <http://www.sohistoria.com.br/resumos/iluminismo.php>. Acesso em: 6 set. 2014.

econômicas e sociais, com base nos ideais de liberdade, igualdade e fraternidade. O Iluminismo recebia o apoio da burguesia, pois os pensadores e os burgueses tinham interesses comuns.

Sob a influência desses acontecimentos, atualmente, o que observamos é a ampliação a níveis jamais previstos do individualismo no campo social, aliado a um quadro de consumismo sem precedentes e que está em vias de esgotar até mesmo os recursos naturais do planeta. O que está ocorrendo é um contraste entre estados de extrema pobreza e de extrema riqueza – poucos abocanham quase todas as riquezas e recursos naturais e, em contraposição, muitos estão sujeitos à grande penúria. É uma situação que, como tantas outras, exige urgentes reparos.

A educação é um indicativo para a avaliação do Índice de Desenvolvimento Humano (IDH), no qual nosso país ocupa na atualidade um modesto 85º lugar[4] entre 174 países avaliados. Isso se mostra mais preocupante quando observamos que o Brasil é um dos países que apresenta maior grau de concentração de renda.

Podemos identificar na educação índices assustadores, como aqueles mostrados pela Pesquisa Nacional por Amostra de Domicílios (Pnad), em seu relatório de resultados referente a 2011[5]. É possível notar que, das crianças em idade de 7 a 14 anos, 3% só trabalham e 6,8% não trabalham, mas também não estudam, o que corresponde a cerca de 2,8 milhões de crianças fora de qualquer ambiente formal de estudo; e 10,5% estudam e trabalham simultaneamente, enquanto 79,7% da população dessa faixa etária continua apenas estudando, ainda que de forma muitas vezes precária (IBGE, 2014b).

---

4   Confira a matéria no *site*: <http://www.valor.com.br/brasil/3045422/brasil-estaciona-na-85>. Acesso em: 6 nov. 2014.
5   Para mais informações sobre o Pnad, acesse: <http://www.ibge.gov.br/home/estatistica/pesquisas/pesquisa_resultados.php?id_pesquisa=40>. Acesso em: 6 nov. 2014.

Esse cenário revela uma situação que nem sequer está próxima de atingir um patamar mínimo de qualidade. Quando se leva em consideração que a educação está relacionada com as condições econômicas do país, percebemos a urgência com a qual o problema deve ser tratado, clamando à participação de toda a sociedade e à colocação de uma imposição social para as corporações.

Exercício

Em uma atividade de estudo independente, desenvolva uma crítica do que foi apresentado como situação atual da educação em nosso país. Se possível, utilize fontes de consulta alternativas. Se resolver montar um pequeno ensaio, seu diário de bordo vai agradecer e sua cultura geral irá aumentar. Então, mãos à obra.

Ações da sociedade civil

As ações da sociedade civil, independentemente de ainda estarem longe da amplitude desejada, orientam-se no sentido de garantir os direitos de uma educação de qualidade a todas as crianças e jovens brasileiros e de sensibilizar a sociedade sobre a sua importância para a construção da identidade individual como cidadão ou de uma sociedade melhor, elevando o nível de enriquecimento do Brasil.

São promovidos com frequência debates comunitários visando articular esforços do governo, da sociedade e das empresas, de forma a propiciar uma convergência que traga a força necessária para a superação do quadro atual da educação em nosso país, via adoção de ações concretas e eficazes.

Esse movimento não pode ser isolado – tem de se estabelecer de forma permanente, não visando substituir a obrigação do Estado, como vimos no início, mas atuar ao lado dele com vistas à melhoria da qualidade de educação de seu povo. É preciso superarmos o descaso histórico com que os governos trataram o tema, o que representa falta de respeito aos direitos do cidadão de ter acesso a oportunidades reais e efetivas de desenvolvimento de seu potencial pessoal, social e produtivo. Esse objetivo direciona a ação da sociedade como um todo, e os esforços devem partir de todas as direções – empresas, governo e sociedade civil –, também na dimensão individual, ainda que certamente tendam a adquirir maior força se desenvolvidos de forma conjunta.

Referenciamo-nos anteriormente às iniciativas da Unesco, as quais se mostraram relevantes em diversas análises. Destacamos o relatório produzido por Jacques Delors (Delors et al., 1999), no qual afirma-se a fundamental importância do desenvolvimento pessoal e social. Trata-se de um dos principais meios disponíveis para gerir uma forma de desenvolvimento humano mais profundo e harmonioso e, assim, diminuir a pobreza, a exclusão, a opressão, a ignorância e a guerra.

■ —————————— Leitura complementar

Alguns trabalhadores mais dedicados utilizam os momentos de descanso para quebrar pedras. Para os leitores interessados, nada melhor do que indicar como presente um livro digital. Indique a outros amigos, eles vão agradecer e, quem sabe, você possa, com todo o direito, passar a ser considerado um dos gurus da responsabilidade social. Uma boa proposta, não?

DELORS, J. et al. **Educação, um tesouro a descobrir**: Relatório para a Unesco da Comissão Internacional sobre Educação para o século XXI. Brasília: MEC; Unesco; Cortez, 1999. Disponível em: <http://goo.gl/URPRfI>. Acesso em: 17 nov. 2014.

O que nos interessa como sociedade civil é aceitar que queremos, precisamos e podemos mudar essa situação, podendo atuar de forma construtiva, crítica e solidária para ampliar a oferta e democratizar o acesso ao processo de ensino e aprendizagem para todos, sem levar em conta diferenças de cor, credo, raça ou condições financeiras.

O que as empresas podem fazer?

As empresas vêm sendo solicitadas pelo segmento educacional para que efetivem um comportamento ético e a responsabilidade e autoridade social. É preciso que a luta e o trabalho pela educação com qualidade para todos sejam incorporados na cultura de todas as organizações, de modo que a situação não seja aceita com resignação e passividade, como hoje observamos no panorama social e educacional de nosso país.

As organizações podem atuar em dois segmentos – interno e externo. Uma das primeiras formas é o desenvolvimento de parcerias entre as empresas: uma é representada pelas instituições de ensino e a outra por um grupo qualquer. Convênios e parcerias são apresentados na forma de uma Proposta de Emenda à

Constituição (PEC), como a de n. 290/2013[6], que altera diversos dispositivos constitucionais para melhorar a articulação entre o Estado e as instituições voltadas para o desenvolvimento científico, tecnológico e da inovação (Anprotec, 2013).

As entidades privadas serão incluídas nas benesses governamentais, que recompensam e incentivam iniciativas no setor de inovações tecnológicas que podem diminuir a dependência do país do colonialismo técnico e científico ao qual está submetido. Atualmente, o maior interessado na efetivação dessas parcerias é o próprio Poder Público, que parece não identificar outra forma de combater o caos instalado no quadro educacional do país senão delegando às organizações não governamentais (ONGs) e às instituições particulares de ensino responsabilidades que são suas.

Esse fato pode ser comprovado pelo volume de oferta de bolsas no Programa Universidade para Todos (ProUni), pelo qual o governo amplia, nas instituições de ensino particulares, as vagas que não consegue estabelecer nas instituições públicas. O levantamento do primeiro semestre de 2014 (Portal Terra, 2014) apresenta um total de 1.259.285 registros de interessados. Se forem consideradas inscrições em dois cursos, são 2.424.534, números que revelam o gargalo de entradas nas instituições públicas (Portal Terra, 2014).

As iniciativas podem ser entendidas como uma verdadeira "convocação" para que as instituições particulares de ensino superior (Ipes) sejam corresponsáveis pelo financiamento do ensino público, sob pena de serem vistas como incapazes de concorrer na sociedade moderna totalmente imersa nos avanços tecnológicos.

---

6   Para mais informações sobre a PEC, acesse: <http://anprotec.org.br/site/2013/12/relatorio-da-pec-29013-e-aprovado>. Acesso em: 6 nov. 2014.

O Fundo Nacional de Desenvolvimento da Educação (FNDE)[7] apresenta diversas propostas em outros níveis educacionais que podem envolver a iniciativa privada. Esse chamamento implica que cada empresa pode atuar no sentido de manter o sistema de ensino próprio, ofertando aos colaboradores e a seus familiares escolaridade inicial e complementar.

O *projeto chão de fábrica* é uma designação genérica utilizada em diversas iniciativas educacionais e de evolução de carreira, tais como a tomada pelo Serviço Nacional de Aprendizagem Industrial (Senai) e pelo Serviço de Apoio às Micro e Pequenas Empresas (Sebrae)[8]. O uso de recursos do Fundo de Apoio ao Trabalhador (FAT) para projetos de alfabetização e formação técnica de colaboradores e trabalhos no mesmo sentido desenvolvidos pelo Serviço Social da Indústria (Sesi) são exemplos.

A denominação *chão de fábrica* foi cunhada por engenheiros para designar o local onde o processo industrial é desenvolvido. Como é ali que estão concentradas as pessoas de escolaridade mais baixa – algumas analfabetas – e as que trabalham com técnicas de produção, o termo passou a ser utilizado em educação para identificar os empregados com essas características.

As empresas podem propor a terceirização, via convênio com escolas próximas da sua comunidade, em geral as particulares, voltadas para a especialização em ensino para seus colaboradores (cursos técnicos, tecnológicos e cursos livres). O processo inicialmente proposto, por exemplo, no Estado de São Paulo, que orientava a organização no sentido de "adotar" uma escola, evoluiu para o estabelecimento de parcerias entre a escola e a instituição de

---

7   Para obter mais informações sobre o FNDE, acesse: <http://www.educacional.com.br/legislacao/leg_viii.asp>. Acesso em: 6 out. 2014.
8   Para mais informações, acesse: <http://pillarassessoria.com.br/site/chao_de_fabrica>. Acesso em: 6 nov. 2014.

ensino. Essa mobilização de parceiros teve como pano de fundo a intenção de melhoria da qualidade educacional, proporcionando um processo efetivo para sua recuperação que levava em conta a importância da educação para o desenvolvimento social e econômico do Estado, e consequentemente, das corporações que colaborassem com o programa.

A principal forma de atuação era a angariação de recursos financeiros, o que para algumas organizações representava um desvio coberto por incentivos e descontos no imposto a pagar. Nesse sentido, fica a ressalva de que, nesse tipo de desenvolvimento de parcerias, pode haver distanciamento e pouca efetividade quanto à responsabilidade e à autoridade social. Ainda assim as iniciativas podem ser consideradas válidas.

Novos programas, enquanto mantêm o propósito de arrecadação de recursos, ampliam a participação dos grupos corporativos, oferecendo a possibilidade de envolvimento dos empresários na gestão do ensino público e abrindo oportunidades de intervenção no trabalho escolar. Nesse aspecto, amplia-se a efetivação da responsabilidade e da autoridade social de tais grupos.

Visando tornar a escola mais eficiente e produtiva, a pretensão é trazer para as instituições educacionais os critérios das corporações. Para estas, o interesse nesse tipo de convênio tem origem na estratégia de criar ou manter uma imagem de atuação social com o objetivo de aumentar seu nível de competitividade no mercado. Ao associar seu produto a uma causa nobre, elas se valorizam perante os próprios colaboradores – muitas vezes envolvidos em atividades de voluntariado, principalmente em instituições menores, que não têm condições de doações financeiras ou de participação direta na gestão de escolas. Nessas condições, as empresas podem mobilizar o seu pessoal, oferecendo uma política de benefícios diferenciada.

Uma característica de alguns desses convênios, nos quais não ocorre envolvimento maior da organização, é o assistencialismo continuado, que pode se revelar, em uma análise mais criteriosa, uma contribuição insuficiente. Ao formar apenas tecnicamente, esquecendo-se de valores sociais, manifesta-se apenas o interesse financeiro.

Ainda que não efetue doações ou não participe diretamente do processo de gestão, uma empresa pode estabelecer uma política de combate ao analfabetismo, como a responsabilidade pela matrícula dos filhos dos colaboradores e o incentivo à participação destes na escola dos filhos – ainda que muitos possam considerar essas medidas como uma interferência indevida.

Como consequência de médio e longo prazo, a elevação do nível educacional pode melhorar a qualidade dos profissionais, hoje questionada pelo mercado corporativo, o qual considera que instituições de ensino não formam o profissional por ele almejado em todos os níveis do sistema de ensino brasileiro (técnico, tecnológico, bacharel etc.). Ainda assim, o aumento do desempenho dos funcionários é visto como um benefício possível.

As sugestões seguintes podem atuar como indicativo a um caminho seguro para que uma empresa colabore com a melhoria da qualidade educacional:

- Combater o analfabetismo, assumindo a grande responsabilidade de contribuir a para elevação do nível educacional dos empregados – o que trará resultados positivos para todos, pois a empresa passará a contar com pessoal melhor qualificado e os funcionários se sentirão mais estimulados e preparados para enfrentar os desafios socioeconômicos.
- Estabelecer como estratégia para aumentar o nível educacional dos funcionários uma meta numérica anual a ser alcançada nos diferentes níveis de ensino.

- Contribuir com os familiares, incentivando os colaboradores a acompanharem a vida escolar dos filhos. Desse modo, verifica-se se os dependentes estão frequentando a escola e se estão encontrando dificuldades.
- Estimular a matrícula e, assim, diminuir a evasão e a repetência.
- Doar materiais didáticos e uniformes.
- Estimular o voluntariado dos colaboradores na escola dos filhos.
- Auxiliar na formação profissional dos colaboradores internos, que pode ocorrer dentro da empresa, com o aproveitamento de espaços e equipamentos disponíveis, ou em cursos e seminários externos. Em áreas específicas, uma boa solução é estabelecer parcerias com institutos especializados em formação e atualização profissional.
- Aumentar atividades culturais e esportivas.
- Atuar externamente e propor uma ação de aproximação com as escolas.
- Participar com contribuições financeiras.
- Adotar uma escola.
- Participar e interferir na gestão escolar, levando técnicas comerciais para o interior da escola pública.
- Propor a mobilização da comunidade para a efetivação de parcerias escola-empresa.
- Divulgar as experiências na comunidade e nos meios de comunicação.
- Propugnar para que a parceria escola-empresa esteja fundamentada nos princípios estabelecidos pela Lei de Diretrizes e Bases da Educação Nacional (LDBEN) – Lei n. 9.394, de 20 de dezembro de 1996 –, que abrangem obrigações do Estado com as quais a organização pode contribuir ao verificar a sua efetivação. Rege a lei em seu art. 3º:

Art. 3º [...]
I. *igualdade de condições para o acesso e permanência na escola;*
II. *liberdade de aprender, ensinar, pesquisar e divulgar a cultura, o pensamento, a arte e o saber;*
III. *pluralismo de ideias e de concepções pedagógicas;*
IV. *respeito à liberdade e apreço à tolerância;*
V. *coexistência de instituições públicas e privadas de ensino;*
VI. *gratuidade do ensino público em estabelecimentos oficiais;*
VII. *valorização do profissional da educação escolar;*
VIII. *gestão democrática do ensino público, na forma desta Lei e da legislação dos sistemas de ensino;*
IX. *garantia de padrão de qualidade;*
X. *valorização da experiência extraescolar;*
XI. *vinculação entre a educação escolar, o trabalho e as práticas sociais.*
XII. *consideração com a diversidade étnico-racial. [...]* (Brasil, 1996c)

Dentre muitas ações complementares para que os objetivos estabelecidos na lista anterior sejam cumpridos, a empresa pode colaborar no sentido de propor medidas como as que seguem:

- Criar condições para que funcionários compareçam às reuniões da escola.
- Mensalmente, ceder horas de trabalho de funcionários para que participem de atividades na escola, atuando como monitores de esportes, em atividades culturais, no reforço escolar ou em outros setores.
- Se a escola estiver de acordo, incentivar a participação de outras pessoas ou instituições: familiares dos funcionários, funcionários aposentados, pessoas da comunidade, escolas de magistério, faculdades e universidades, escolas particulares, associações de moradores, sindicatos e associações de classe, ONGs, fundações, clubes de serviços, entre outras.

- Organizar um grupo de empresas e de outras instituições (entidades religiosas, associações de bairro) para localizar crianças em idade escolar que não estejam frequentando as aulas e encaminhá-las à escola.
- Apoiar a Secretaria da Educação no preparo de professores para que recebam alunos evadidos e os encorajem a permanecer na escola.
- Oferecer assessoria em noções de administração, informática, contabilidade e questões jurídicas; colocar a experiência administrativa a serviço da escola para aprimorar o gerenciamento da unidade escolar em atividades de planejamento financeiro, análise de orçamento e técnicas de levantamento de recursos.
- Oferecer cursos para funcionários da escola.
- Atrair colaboração internacional para financiar projetos.
- Viabilizar algumas horas de atendimento de advogados para atuarem diretamente na escola. Esse serviço pode encaminhar pequenas causas e esclarecer questões comerciais, trabalhistas, familiares, de direitos do consumidor e outras.
- Mapear e conhecer os grupos sociais, os recursos e as oportunidades de lazer e cultura da comunidade e oferecer essas informações à escola. Depois disso, viabilizar a visita a algum desses locais.
- Apoiar projetos que desenvolvam a gestão democrática; divulgar as ações do conselho de escola, das associações de pais e mestres e do grêmio estudantil; e mobilizar a comunidade para participar desses espaços.
- Promover a comunicação interna e entre a escola e a comunidade, patrocinando quadros, murais, boletins, rádio alto-falante e a realização de oficinas de comunicação.
- Realizar campanhas de captação de recursos para obtenção de serviços gratuitos (ou com grandes descontos) para a escola.

- Promover uma visita dos alunos com dificuldades à empresa e convidá-los a entrevistar funcionários.
- Incentivar entre os funcionários a formação de grupos de pessoas dispostas a trocar correspondência com alunos.
- Viabilizar palestras sobre assuntos do programa escolar ou temas de interesse dos alunos.
- Patrocinar ações da Secretaria da Educação na implantação de políticas de redução da distorção idade-série dirigidas a alunos multirrepetentes (programas de aceleração).
- Estimular a leitura.
- Oferecer exames para detectar problemas de visão.
- Construir, equipar e manter uma biblioteca e videoteca. Pode ser uma biblioteca pública que atenda a várias escolas. Se não for possível realizar as três ações, uma delas já significa uma contribuição.
- Comprar livros, fitas de vídeo, revistas e outros materiais para o acervo da biblioteca, seguindo critérios estabelecidos pelos professores e levando em conta o interesse dos leitores, a variedade de assuntos e gêneros e a qualidade das obras. É possível também oferecer recursos como almofadas, tapetes e sofás para tornar o espaço de leitura confortável e de agradável permanência aos alunos.
- Organizar mostras com produções culturais da comunidade, como fotos, vídeos, filmes, revistas, artigos, cartas e quadros.
- Organizar clubes de leitura e saraus poéticos.
- Incentivar parceria com bibliotecas públicas ou outros grupos sociais que disponham de biblioteca para que programem atividades relacionadas a temas tratados na escola.
- Organizar encontros na escola com autores de livros já lidos e apreciados pelos alunos.

- Promover campanha para que os funcionários doem livros à escola.

Na área esportiva, a empresa pode tomar as seguintes medidas:

- Estabelecer convênio e oferecer espaços para que a(s) escola(s) realize(m) atividades esportivas e de recreação.
- Fornecer recursos para compra, reforma e manutenção de equipamentos esportivos.
- Promover cursos de formação e atualização de professores de Educação Física.
- Ajudar a escola a organizar jogos, campeonatos, gincanas e outras atividades ligadas ao esporte.
- Apoiar a escola nas áreas de transporte, alimentação, documentação e divulgação de eventos esportivos.
- Incentivar momentos conjuntos de apreciação e reflexão crítica sobre a prática esportiva, considerando sua importância para a saúde dos colaboradores e familiares.
- Promover parcerias com clubes e outras instituições afins ou da comunidade, para que a escola possa utilizar esses espaços em horas ociosas, com transporte oferecido pela empresa.
- Formar turmas de treinamento patrocinadas pela empresa.
- Divulgar entre os alunos e comunidade eventos relacionados ao esporte.

Com relação às artes, uma empresa pode contribuir com as seguintes atividades:

- Organizar excursões a sítios históricos, centros culturais e ecológicos, museus, teatros, galerias de arte etc.
- Doar revistas velhas, sobras de catálogos ou folhetos para serem usados nas aulas de artes ou aproveitados para reciclagem de papel.

- Apoiar a realização de eventos culturais e artísticos na escola, tais como exposições de artes visuais, espetáculos teatrais, de dança e musicais.
- Incentivar a formação de grupos de dança, teatro, coral e música.
- Doar e/ou realizar campanhas de doação de materiais.
- Divulgar na comunidade os trabalhos artísticos realizados na escola.
- Viabilizar grupos teatrais e festivais de música.
- Propiciar o contato de alunos e professores com grupos culturais de tradição popular, como quadrilha, samba, carnaval, *rap* e capoeira.
- Organizar encontros dos alunos com artistas, seja na escola, seja no local de trabalho do artista.

A corporação pode contribuir para a melhoria da saúde na escola das seguintes maneiras:

- Enriquecer a merenda escolar com produtos seus ou doar recursos para isso. Para aumentar o alcance dessa ação, sugere-se a oferta de cursos/oficinas às merendeiras de escolas para que elas aprendam mais sobre culinária e nutrição. Essas atividades podem ser estendidas a estudantes, mães, pais e funcionários.
- Organizar um banco de horas para canalizar o trabalho de profissionais autônomos qualificados que desejam contribuir para maior equidade social ao oferecer seus serviços à escola – podem ser dentistas, psicólogos, fonoaudiólogos, médicos, assistentes sociais etc.
- Oferecer à comunidade escolar palestras de profissionais especializados, com vistas a abordar temas como saúde preventiva, qualidade de vida, sexualidade, consumo de drogas e lixo.
- Cadastrar locais e tipos de atendimento disponíveis para encaminhamento dos alunos.

- Doar recursos para compra de óculos e aparelhos auditivos, entre outros.
- Organizar, juntamente com a escola, campanhas de prevenção de cáries, reciclagem do lixo etc. Incluem-se nesse tema a elaboração de materiais (folhetos explicativos) e sua divulgação na comunidade.
- Apoiar a implantação de horta, pomar e viveiro de mudas na escola ou em terrenos comunitários.
- Organizar sistema de coleta seletiva de lixo para reciclagem de papel, latas de alumínio, plásticos etc. e comprar os materiais recolhidos pela escola.
- Financiar o exame da água consumida na escola e na comunidade e apoiar a ação dos órgãos públicos para melhorar sua qualidade.

A empresa também pode auxiliar a escola com outras iniciativas:

- Doar materiais como lápis e lápis de cor, canetas, blocos de papel e fluxogramas com o seu nome ou logotipo.
- Aproveitar sobras de material como matéria-prima passível de ser utilizada pela escola – pode ser tecido, madeira, plástico ou metais.
- Equipar a escola com computadores, gravadores, retroprojetores e máquina copiadora.
- Promover eventos para arrecadar recursos para a escola.
- Financiar ações de reforma/manutenção do espaço da escola: prédio, muros, instalações hidráulicas e elétricas, pintura, alvenaria, telhado, janelas, portas e equipamentos.
- Possibilitar trabalhos de urbanização e obras de melhoria na comunidade.

- Oferecer à Secretaria de Educação apoio para a construção de prédios escolares, fornecendo equipamentos, projetos, mão de obra, assessoria técnica, material de construção etc.
- Associar-se a lideranças representativas dos alunos, pais, mães e vizinhos da escola que tenham entusiasmo para ampliar a busca por recursos.
- Organizar mutirões de funcionários e pessoas da comunidade para a construção, manutenção e limpeza de prédios escolares.
- Realizar campanhas contra pichações.
- Incentivar a criação de murais com desenhos dos alunos.
- Confeccionar e recuperar placas de sinalização visual na escola e na comunidade.
- Planejar novas áreas para jardins, incluindo a preparação da terra e o plantio de mudas de árvores.
- Promover atividades de educação ambiental: palestras, debates, encontros, entre outras.

No tocante à área de formação de professores, a empresa pode empreender as seguintes medidas:

- Valorizar e premiar professores inovadores.
- Organizar um grupo de empresas para apoiar, sob a supervisão de órgãos intermediários da rede pública de ensino, um curso de formação de professores.
- Oferecer à escola a assinatura de jornais, revistas, veículos especializados de educação, livros atuais de pedagogia ou das demais áreas do conhecimento.
- Viabilizar a realização de eventos de formação com a presença de especialistas de âmbito local, nacional e internacional.
- Subsidiar a participação de professores em eventos de formação profissional que ampliem sua visão de mundo e os façam refletir sobre sua prática.

- Apoiar a criação de um centro de pesquisas sobre a aprendizagem que trabalhe com professores das escolas públicas próximas.

Na área de produção de materiais didáticos, a empresa pode agir das seguintes formas:

- Viabilizar a reprodução de materiais didáticos e de publicações já existentes (respeitando as leis de autoria) ou apoiar a publicação de novos materiais, depois de haver consultado especialistas sobre a sua conveniência e utilidade.
- Possibilitar que empresas da área de comunicação ou gráfica ajudem a escola a produzir um informativo interno.
- Patrocinar a compra de livros e outros materiais didáticos.
- Equipar salas-ambientes, como laboratórios de ciências e salas de aprendizado de línguas estrangeiras, com gravador, vídeos, livros em outras línguas etc.
- Atender às necessidades das escolas, apoiando a elaboração, a produção e a distribuição de materiais elaborados por entidades especializadas.

Finalmente, na área de profissionalização de jovens a empresa pode investir das seguintes maneiras:

- Oferecer cursos de computação para os alunos e orientar a escola no que se refere ao uso da informática para as áreas administrativa e pedagógica.
- Oferecer cursos adicionais de línguas e de extensão cultural, como história do cinema, arte e fotografia.
- Incentivar funcionários a mostrarem o que fazem na empresa para que os jovens tenham uma real ideia de como é um dia típico em um local de trabalho. Se possível, deixar os próprios jovens executarem algumas atividades.

- Receber estudantes na empresa, oferecendo-lhes visitas monitoradas e vídeos sobre ela.
- Viabilizar a realização de oficinas profissionalizantes que ensinem ocupações práticas, como habilidades básicas de informática, mecânica, eletricidade e costura/confecção.
- Ajudar jovens a escolherem suas profissões, criando um programa para que visitem diferentes tipos de corporações: fábricas, gráficas, cooperativas, agências de comunicação, escritórios etc.
- Organizar cursos de gestão de pequenos negócios para alunos e pais.
- Oferecer oportunidades de estágio supervisionado para jovens.
- Disponibilizar profissionais para a orientação vocacional dos jovens, sugerindo a sua colocação nas escolas com o apoio de *experts* da área de gestão de pessoas das empresas.

Dentre essas sugestões, algumas representam ações de sucesso efetivadas por ONGs ou por iniciativas de pessoas físicas interessadas na melhoria da qualidade da educação em nosso país.

Reflexão

Voltamos à ação questionadora. Partindo do princípio de que a educação é um quesito importante, questione os aspectos da falta de qualidade educacional que foram discutidos neste capítulo. Continue a anotar as considerações e a melhorar o seu referencial teórico na área de responsabilidade e autoridade social.

Lembre-se da importância de participar e dialogar com as propostas inseridas neste material, o que você pode fazer em atividades de reflexão dirigidas e em pesquisas encontradas na *web*.

Leitura complementar

Consulte o seguinte material:

UNESCO – United Nations Educational, Scientific and Cultural Organization. **Declaração Mundial sobre Educação para Todos**: satisfação das necessidades básicas de aprendizagem – Jomtien 1990. 1998. Disponível em: <http://unesdoc.unesco.org/images/0008/000862/086291por.pdf>. Acesso em: 30 ago. 2013.

09

APOIO À ELIMINAÇÃO DO ANALFABETISMO FUNCIONAL

09

AINDA QUE OCULTO em cargos de chefia ou no apoio que outros colegas de trabalho oferecem, é possível perceber o analfabetismo funcional nos mais diversos níveis da escala hierárquica das organizações. Ele causa inúmeros problemas, com destaque para a resistência ao novo. Nesse e em outros aspectos, ele precisa ser combatido, como parte da responsabilidade e autoridade social das empresas.

Existe uma diferença entre *analfabetismo* e *analfabetismo funcional*. Essa é a razão que orientou o tratamento de forma isolada desse tema. Anteriormente, tratamos das medidas sociais para a melhoria da qualidade educacional geral em nível social. Esse olhar específico se deve à extensão da gravidade do problema e o que ele representa não apenas para as empresas, mas para toda a sociedade, além da influência negativa que carrega.

De antemão, devemos esclarecer o conceito de *analfabetismo funcional*. Conforme pontuado em Castells, Luke e Egan (1986), ele surgiu na década de 1930, nos Estados Unidos, a fim de nomear grupos de pessoas que não compreendiam as instruções para o desenvolvimento de tarefas básicas ou complexas, tais como a interpretação de cálculos.

Em etapa posterior, a Organização das Nações Unidas para a Educação, a Ciência e a Cultura (Unesco) sugeriu a adoção de uma nova definição, que estabelece o termo como a capacidade que uma pessoa tem de utilizar a leitura e a escrita nas suas tarefas diárias e continuar aprendendo e se desenvolvendo ao longo da vida, conforme descreve Ribeiro (1997).

Assim, o alfabetismo funcional – e seu contrário, o analfabetismo funcional – é um termo que designa a capacidade/incapacidade de uso da leitura e da escrita, com finalidade de compreensão e comunicação. O trabalho extensivo sobre o tema revela em sua profundidade os problemas que ele pode acarretar.

O conceito de *analfabetismo funcional* não se aplica a pessoas que nunca foram à escola – analfabetos funcionais frequentaram escolas, sabem ler e escrever e, no mercado atual, muitas ocupam cargos administrativos de confiança. Esse fato agrava ainda mais o problema, considerando os resultados de estudos desenvolvidos sobre o assunto.

Essas pessoas, não conseguem compreender a palavra escrita em sua integridade nem sabem interpretar artigos e crônicas. Assim o trabalho com as tecnologias e os computadores desperta de imediato resistência, o que prejudica a melhoria de produtividade que a tecnologia, como ferramenta, pode trazer.

Apesar de não sermos contra o método da tentativa e erro, observarmos que se trata da única forma que essas pessoas conseguem fazer as coisas. Se ocuparem posição de chefia, é comum elas ouvirem, ficarem "em cima do muro" e depois, às escondidas, consultarem um amigo ou um subalterno.

Já podemos imaginar o que esse processo pode ocasionar no interior da empresa. Empregar pessoas que não compreendem orientações pode acarretar sérios problemas e levar até a processos judiciais, por erros cometidos por funcionários que não souberam ler instruções, algumas vezes simples.

Estatísticas oficiais apontam que em nosso país o número de pessoas com condição de ler textos sem capacidade para interpretá-los chega a 30% da população economicamente ativa – no mundo há entre 800 a 900 milhões com as mesmas características[1], segundo dados de 2007 do Departamento Intersindical de Estatística e Estudos Socioeconômicos – Dieese (Portal Aprendiz, 2008). O maior contingente encontra-se entre as pessoas com menos de quatro anos de escolarização.

Mas o problema pode ser visto também entre as pessoas com formação universitária – e o que é pior, ocupando cargos de chefia em muitas organizações. Elas não têm a competência e a habilidade de senso crítico e criatividade por não terem capacidade para a leitura compreensiva, a escrita e o cálculo, o que torna difíceis a profissionalização e a vida sociocultural com a qualidade desejada por todos.

---

1   Para mais informações, acesse o *site*: <http://aprendiz.uol.com.br/content/prudowofro.mmp>. Acesso em: 6 nov. 2014.

Podemos, então, perceber a importância do assunto para as corporações, pois existe uma grande perda em termos de produtividade, provocada pela deficiência em habilidades básicas: ela pode ser estimada na ordem de US$ 6 bilhões por ano no mundo inteiro (Nascimento; Duarte; Alberto, 2009). O porquê dessa preocupação parece evidente. São pessoas que não entendem sinais de aviso de perigo, instruções de higiene e segurança do trabalho, orientações sobre processos produtivos e procedimentos de normas técnicas da qualidade de serviços, além de negligenciarem valores do grupo social.

Para erradicar o analfabetismo funcional, só existe uma saída: educar e treinar para a qualidade. E qualidade não tem custo — é investimento. Seu custo é a despesa relacionada ao trabalho errado, malfeito, incompleto, sem profissionalismo. Por isso consideramos o assunto importante, a ponto de ser tratado de forma isolada do processo educacional.

Ao adotar um processo de treinamento de qualidade, as empresas melhoram significativamente as condições de sua força de trabalho, capacitando os colaboradores internos a lerem e a compreenderem conjuntos de instruções ou roteiros para utilização de equipamentos novos, provenientes da inovação tecnológica.

Exercício

Vamos propor uma tarefa um pouco mais trabalhosa, mas muito gratificante. Desenvolva uma pesquisa sobre o problema do alfabetismo funcional, com vistas a compreender de forma mais completa a sua extensão. Produza um pequeno ensaio e aumente o cabedal de seu diário de bordo.

Esperamos que, a partir das colocações efetuadas até o momento, você possa perceber a extensão do problema.

Definição

Para algumas pessoas, é difícil compreender o comentário "fulano é meio analfabeto"; ou ele sabe ou não sabe. Essa dicotomia não tem lugar no tratamento do termo *alfabetismo funcional*, conforme explicamos anteriormente.

Semianalfabetismo ou analfabetismo funcional é a condição de não "compreender" com clareza o que as palavras querem dizer, não revelar e não aceitar que não compreendeu e partir, como dissemos, para um método de tentativa e erro ou para a consulta a algum colega. O problema é que não vamos conseguir enganar a todos durante todo o tempo; chegará algum momento em que essa falha vai ser descoberta.

Nos dias atuais, depois de muito sofrerem com o problema, algumas corporações despertaram para o fato e propuseram algumas medidas. As primeiras concepções aceitas de modo quase universal surgiram no Simpósio Internacional de Persépolis, no Irã, em 1975 (Millo, 1975)[2] Dele participou com destaque um de nossos maiores educadores: Paulo Freire. Nesse congresso, o conceito de *analfabetismo* passou a ser categorizado, partindo-se do analfabetismo total para o que se passou a chamar de *analfabeto funcional* (Millo, 1975).

Em nosso país, foi criado, em 2001, pelo Instituto Paulo Montenegro (IPM, 2014)[3] e pelo Instituto Brasileiro de Opinião

---

2   Saiba mais no *site*: <http://www.unesco.org/education/nfsunesco/pdf/PERSEP_S.PDF>. Acesso em: 26 set. 2014.
3   Saiba mais no *site*: <http://www.ipm.org.br>. Acesso em: 28 out. 2014.

Pública e Estatística (Ibope, 2014)[4], o Indicador Nacional de Alfabetismo Funcional (Inaf), que visa identificar as habilidades e práticas de *letramento*, termo utilizado para indicar que, além de alfabetizada, uma pessoa letrada compreende os textos aos quais têm acesso. Foram criados três níveis:

- **Nível 1** – Consegue localizar informações explícitas em textos muito curtos, cuja configuração auxilia o reconhecimento do conteúdo solicitado, como um cartaz de campanha de vacinação.
- **Nível 2** – Consegue localizar informações em textos curtos e médios, mesmo que elas não apareçam de forma literal. Por exemplo: em uma notícia sobre deslizamento de terra na qual são citadas as pessoas que morreram, consegue responder quantas vítimas foram deixadas como resultado.
- **Nível 3** – Consegue ler textos mais longos, orientar-se por subtítulos, localizar mais de uma informação. Tem condições também de comparar dois textos, inferir e elaborar sínteses. Exemplo: em uma programação de TV, identifica, entre os filmes que passarão, quais têm crítica negativa.

O Inaf considera como *alfabetizada funcional* toda pessoa capaz de utilizar a leitura e a escrita para enfrentar as demandas de seu contexto social e continuar aprendendo e se desenvolvendo ao longo da vida. O indicador oferece à sociedade informações sobre habilidades e práticas de leitura, escrita e matemática de homens e mulheres, de modo a fomentar o debate público e subsidiar a formulação de políticas de educação e cultura.

---

4   Saiba mais no *site*: <http://www.ibope.com.br/pt-br/Paginas/home.aspx>. Acesso em: 28 out. 2014.

■ ─────────────── **Leitura complementar**

Um texto mais completo pode lhe dar uma compreensão melhor sobre o tema. O IPM publicou, em conjunto com o Ibope, o 5º Indicador Nacional de Alfabetismo Funcional. Leia o relatório, reflita e tire suas conclusões. Não esqueça de anotá-las no diário de bordo.

IBOPE – Instituto Brasileiro de Opinião Pública e Estatística. **5º Indicador Nacional de Alfabetismo Funcional.** São Paulo, 8 set. 2005. Disponível em: <http://www.ibope.com.br/pt-br/Paginas/home.aspx>. Acesso em: 28 out. 2014.

───────────────────────────────────── ■

Pesquisadores na área do alfabetismo funcional (Lorenzo, 2007; Ribeiro, 1997; Oliveira; Azevedo, 2007) revelam que as pessoas em geral não percebem a própria condição. Eles consideram que isso acontece por duas questões: de ordem psicológica e de ordem funcional. No caso de desconhecimento por causas psicológicas, elas se iludem e mentem para si mesmas, levando em conta questões de amor próprio. A outra explicação é de ordem funcional: as pessoas entrevistadas estariam alocadas em ocupações condizentes com seu nível de alfabetismo. Existe também a possibilidade de o analfabeto funcional ter construído para si um "caminho" na organização, com estratégias artificiais de sobrevivência, como o apoio de colegas mais alfabetizados ou processos de memorização que driblam o baixo alfabetismo, fato que colocamos logo no início da leitura deste capítulo.

> **Exercício**
>
> Interrompa um pouco sua leitura e procure mais informações sobre questões referentes ao medo do desemprego, tanto na obra citada a seguir quanto em outros materiais que você poderá coletar na internet.
>
> RIBEIRO, A. M. et al. **A modernidade como desafio teórico**: ensaios sobre o pensamento social alemão. Porto Alegre: Ed. da PUCRS, 2008.
>
> Depois da leitura, desenvolva uma atividade de reflexão e faça uma análise mais acurada sobre o perfil social do profissional do terceiro milênio.

Sossegue, não vamos indicar nova leitura, apenas solicitar que questione as colocações psicológicas e funcionais que levam as pessoas sujeitas ao processo de analfabetismo funcional a esconderem o problema. Se quiser estender e superar o objetivo da tarefa, emita algumas sugestões sobre como contornar essa dificuldade; depois, compare-as com as propostas adiante. Não esqueça de registrar as suas anotações.

Ações das empresas

O Inaf é levantado mediante um questionário concebido pelos professores Daniel Augusto Moreira e Geraldo Prado Galhano Jr. O instrumento é um teste de 28 questões divididas em quatro níveis de dificuldade, que permitem avaliar o grau de alfabetismo funcional dos funcionários em cinco ramos industriais: siderúrgico, automobilístico, petroquímico, de alimentação e de papel e celulose.

O teste, que tem duração aproximada de uma hora e meia, solicita diversos tipos de operações mentais, tais como ler uma questão e entender o que se pede, localizar informações e realizar operações de soma, subtração, multiplicação e divisão. Além disso, avalia a capacidade de redigir um texto referente ao universo de trabalho conhecido. As questões dizem respeito a anúncios de vagas internas, compreensão de gráficos, análise de um texto sobre participação das mulheres na indústria etc. Completam o questionário oito perguntas específicas dos cinco setores industriais para os quais ele foi concebido.

Um levantamento desse tipo pretende avaliar o nível de competência que os funcionários de uma empresa apresentam nas chamadas *habilidades básicas* referentes ambiente de trabalho (IPM, 2015):

1. Alfabetização em prosa, documentos e cálculo.
2. Comunicação efetiva na língua do país.
3. Capacidade de aprender, entender e aplicar inferências e análises.
4. Saber pensar criticamente, avaliar consequências e agir para resolver problemas.
5. Usar tecnologias, ferramentas e sistemas de informação.
6. Desenvolver uma atitude positiva em relação às mudanças de processo e de instrumentos de trabalho.
7. Ter vontade e habilidade para aprender ao longo da vida.
8. Revelar capacidade para receber treinamento técnico.

Exercício

Analise os componentes da lista anterior e faça considerações, ainda que breves, sobre cada um deles. Adote o mesmo procedimento sugerido em outras ocasiões com relação ao resultado do trabalho e guarde-o como referência.

Existem ações que as empresas podem implementar para eliminar o analfabetismo funcional. Uma proposta mais recente apresenta um programa denominado *Fome de Livro*[5], que pode ser aplicado pelas empresas com cobertura a todas as ações (Governo..., 2005).

Com base nesses dados, vamos analisar algumas ações que podem ser adotadas pelas organizações para efetivar um programa de eliminação do analfabetismo funcional. Esse programa se divide em três grandes eixos e incentiva a utilização, em cada um deles, das estratégias relacionadas a seguir, a partir das quais é possível colaborar interna ou externamente (Moreira, 2000):

- **Eixo 1** – Democratização do acesso ao livro:
  - Implantação de bibliotecas públicas.
  - Fortalecimento da rede atual de bibliotecas públicas.
  - Ações para conquistar novos espaços de leitura.
  - Distribuição de livros gratuitos.
  - Ações para melhorar o acesso ao livro e a outras formas de leitura.

- **Eixo 2** – Fomento à leitura:
  - Capacitação para leitura.
  - Projetos de estímulo às leituras.
  - Apoio à pesquisa científica.
  - Prêmios e reconhecimento às melhores práticas.
  - Ações de apoio do setor privado.

- **Eixo 3** – Valorização do livro:
  - Ações para converter a leitura em política pública.
  - Ações para criar consciência sobre o valor social da leitura.

---

5 Para saber mais sobre o Projeto Fome de Livro, acesse: <http://www2.metodista.br/unesco/jbcc/jbcc_mensal/jbcc272/estado_governo.htm>. Acesso em: 6 nov. 2014.

O programa apresenta objetivos convergentes com o que se espera de empresas modernas (OEI, 2011):

- Zerar o número de cidades brasileiras sem bibliotecas (pelo menos uma biblioteca pública por cidade).
- Articulação dos níveis federal, estadual e municipal de governo na política de leitura do país.
- Dinamizar e apoiar bibliotecas existentes para que funcionem como centros geradores de cultura.
- Integrar o Sistema Nacional de Bibliotecas Públicas do Ministério da Cultura (SNBP/MinC) e o Sistema de Bibliotecas Escolares do Ministério da Educação (MEC).
- Integrar e potencializar os esforços para fomento à leitura por parte do Poder Público, da sociedade e das empresas.
- Fortalecer o papel da biblioteca pública como espaço privilegiado para a formação de leitores.
- Aumentar os atuais índices de leitura do país.
- Fortalecer o valor da leitura e da escrita para o desenvolvimento pessoal e social.
- Contribuir para a redução do número de analfabetos funcionais.
- Converter a leitura em uma política de Estado prioritária.
- Melhorar o acesso aos livros, especialmente entre as populações excluídas ou em situações de risco.

As corporações podem utilizar a Lei Rouanet – Lei n. 8.313, de 23 de dezembro de 1991 (Brasil, 1991b)[6] como fonte de origem dos recursos. Ela prevê a atuação da empresa em diversas áreas e dá incentivo por meio do financiamento governamental.

---

6   Veja informações sobre a Lei Rouanet: <http://www.planalto.gov.br/ccivil_03/leis/l8313cons.htm>. Acesso em: 26 set. 2014.

■ Leitura complementar

Felizmente, parece que, para todos os assuntos com os quais nos deparamos no dia a dia, encontramos no mercado livreiro algum material de estudo. O mesmo acontece com relação ao analfabetismo funcional. No firme propósito de tornar você um *expert* no assunto responsabilidade e autoridade social, indicamos a leitura da obra a seguir. Para não perder o ritmo, procure fazer uma sinopse do livro e anotá-la no diário de bordo.

MOREIRA, D. A. **Analfabetismo funcional**: o mal nosso de cada dia. São Paulo: Pioneira Thomson Learning, 2003.

10
APOIO AO MUNICÍPIO

10

O NÍVEL DE autonomia dos municípios ainda é muito restrito em alguns casos, entre os quais se destacam áreas de apoio ao pequeno e médio agricultor, educação e cultura e proteção da população civil contra intempéries. O apoio do Estado vem na forma de leis de proteção, decretos para atendimento de solicitação de necessidades e liberação de recursos necessários para atendimento dessas demandas. Ainda assim, não são contempladas todas as necessidades pontuadas – razão por que é requerido o auxílio dos órgãos sociais.

Durante muito tempo, as corporações se mostraram despreocupadas com inúmeros problemas sociais. Já no início do século XXI, elas passaram a ser pressionadas e incentivadas a atuar responsavelmente e com autoridade no campo social, pois, apesar do crescimento material e tecnológico no mundo desenvolvido, a pobreza e a distância entre as classes se acentuam, especialmente nos países considerados subdesenvolvidos ou em desenvolvimento.

Analisando o relatório de desenvolvimento humano, podemos observar que o Programa das Nações Unidas para o Desenvolvimento (Pnud), em levantamento divulgado em 2012, situa o Brasil na 85ª posição, que pode ser considerada desconfortável e sem evolução em relação aos números de 2011 (Pnud, 2011).

O país apresenta ainda um índice de desigualdade, medido pelo Índice de Gini criado pelo matemático italiano Conrado Gini e utilizado pelo Instituto de Pesquisa Econômica Aplicada (Ipea)[1] – de aproximadamente 0,6, fator considerado elevado, o que indica distribuições de renda desfavoráveis (Ipea, 2014a).

■ ──────────────── **Leitura complementar**

Para entender mais sobre esse índice na visão dos governantes, leia o relatório de apoio produzido pelo Governo do Ceará.

IPECE – Instituto de Pesquisa e Estratégia Econômica do Ceará. **Entendendo o Índice de Gini**. Disponível em: <http://www.ipece.ce.gov.br/publicacoes/Entendendo_Indice_GINI.pdf>. Acesso em: 6 nov. 2014.

── ■

---

[1] Para mais informações sobre o Índice de Gini, acesse: <http://desafios.ipea.gov.br/index.php?option=com_content&view=article&id=2048:catid=28&Itemid=23>. Acesso em: 6 nov. 2014.

Ademais, a maioria dos indicadores dos relatórios confiáveis mostra uma situação ainda mais alarmante: 20% da população com mais de 15 anos é analfabeta; outro dado que se destaca é o número de 40 mil homicídios por ano.

Podemos observar uma diminuição cada vez mais sensível da presença do Estado e, como consequência, a permanência da pobreza, mesmo diante de uma crescente evolução tecnológica. Isso justifica a necessidade de as organizações serem levadas a assumir um papel mais presente, via alianças estratégicas intersetoriais, para que haja o empreendimento conjunto de ações voltadas para a atuação social em nosso país.

No contexto do mercado contemporâneo, a questão está colocada como estratégia organizacional, tendo em vista o aumento do nível de competitividade das empresas que atuam nesse sentido. As ações conjuntas entre terceiro setor e Estado podem levar a uma presença mais efetiva em termos de resultados. A experiência empírica mostra que, apesar de não ser a solução para todos os problemas sociais e de ainda haver desafios para sua continuidade, o trabalho em parceria fornece formas diferentes e inovadoras de encarar uma realidade que precisa de mudanças.

O Ipea e outros organismos de pesquisa vêm estudando a atuação social das corporações. Houve também a proposta de criação de um fórum permanente, com o intuito de despertar a consciência da sociedade para a importância de se estabelecerem alianças intersetoriais com relação ao tema. Esses trabalhos já vêm sendo desenvolvidos em diversas partes do mundo e sinalizam um aumento significativo de ações conjuntas entre empresa, Estado e terceiro setor. Uma união inesperada, mas bem-vinda. Ainda assim, é preciso que essas ações tenham continuidade no tempo, para evitar movimentos pontuais que não solucionam o problema, pois são incapazes de cortar o mal em sua raiz. Em nosso país, também observamos um crescimento dessas ações, mas o resultado final ainda pode ser considerado incipiente – razão da importância do tratamento do tema como parte integrante da responsabilidade e da autoridade social da empresa no mercado contemporâneo.

Exercício

Antes de prosseguir os estudos, analise as razões da dificuldade do estabelecimento de iniciativas sociais intersetoriais e procure descobrir por que os resultados observados são, até o momento, incipientes. Siga as recomendações dos exercícios anteriores.

Para se atuar com responsabilidade social, é necessário conhecer a divisão da estrutura social em setores. Isso é útil porque situa as diferenças e leva a uma maior compreensão das dificuldades de atuação conjunta de todos os setores da sociedade em prol do bem-estar comum. De acordo com Escóssia (2009), os setores são três:

1. O primeiro setor corresponde à emanação da vontade popular, que, pelo voto, confere o poder ao governo. Ele é formado pelos grupos sociais públicos e visa à qualidade de vida da sociedade que lhe delega responsabilidades. Trabalha com o dinheiro público utilizado para fins públicos.
2. O segundo setor corresponde à livre iniciativa, que opera o mercado e assim define a agenda econômica com vistas ao lucro como instrumento e meta final. Trabalha com dinheiro privado para fins privados.
3. O terceiro setor corresponde às instituições que se preocupam em desenvolver práticas sociais em setores em que a ação governamental se mostra ineficaz, sem finalidade lucrativa.

Trabalha com dinheiro proveniente dos dois setores anteriores, além de poder utilizar recursos privados destinados a fins públicos.

Os grupos sociais do terceiro setor foram criados para atender aos casos em que a ação governamental se mostra ineficaz. Já os grupos do segundo setor passam a colaborar no sentido de efetivar a autoridade e a responsabilidade social com uma proposta de devolver, de outra forma, parte daquilo que retiram do entorno social e do meio ambiente – o que ocorre na forma de obras sociais e de colaboração tanto com o primeiro quanto com o terceiro setor.

Responsabilidade das empresas e do Estado

Os conceitos de responsabilidade e autoridade social, tratados intensivamente até o momento, referem-se também ao modo como o Estado e as empresas se comportam em suas relações recíprocas. Elas são colocadas em xeque no que se refere ao meio ambiente em relação à forma como se relacionam com sua cadeia de valor, que inclui o colaborador interno, seus fornecedores, clientes e a sociedade como um todo.

Desse relacionamento, não pode escapar a responsabilidade das corporações com o Estado – não no sentido de obrigações financeiras, já atendidas no pagamento dos impostos que por elas são devidos. Estamos nos referindo à ajuda social que o segundo setor pode dar, com vistas a permitir ao município estender a sua ação social apoiado na obrigação que lhe foi delegada pelos eleitores.

Nesse aspecto, as empresas desenvolvem, seja por iniciativa própria, seja por imposição social – resultado de pressões internas ou externas –, estratégias para aumentar sua competitividade no mercado por meio da valorização e da divulgação das suas ações de responsabilidade e autoridade social.

O retorno do Estado a essas ações normalmente vem na forma de incentivos fiscais ou de parcelas de imunidade tributária das obrigações que as organizações têm para com o município e os órgãos estaduais ou federais – isso é importante e não pode ser ignorado. Tais mecanismos podem ser ampliados, mas, para que isso ocorra, é necessário que as corporações saibam o que hoje já existe em termos de incentivo, o que em muitas ocasiões é desconhecido tanto por elas quanto pela própria sociedade.

Proposta de desenvolvimento sustentável

As propostas individuais podem se perder na falta de profundidade ou de extensão das ações a serem desenvolvidas. A criação de cursos de formação voltados a administradores municipais é uma alternativa de solucionar o problema uma vez que atua no sentido de aproximar o Estado e os grupos sociais do segundo e terceiro setores. É uma proposta que pode colaborar com a melhoria da qualidade de vida das comunidades subjacentes ao entorno social na localidade onde esses grupos atuam.

Uma das propostas recentes e que pode apresentar bons resultados é o estabelecimento de planos de desenvolvimento local sustentáveis. Marques, Tanaka e Machado (2010) destacam o que o Governo do Espírito Santo apresentou para diminuir os potenciais efeitos adversos dos resultados do crescimento econômico. O relatório está centrado principalmente em aspectos sociais e sugere processos de gestão que envolvam as corporações, considerando seu apoio decisivo, para que as iniciativas possam se transformar em empreendimentos sustentáveis.

Também em andamento, segue uma série de iniciativas similares denominadas, de forma geral, *Programa de Desenvolvimento Local Sustentável* (PDLS)[2], com o suporte do Instituto Internacional o Educação do Brasil (IIEB)[3], tendo como proposta específica o fortalecimento dos poderes públicos municipais e das organizações da sociedade civil.

No nível federal, existe um catálogo de programas destinados aos municípios[4], iniciado em 2008 (Brasil, 2008). A publicação foi desenvolvida pelo Instituto Brasileiro de Administração Municipal, com apoio do Projeto Brasil Municípios[5], que tem amplo alcance e representa uma parceria entre o Governo Federal, por meio do Ministério do Planejamento, Orçamento e Gestão, e a União Europeia, tendo o Banco Interamericano de Desenvolvimento (BID) como agente implementador dos recursos (BID, 2014).

O programa atua nas áreas de capacitação para gestores e técnicos municipais, promovendo intercâmbio de experiências e assistência técnica e abordando temáticas sobre planejamento, elaboração de projetos e gestão por resultados, com análise da sua aplicabilidade nos municípios e orientação para resolução de problemas locais.

Além disso, são estabelecidos diversos programas marginais, com a participação do governo, voltados para empreendedorismo,

---

2   Para obter mais informações sobre o PDLS, acesse: <http://www.iieb.org.br/index.php/projetos/programa-de-desenvolvimento-local-sustentavel>. Acesso em: 27 out. 2014.
3   Confira o *site* do IIEB: <http://www.iieb.org.br>. Acesso em: 27 out. 2014.
4   Para mais informações acesse: <http://www.planejamento.gov.br/secretarias/upload/Arquivos/seges/brasil_municipios/CPGF_01dez08.pdf>. Acesso em: 6 nov. 2014.
5   Conheça mais sobre o projeto no *site*: <http://idbdocs.iadb.org/wsdocs/getdocument.aspx?docnum=35238095>. Acesso em: 27 out. 2014.

com base na consideração de que a má formação dos administradores municipais é responsável pela falta de mobilidade nas ações conjuntas entre o segundo setor e o governo do município. Eles se aglutinam sob a denominação *empreendedorismo para o desenvolvimento sustentável* ou, simplesmente, *empreendedorismo sustentável*.

Hockerts e Wüstenhagen (2010) definem esse conceito como a criação de negócios que combinam, ao mesmo tempo, a geração de valor econômico, social e ambiental. É uma mistura de empreendedorismo corporativo, empreendedorismo social e empreendedorismo ambiental. Todas as propostas têm um único ponto de convergência: o compromisso dos grupos sociais com o bem-estar das comunidades nas quais atuam, com a finalidade de melhorar a qualidade de vida nos municípios.

Muitas propostas têm sido formuladas em final de mandato por políticos candidatos à reeleição, acabando por não se sustentarem após a efetivação das eleições – motivo pelo qual não obtemos resultados. Às vezes, eles aparecem somente em tempo superior ao da duração de um mandato, razão pela qual alguns políticos não se empenham, para evitar dar o crédito da iniciativa para algum político concorrente.

Com a criação de fóruns para integração entre o Estado e os dois outros setores da economia no tocante ao desenvolvimento sustentável, o governo pode criar condições para a efetivação de um novo tipo de relacionamento entre esses atores. No campo da proposição, as coisas costumam correr com resultados satisfatórios; infelizmente, muitos desses planos caem no esquecimento após um início auspicioso e não são cobrados pela população, que parece se acostumar com promessas eleitoreiras não cumpridas e ignora a força do apelo popular em nome de uma boa convivência.

■ ——————————— **Leitura complementar**

Se você pretende desenvolver alguma iniciativa na área do empreendedorismo sustentável, é preciso que tenha um conhecimento um pouco mais aprofundado sobre o tema. Com esse propósito, indicamos duas leituras complementares:

BRUNELLI, M.; COHEN, M. Definições, diferenças e semelhanças entre empreendedorismo sustentável e ambiental: análise do estado da arte da literatura entre 1990 e 2012. In: ENCONTRO DA ASSOCIAÇÃO NACIONAL DE PÓS-GRADUAÇÃO E PESQUISA EM ADMINISTRAÇÃO, 36., 2012, Rio de Janeiro. **Anais**... Rio de Janeiro: EnAnpad, 2012. p. 1-16. Disponível em: <http://www.anpad.org.br/diversos/trabalhos/EnANPAD/enanpad_2012/ESO/Tema%2005/2012_ESO2100.pdf>. Acesso em: 5 maio 2014.

ERA – Ética e Realidade Atual. **Afinal o que é empreendedorismo sustentável?** Disponível em: <http://era.org.br/2012/09/afinal-o-que-e-empreendedorismo-sustentavel>. Acesso em: 5 maio 2014.

Após a leitura dos textos, inclua-os em sua biblioteca virtual e anote suas considerações sobre o tema.

——————————————————————— ■

Ações das empresas

Identificamos na proposta do empreendedorismo sustentável a intenção de facilitar a colaboração das empresas com o Executivo local, com vistas ao desenvolvimento sustentado do município. O que pode ser feito nesse sentido? Vamos analisar como essa atividade se desenvolve nos dias atuais.

São consideradas possibilidades válidas de atuação: a doação de bens que podem ser utilizados pelo Poder Público; a prestação de serviços voluntários por grupos de colaboradores; a facilitação do estabelecimento de convênios entre os setores público e privado e as organizações não governamentais (ONGs), com a criação de instrumentos legais; o auxílio técnico de grupos de colaboradores com elementos ligados aos órgãos públicos; a formação dos administradores municipais, de seus secretários e de outros subordinados.

Alianças e estratégias intersetoriais são consideradas por Mendonça (2007) uma forma válida de aproximação entre as corporações e as comunidades dos municípios, sem intervenção do setor público, mas que colaboram com ele de forma direta. A autora apresenta dois exemplos claros e funcionais que confirmam a eficiência do estabelecimento desse tipo de aliança.

O relacionamento incomum entre grupos corporativos que trabalham em diferentes áreas do conhecimento com as áreas extrativistas viabiliza a criação de laços fortes, desenvolvidos em ambiente de tranquilidade, sem coerção de nenhum tipo nem repressões de iniciativas locais (Mendonça, 2007).

A autora considera que estamos diante de um modelo que pode contribuir de forma significativa para a criação de novas formas de relacionamento, as quais exigem mudanças e adaptações complexas das estratégias públicas para a efetivação de trabalhos que exigem confiança mútua e crença na capacidade da equipe em trazer resultados positivos. É uma proposta em andamento, mas os primeiros resultados observados no relatório referenciado são animadores. Eles permitem identificar que, em termos de formação ou qualificação para processos de gestão, há melhoria do capital humano, que desenvolve trabalhos em favor do município quando se compara com a situação anterior. Fischer et al. (2009) trabalham com o tema das relações intersetoriais e apresentam um conjunto de ações a serem efetivadas em conjunto:

- *Desenvolver capital humano, a partir de novas oportunidades de treinamento e desenvolvimento.*
- *Melhorar a eficiência operacional, reduzindo custos e melhorando o processo para atuação social.*
- *Alcançar a inovação organizacional, operando em um ambiente com desafios e oportunidades complexas, que demandam soluções criativas.*
- *Aumentar o acesso aos recursos financeiros, materiais, técnicos e administrativos, destacando-se a ampliação da rede de relacionamentos.*
- *Melhorar o acesso à informação, o que inclui o aprendizado sobre as pessoas e as comunidades, e pode resultar no aperfeiçoamento dos serviços.*
- *Ampliar a capacidade de entregar produtos e serviços mais efetivos, tanto na perspectiva dos grupos sociais aliados quanto das populações e comunidades atendidas pelas ações sociais.*
- *Aumentar a reputação e a credibilidade junto aos principais stakeholders e indivíduos ou organizações, direta ou indiretamente relacionados com a atuação social.*
- *Fortalecer a sociedade civil e os princípios democráticos, um dos objetivos principais do governo e de muitas organizações de Terceiro Setor, mas que também se torna crítico para os interesses de longo prazo dos grupos sociais que compartilham as alianças intersetoriais.* (Fisher et al., 2009)

As autoras do estudo consideram que os benefícios das alianças intersetoriais para as comunidades e a sociedade em geral são decorrentes da potencialização da qualidade de ações desenvolvidas em conjunto, que podem fazer com que os problemas sociais sejam tratados de maneira mais efetiva.

Destaque-se também o poder de influência dessas alianças na formulação de políticas públicas, por meio da integração de recursos diversos e competências organizacionais provenientes de diferentes setores e que podem orientar e influenciar as políticas sociais e os órgãos públicos encarregados de sua implantação.

No estudo desenvolvido, considera-se que, por meio estabelecimento de alianças, as empresas podem atuar nos seguintes sentidos:

- *Provimento: caracterizados pela doação ou disponibilização de recursos necessários à realização do projeto em parceria. Estes recursos podem ser financeiros, materiais e humanos, assim como tangíveis e intangíveis.*
- *Execução: caracterizados pelo desempenho de atividades operacionais inerentes ao projeto. Estas atividades podem ser realizadas voluntariamente por empregados do grupo social, por um setor alocado especialmente para esta atividade, ou podem estar contempladas no próprio trabalho do grupo social, como a venda de produtos derivados do projeto.*
- *Gestão: caracterizados pelo desempenho de atividades voltadas à administração do projeto. Incluem desde a definição de diretrizes, capacitação de pessoas e acompanhamento das atividades até o monitoramento de resultados.* (Fischer et al., 2009)

O estabelecimento de alianças traz alguns desafios com relação à sua administração, no que diz respeito à participação e à definição das responsabilidades a serem assumidas por cada um dos parceiros – "Vencer estes desafios exige um alto grau de cooperação entre os grupos sociais participantes das alianças, e é capaz de fazer com que todas as ações dos parceiros gerem resultados benéficos para a aliança como um todo, e não para cada um dos participantes isoladamente." (Fischer et al., 2009).

Em termos práticos, esse tipo de resultado é atingido quando se consegue:

- *Construir a diversidade – superando a ignorância e/ou diferenças entre os parceiros.*
- *Atrair e sustentar o envolvimento do participante – administrando as expectativas de cada um para construir uma perspectiva de consenso.*
- *Construir novas competências – desenvolvendo novas habilidades, atitudes e capacidades que são necessárias para alcançar os propósitos da parceria.*
- *Lidar com o poder – aprendendo a administrar as diferenças de cultura organizacional e a compatibilizar os diversos níveis de poder econômico e político dos grupos sociais envolvidos.* (Nelson; Zadek, citados por Fisher et al., 2009)

Leitura complementar

Questione os aspectos da colaboração das empresas com o município discutidos neste capítulo. Estenda a leitura para as referências indicadas a seguir, pois elas são importantes em sua biblioteca digital.

ABRANCHES, S. H. **Política social e combate à pobreza**. Rio de Janeiro: J. Zahar, 1998.

AGUIAR, A. C. C.; COELHO L. C. (Org.). **Mundo em transformação**: caminhos para o desenvolvimento sustentável. Belo Horizonte: Autêntica, 2006.

BARROS, R. P. et al. **Pobreza e política social**. Rio de Janeiro: K. Adenauer, 2005.

FISCHER, R. M. et al. Desafios da atuação social através de alianças intersetoriais. In: SEMINÁRIOS EM ADMINISTRAÇÃO, 6., 2003, São Paulo. **Anais**... São Paulo: FEA/USP, 2009. Disponível em: <http://www.ead.fea.usp.br/Semead/6semead/ADM%20GERAL/047Adm%20-%20Desafios%20da%20Atua%E7ao%20Social.doc>. Acesso em: 14 ago. 2013.

HOFMEISTER, W. (Org.) **Política social internacional**: as consequências da globalização. Rio de Janeiro: K. Adenauer, 2005.

UNDP – United Nations Development Programme. **Human Development Reports**. Disponível em: <http://hdr.undp.org/en>. Acesso em: 6 nov. 2014.

Deixamos como conclusão e incentivo às empresas, na efetivação de alianças estratégicas intersetoriais para atuação social, a consideração de que é necessário criar um processo dinâmico entre grupos sociais capaz de romper com a simples relação entre doador e donatário, que é o primeiro passo nessa direção), e está implicado, fundamentalmente, na necessidade de uma melhor utilização das ferramentas de planejamento e gestão, tanto dos projetos sociais realizados em parceria quanto do próprio relacionamento.

11

APOIO À REABILITAÇÃO DO PRESO

11

HÁ UMA REAÇÃO desmedida e que vai contra o social quando propostas de apoio e reabilitação do preso são apresentadas. Outros setores esquecidos são colocados como prioritários, ainda que continuem sem investimentos. No entanto, a recuperação dos presos também é parte da responsabilidade e autoridade social, tanto individual quanto das empresas, justificando orientações para que sejam tomadas medidas voltadas à efetivação desta proposta.

No meio de discussões em um país com tantos e grandes desafios sociais, seria a recuperação da população carcerária um tema de vital importância que deva integrar as preocupações das corporações e da sociedade como um todo? Não existem aspectos mais importantes a serem tratados?

O compromisso com o social implica a busca da melhoria de condições em todas as frentes nas quais surjam problemas. Todo e qualquer problema social tem sua gravidade, em maior ou menor escala. Quando observamos as condições desumanas das prisões, as torturas, os maus-tratos, a ausência de respeito aos direitos humanos, encontramo-nos diante de um problema social com as mesmas dimensões de tantos outros – e que por isso não pode ser esquecido, porque outros temas seriam supostamente mais "graves".

A importância do tratamento desse tema está exatamente nessa "desconfiança" sobre sua relevância social e no desprezo e na indiferença com a questão carcerária, ainda mais considerando-se que aqueles que "ficam" presos pertencem, na grande maioria, ao segmento de pobres e excluídos da sociedade.

O assunto, antes restrito a iniciativas humanitárias que partiam de igrejas, organizações não governamentais (ONGs) e Organizações da Sociedade Civil de Interesse Público (OSCIPs), tem sido colocado, ainda que de forma tímida e sobrepujada por apelos mais fortes, nos fóruns de discussão social entre as demandas de responsabilidade e autoridade social das empresas e dos indivíduos.

Até o momento tem sido inútil afirmar a importância de recuperação dos presos por meio de reeducação, profissionalização e reintegração à sociedade como um cidadão útil e proficiente, apesar de diversos estudos que provam o alto custo da manutenção dos presos, acuados e em condições subumanas, para o Estado. Esse custo se estende de forma consequente para a sociedade.

Visto dessa forma, o preso tem poucas esperanças e geralmente retorna ao convívio social em condições piores do que aquelas que tinha quando da ocasião de sua reclusão. A tendência é o retorno com maior intensidade à senda do crime.

Observamos grande reserva com relação ao tratamento do tema nos cursos sobre responsabilidade e autoridade social de que temos participado. Colocam-se como assuntos prioritários diversas outras situações calamitosas, como os 30 milhões de pessoas que morrem de fome, os 800 milhões de seres humanos que sofrem de subalimentação e aqueles que vivem em extrema pobreza. Não negamos a importância de tais realidades; entretanto, mas este material não se preocupa em categorizar a relevância de fatos sociais, mas em identificá-los e pontuar sugestões para que possam ser resolvidos ou minorados – não com soluções paliativas e pontuais. Há a necessidade de programas de conscientização mais aprofundados.

Assim posto, consideramos o problema da reintegração social da população carcerária como um aspecto de relevância social que traz consigo a responsabilidade e a autoridade social dos indivíduos e das empresas, além do trabalho do Estado, que mais uma vez se manifesta insuficiente e incapaz de resolver o problema.

Reflexão

Considerando a polêmica do desenvolvimento de ações sociais entre a população carcerária, procure justificar ou rebater as colocações contrárias a esse tratamento diferenciado ao preso. Ao final, proceda como em todas as demais atividades.

Dificuldades

É possível constatar que o processo de reintegração da população carcerária à sociedade esbarra em muitos obstáculos que desestimulam e inviabilizam esforços institucionais de recuperação dos infratores. O início da situação caótica parte já da estrutura interna do sistema carcerário brasileiro, que é ineficiente e submete indivíduos a situações insuportáveis de degradação dos seus direitos humanos. Ela é incapaz de proporcionar ao preso uma capacitação mínima e a subsistência de que precisa, de modo a garantir o seu sustento em atividade produtiva aceita em nível social quando ele for colocado em estado de liberdade. Isso geralmente o leva à reincidência e, o que é pior, transforma-o em um indivíduo cada vez mais perigoso.

Há ainda a própria resistência social, que olha com desconfiança a reinserção do preso no convívio social, deixando de considerar que a condição de infrator pode ter raízes em processos de injustiça e exclusão social. Assim, a dificuldade que muitos encontram para obter um emprego depois do cárcere, capaz de lhe oferecer condições de subsistência, funciona como estopim para que retorne à ilegalidade e ao desenvolvimento de atividades criminosas. Trata-se de um círculo vicioso perverso e que deixa a sociedade manietada.

Por um lado, o medo da criminalidade, e, por outro, a aversão às atividades de reintegração do preso ao convívio social, protagonizam uma luta que até o momento tem sido desigual no sentido de reintegrar o indivíduo à sociedade. Há um sentimento geral de que não vale a pena despender esforços e recursos financeiros em processos de reintegração do preso ao ambiente social.

É preciso considerar que a convivência forçada do detento com outros elementos nocivos e perniciosos aumenta seu grau de periculosidade e, ainda, que ele vai encontrar em seu retorno ao convívio social o mesmo ambiente (ou em nível piorado) que originalmente ocasionou sua queda para a senda das ações criminosas. Assim posto, criar possibilidades laborais, recuperar a autoestima do preso excluído do convívio social, aumentar seu sentido de cidadão com direitos humanos estabelecidos por lei tornam-se tarefas que, para muitos, são uma utopia. "Uma vez ladrão, sempre ladrão" é um ditado que tem legado um fardo muito grande para quem insiste em trabalhar com o tema. Ainda é muito comum a desconfiança com relação a qualquer método humanitário de tratamento ao preso e os ataques às causas que o fizeram adotar esse caminho, em vez de se pensar no depois.

Os presos são muitas vezes tratados com truculência, intolerância e imposição, o que intensifica o processo de exclusão social. A tendência natural é que a resposta venha no mesmo nível, em sentido contrário, aumentando assim o grau de revolta, a periculosidade e a falta de respeito à vida humana.

No entanto, ainda existem medidas para criar no preso um espírito participativo e de solidariedade e respeito aos direitos humanos das outras pessoas. Porém, poucas delas se efetivam como propostas duradouras capazes de criar uma nova cultura com relação à reintegração dele em sociedade. A insistência no tema não tem sensibilizado as pessoas e as autoridades.

O caos que pode ser visto no sistema carcerário e a inexistência de ações efetivas para evitar sua continuidade apenas colaboram com o aumento da violência. Os estabelecimentos penitenciários se transformam cada vez mais em escolas do crime, que incentivam atividades criminosas como se fossem uma necessidade de sobrevivência.

Ações sociais

O estabelecimento de ações sociais voltadas para a reabilitação e a reinserção do preso na sociedade esbarra na falta de projetos de política penitenciária. Não há estímulo a debates, senão a criação de fóruns que buscam soluções paliativas de curta duração. O preconceito e a falta de preocupação com a dignidade do preso dificultam a sensibilização da população, principalmente quando ela sofre constante violência e está sempre em busca da própria sobrevivência. Independentemente desses fatos, essas ações são necessárias senão pelo aspecto humano, ao menos pelo financeiro – o custo que um preso representa para a sociedade, além do custo social que representa para familiares, muitas vezes por crimes de pequena monta.

A impunidade, por outro lado, somente incentiva a escalada da violência. Quando o tema é colocado em discussão, as primeiras perguntas, feitas em tom descrente, são: O que fazer? Que ações sociais podem ser tomadas para que esses problemas sejam resolvidos?

Antes de investigar as medidas que devem ser tomadas – considerando o preso como um ser humano, com os mesmos direitos que qualquer outro cidadão – é preciso voltar o olhar para o sistema penitenciário e sua gestão, instância em que se iniciam os problemas.

A distribuição física dos estabelecimentos penitenciários pode ser considerada o primeiro erro. Nas penitenciárias não há locais que deem aos presos condições de trabalho e a educação voltada ao presidiário praticamente inexiste, pelo menos em uma escala que possa ser considerada eficaz. Pessoas sem nada a fazer desviam o pensamento de qualquer projeto de reinserção social e têm sua revolta aumentada a cada dia que passa.

Sem condições de trabalho e educação e jogado à própria sorte, o preso ainda encontra graves problemas com relação ao tratamento de saúde que recebe. A falta de remédios e de tratamento médico debilita a saúde de muitos deles, com o consequente aumento de uma revolta surda que se instala no lado psicológico. Assim, a gestão penitenciária se mostra como o primeiro ponto a ser levado em conta.

O tratamento que os presos recebem das pessoas responsáveis pela garantia de condições de vida mínimas no interior dos presídios é, em geral, feito por agentes penitenciários despreparados e policiais civis e militares protagonistas de lamentáveis cenas de tortura e abusos de toda ordem, em especial em presídios com população carcerária feminina. Assim, observamos a orientação que secunda a gestão do sistema penitenciário – a necessidade da efetivação de um programa de formação de pessoal qualificado para que os presos sejam tratados como seres humanos.

As penas aplicadas incorretamente, a presença de muitos inocentes privados da liberdade, a falta de atividades de recuperação, a permanência de presos após o cumprimento da pena em presídios – tudo isso vai aos poucos solapando as condições de vida e dirigindo o olhar das pessoas interessadas para que sejam tomadas medidas capazes de modificar o sistema judiciário, com aplicação de penas justas e que privilegiem a criação de condições sociais aceitáveis para o preso como ser humano.

Não é possível compreender a situação dos presídios se a analisarmos de modo isolado, por exemplo, em uma visita a um presídio de forma rápida e passageira. É necessária a permanência neles durante um tempo para que seja possível conhecer as rotinas. Os organismos que lutam por direitos humanos dos presos parecem cooptados pelo corporativismo político – sendo assim, grande parte das estatísticas não reflete a realidade no interior dos complexos penitenciários.

São necessários dados estatísticos sobre a vida e os processos de recuperação, com registro do que falta nos presídios, para que os presos tenham condições de vida aceitáveis. É preciso propor iniciativas que possam garantir a reinserção do egresso do sistema penal, sem que ele apenas seja devolvido em condições muito piores do que aquelas que apresentava quando foi recluso para o pagamento de dívidas com a sociedade – condições em que a sociedade é quem passa a ter dívidas não somente com o preso e seus familiares, mas também com a população como um todo.

Reflexão

Após a leitura dessas colocações iniciais, resumidas de relatos de pessoas que, sem aviso prévio das condições que iriam encontrar, conheceram o sistema penitenciário e saíram revoltadas com o tratamento desumano recebido pelos detentos, reflita sobre seu conteúdo. Prepare um pequeno ensaio no qual registre suas conclusões e procure inferir meios para a solução desses problemas, de forma que seja possível comparar o que você faria com aquilo que tem sido feito efetivamente. Não se esqueça de registrar as impressões em seu diário de bordo.

Ações das empresas

Com base no resumo apresentado no tópico anterior, você pôde observar a necessidade de extensão das medidas voltadas à população carcerária, além de constatar o fato de que elas não acontecem em uma única direção, pois envolvem o sistema penitenciário – no que se refere à estruturação física e à preparação dos colaboradores que irão prestar seus serviços – e também o sistema jurídico, com correção da legislação e de formas de execução penal e reabilitação do preso.

A proposta deste estudo é centralizar a ação das empresas sobre esse último aspecto, como uma delimitação do tema de estudo ante a sua amplitude e a impossibilidade de tratamento no âmbito geral.

Quando dirigimos a atenção para a análise da situação de ressocialização do preso, o índice que primeiro salta à vista é o percentual de reincidência. Estudos desenvolvidos pela Sociedade Brasileira de Direito Público[1] apontam números alarmantes, que revelam que, a cada dez presos egressos do sistema penitenciário, sete reincidem no crime (Agência Brasil, 2011).

Não há ações globais voltadas para que esse cenário se modifique. Elas são desenvolvidas de forma isolada por cada município e os programas têm pequena divulgação, o que diminui o seu alcance e dificulta a adoção de resultados positivos em outras localidades. Uma das iniciativas atuais que pode servir como incentivo é o Programa Começar de Novo, desenvolvido pelo Conselho Nacional de Justiça (CNJ), cujo propósito específico é diminuir a reincidência criminal. O órgão produz material relevante – *Cartilha da pessoa presa* (CNJ, 2012b) [2], *Cartilha da mulher presa* (CNJ, 2012a)[3] e *Cartilha*

---

[1] Para mais informações, acesse: <http://ultimainstancia.uol.com.br/conteudo/noticias/53005/indice+de+reincidencia+no+brasil+e+um+dos+maiores+do+mundo+diz+peluso.shtml>. Acesso em: 26 set. 2014.

[2] Para ter acesso à *Cartilha da pessoa presa*, acesse: <http://www.cnj.jus.br/images/programas/comecar-de-novo/publicacoes/cartilha_da_pessoa_presa_1_portugues_3.pdf>. Acesso em: 27 out. 2014.

[3] Para ter acesso à *Cartilha da mulher presa*, acesse: <http://www.cnj.jus.br/images/programas/comecar-de-novo/publicacoes/cartilha_da_mulher_presa_1_portugues_4.pdf>. Acesso em: 27 out. 2014.

do reeducando (CNJ, 2014)[4] – que visa orientar os presos com relação aos seus direitos e à forma de obtê-los, matéria de desconhecimento de praticamente todos os que estão nas penitenciárias brasileiras.

Aqui a ação das empresas se efetiva na oferta de cursos de capacitação, de vagas de trabalho para egressos do sistema penal e de diferentes formas e locais para efetivação de penas alternativas determinadas pelo judiciário. Aliadas a essas medidas externas, são efetivadas propostas de atendimento interno ao preso, com a criação de estabelecimentos conjugados às prisões, não somente para presos em fase final de cumprimento de penas. Existem diversas atividades (lavanderia, criação de hortas, entre outras) que exigem apenas mão de obra e pequeno investimento em equipamentos, sem necessidade de treinamento em virtude da pouca tecnologia envolvida.

Essa ação pode ser estendida com a entrega de trabalhos industriais que permitam o desenvolvimento de verticalização da produção (produção interna de tudo o que for possível para compor serviço ou produto final). A partir dessa perspectiva, grande parte do serviço necessário nas penitenciárias seria feito pelos próprios presos. Essa cadeia verticalizada poderia ser utilizada, por exemplo, na execução de trabalhos manuais metódicos e repetitivos, com a montagem de linhas de produção.

Modelos são adotados em alguns presídios por meio da manutenção de convênios com a indústria, nos quais o trabalho de montagem de mecanismos, ainda efetuado de forma manual, pode ser dividido pelas diferentes galerias, cada uma cuidando de uma etapa da produção (a montagem de chuveiros elétricos é um bom exemplo).

---

4   Para ter acesso à *Cartilha do reeducando*, acesse: <http://www.cnj.jus.br/images/programas/comecar-de-novo/cartilha_reeducando.pdf>. Acesso em: 27 out. 2014.

Além disso, delegar aos presos a possibilidade de sustentabilidade na alimentação, com estabelecimento de hortas, pode dar novas habilidades a pessoas que estão inativas. Quando o horário não é um problema impeditivo ao desenvolvimento de atividades, os trabalhos podem ser divididos em turnos, o que permite atender a necessidades emergenciais de diversas indústrias ou empresas de serviço (envelopamento de cartas e envio de correspondência, preparação de *clippings*, trabalho com material gráfico etc.).

Há possibilidade do desenvolvimento de iniciativas por meio das quais a empresa pode oferecer condições de formação técnica, com a proposição de programas educacionais que não se limitem à alfabetização ou à leitura de materiais de cursos supletivos. A qualificação de pessoas sem condições revela a má-fé de alguns programas, feitos apenas para caracterizar assistência onde ela não existe. Cursos em níveis mais avançados encontram a população carcerária sem condições de desenvolvimento, levando em consideração o baixo nível de escolaridade da maioria dos detentos.

Uma das principais fontes de trabalho se encontra na construção civil aplicada no interior dos presídios. O aumento das instalações físicas, com a criação de mais vagas em todos os serviços complementares que não exigem mão de obra qualificada, os quais podem ser desenvolvidos pelos presos.

Todos esses trabalhos podem dar às instituições um selo do programa, de acordo com a Portaria n. 49, de 30 de março de 2010, da Presidência do CNJ (CNJ, 2010). A oferta de cursos de capacitação e de vagas de trabalho para presos, além de condições para cumprimento de penas alternativas, estão entre as medidas que, quando tomadas, podem conferir o referido selo. Voltado especificamente para o empregador, o CNJ fornece também a *Cartilha do empregador* (CNJ, 2011)[5], que contém orientações para a contratação de pessoas sob a égide do Programa Começar de Novo.

Se algo está sendo feito, é necessário que seja divulgado e sugerido para todas as empresas, com o envolvimento dos seus colaboradores em atividades de auxílio. Existem pastores de algumas igrejas que visitam os presos e orientam os seguidores a visitarem aqueles que foram abandonados à própria sorte, esquecidos nas penitenciárias – casos em que as prisões atuam como depósitos de seres humanos em processo de decomposição e degradação moral.

Essas iniciativas devem ter o propósito de que se enxergue a detenção como o único meio que pode transformar indivíduos infratores. As condições das penitenciárias demonstram que não há possibilidade de que essas pessoas refaçam ali a sua vida. Para serem trazidas novamente para a sociedade, é preciso que recebam tratamento diferenciado.

Reflexão

É importante que as pessoas abandonem bordões como "Lugar de preso é na cadeia", "Preso bom nasceu morto", entre outros comumente utilizados quando a ressocialização do preso é incentivada. Analise os parágrafos anteriores e procure propor, em um pequeno ensaio, formas diferenciadas de desenvolver a atividade de ressocialização do preso. Anote e registre as considerações.

---

5   Para mais informações sobre a *Cartilha do empregador*, acesse: <http://www.fiesp.com.br/arquivo-download/?id=1504>. Acesso em: 27 out. 2014.

Como complemento ao capítulo, é importante destacar o trabalho desenvolvido pela Fundação de Amparo ao Trabalhador Preso (Funap, 2014)[6] nos processos de reinserção, a qual sugere as seguintes ações a serem oferecidas aos apenados ou egressos dos sistemas penitenciários:

- Apoio jurídico.
- Alfabetização.
- Ensino fundamental e médio.
- Criação de salas de leitura e bibliotecas.
- Montagem de laboratórios com computadores e acesso controlado às grandes redes.
- Ciclos de palestras (artesanato, informática, teatro, formação humana, música, meio ambiente, línguas e outros).
- Cursos profissionalizantes (gestão, cidadania, mercado, empreendedorismo, cooperativismo e outros).
- Oferta de trabalho em órgãos públicos, empresas privadas e terceiro setor.
- Criação de oficinas de produção próprias (uniformes, tapeçaria, móveis, cadeiras, papel e reciclagem).

Exercício

Procure na internet outros órgãos e iniciativas federais ou estaduais e registre-os. Se você for consultado sobre medidas possíveis para a reinserção de presos, terá um referencial de apoio. Anote o resultado de suas reflexões no diário de bordo.

---

[6] Para mais informações sobre a Funap, acesse: <http://www.funap.sp.gov.br>. Acesso em: 6 nov. 2014.

Contratação de serviços penitenciários

Com base na *Cartilha do empregador* (CNJ, 2011), são indicadas diferentes formas de contratação dos serviços penitenciários. A cartilha sugere a oferta de serviços a apenados que ainda estão em cumprimento de pena, a egressos e a jovens em cumprimento de medidas socioeducativas.

O receio de alguns empresários propensos a agir nesse sentido diz respeito a aspectos relacionados à segurança. Trata-se de uma questão de escolha, considerando que detentos tendem a apresentar melhor comportamento quando inseridos socialmente, o que diminui as chances de reincidência. A decisão negativa, que pode ser equivocada, parte às vezes dos serviços internos dos presídios envolvidos no processo e está relacionada à confiança nesse serviço – voltado a prestar um acompanhamento que não representa a tutela do Estado sobre a empresa ou um beneficiado com o programa.

Os temas de destaque assinalados na cartilha e em outros programas de reinserção social se circunscrevem a um processo de inclusão produtiva, qualificação profissional e proteção social. A participação de organizações privadas é necessária quando observamos, nos indicativos oferecidos pelo Sistema Integrado de Informações Prisionais do Detento[7] (Infopen), no qual são apresentados resultados de 2012, um número próximo de 500 mil presos no Brasil, dos quais apenas 8% estudam e 19% trabalham. São números que nos levam a recomendar o estabelecimento de iniciativas capazes de transformar esse panorama (Efes, 2012).

---

7 Conheça mais sobre o Infopen no *site*: <https://www.seds.mg.gov.br/images/seds_docs/efap1/Nelio/2012/MATERIAL/infopen.pdf>. Acesso em: 26 set. 2014.

É importante as empresas saberem que existem incentivos que fazem com que o custo de admissão de apenados seja menor do que o de um empregado comum. Essas vantagens estão em decretos estaduais – por exemplo, o Decreto Estadual n. 44.184, de 23 de dezembro de 2005 (Minas Gerais, 2005). Nesse documento estão estabelecidas as seguintes condições:

- *O trabalho do preso, interno e externo, não está sujeito ao regime de emprego da CLT;*
- *A remuneração mínima corresponde a 3/4 do salário mínimo;*
- *Os apenados, enquanto permanecerem nos regimes fechado e semiaberto, são considerados contribuintes facultativos da Previdência, e não mais segurados obrigatórios na condição de contribuintes individuais (Decreto n. 7.054/2009);*
- *Somente são encaminhados às vagas de trabalho externo, em órgãos públicos e empresas, candidatos selecionados pela Comissão Técnica de Classificação (CTC) de cada unidade penal, a qual é presidida pelo Diretor da unidade e composta por equipe multidisciplinar;*
- *O trabalho externo, em instituições privadas e órgãos públicos, é supervisionado pela Superintendência de Atendimento ao Sentenciado da Subsecretaria de Administração Penitenciária, por meio de inspeções periódicas;*
- *O sentenciado tem direito à remuneração apenas pelos dias efetivamente trabalhados, sendo vedados o abono de faltas e o pagamento no período de saída temporária ou em qualquer outra situação em que não haja a efetiva prestação de serviços;*
- *Nas licitações para obras de construção, reforma, ampliação e manutenção de estabelecimento prisional, a proposta de aproveitamento, mediante contrato, de mão de obra de presos, poderá ser considerada como fator de pontuação, a critério da administração.*
(Minas Gerais, 2005)

As mediações são feitas pela Funap – um órgão estatal que cumpre uma missão: contribuir para a inclusão social de presos e egressos, desenvolvendo seus potenciais como indivíduos, cidadãos e profissionais e sugerindo ações que podem ser apropriadas em benefício das condições de atendimento ao preso.

■ ──────────── Leitura complementar

A polêmica que gira em torno do assunto da reabilitação do preso justifica uma atividade de reflexão – imagine formas pelas quais ela pode ser efetivada, envolvendo a sociedade e as empresas. Leia novamente o texto, discuta com seus amigos e coloque a sua opinião sobre o assunto. Ao final do processo, proceda como recomendado em outras atividades. Aproveite para aumentar sua biblioteca digital com os materiais de leitura complementar indicados a seguir:

MADEIRA, L. M. A atuação da sociedade civil na ressocialização de egressos do sistema penitenciário. In: CONGRESSO LUSO-AFRO-BRASILEIRO DE CIÊNCIAS SOCIAIS, 8., 2004, Coimbra. **Anais**... Coimbra: Universidade de Coimbra, 2004. p. 1-20. Disponível em: <http://www.ces.fe.uc.pt/lab2004/inscricao/pdfs/painel38/LigiaMoriMadeira.pdf>. Acesso em: 18 jun. 2014.

SANTOS, S. M. **Ressocialização através da educação**. 2009. Disponível em: <http://www.egov.ufsc.br/portal/sites/default/files/anexos/31250-34757-1-PB.pdf>. Acesso em: 18 jun. 2014.

12

APOIO À INCLUSÃO DE PESSOAS COM NECESSIDADES ESPECIAIS

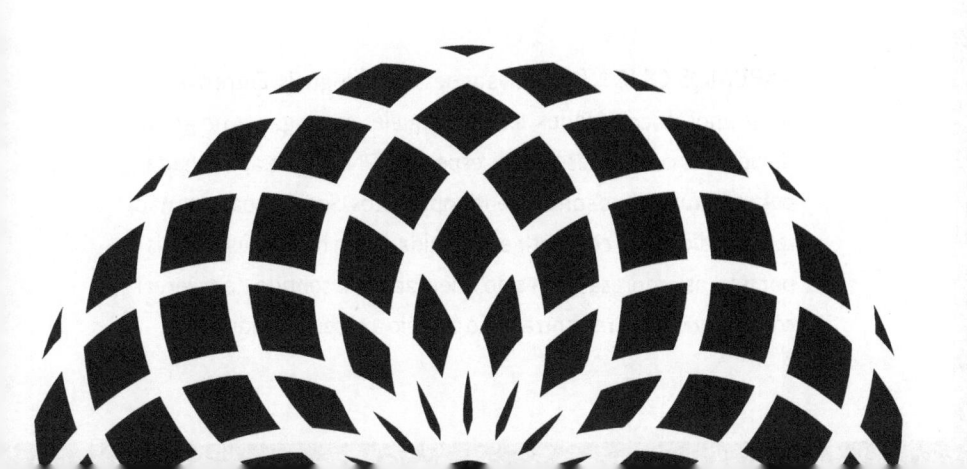

12

SABEMOS QUE NEM todas as pessoas são iguais. Entre os diversos grupos discriminados, existem aqueles catalogados no grupo de pessoas com necessidades especiais (PNEs), não aparelhadas pela natureza e que sofrem seus imprevistos. São pessoas que não têm condições de competir em igualdade em relação às demais — por isso, as empresas têm sido orientadas no sentido de reservar cotas ou vagas para contratação e apoio a esses indivíduos.

Iniciamos o tratamento com o seguinte questionamento: Como chamar as pessoas com problemas físicos, as quais têm sido chamadas de *deficientes físicos*? O assunto foi tratado na Convenção Internacional para Proteção e Promoção dos Direitos e Dignidade das Pessoas com Necessidades Especiais, com a diretriz de ser aprovada pela Assembleia Geral da Organização das Nações Unidas (ONU) e promulgada, posteriormente, por meio de lei nacional de todos os países-membros. No Brasil, isso ocorreu mediante o Decreto n. 6.949, de 25 de agosto de 2009 (Brasil, 2009)[1].

Há certo temor ou hipocrisia ao tratar do assunto. As próprias pessoas portadoras estão discutindo entre si o modo como desejam ser chamadas. Parece ser ponto comum em todas as publicações a preferência pelo termo *pessoas com necessidades especiais*. Sassaki (2003) considera que elas acabam sendo chamadas de *pessoas deficientes* em virtude das seguintes ações da sociedade:

- esconder ou camuflar o problema;
- aceitar o consolo da falsa ideia de que todo mundo tem algum problema similar;
- não mostrar com dignidade a realidade do problema;
- não valorizar as diferenças e as necessidades decorrentes da situação;
- não combater os neologismos que tentam diluir as diferenças, tais como *pessoas com capacidades especiais, pessoas com eficiências diferentes, pessoas com habilidades diferenciadas, pessoas deficientes, pessoas especiais*, ou argumentos como "é desnecessário discutir a questão das necessidades especiais porque todos nós somos

---

[1] Para mais informações sobre a lei nacional dos países-membros da ONU, acesse: <http://www.planalto.gov.br/ccivil_03/_ato2007-2010/2009/decreto/d6949.htm>. Acesso em: 26 set. 2014.

imperfeitos", "não se preocupem, aceitaremos vocês sem olhar para as suas necessidades especiais");
- não defender a igualdade entre as pessoas com necessidades especiais e as demais em termos de direitos e dignidade, o que exige a equiparação de oportunidades para pessoas com necessidades especiais, de modo a atender as diferenças individuais e as necessidades especiais, que não devem ser ignoradas;
- não identificar nas diferenças todos os direitos pertinentes a elas para, a partir daí, encontrar medidas específicas para o Estado e a sociedade diminuírem ou eliminarem as "restrições de participação" (dificuldades ou incapacidades causadas pelo ambiente humano e físico contra as pessoas com necessidades especiais).

Reflexão

Desenvolva uma atividade de reflexão sobre esse texto inicial, expondo sua concordância ou discordância e justificando sua posição.

Questões de igualdade

As questões de igualdade estão presentes em praticamente todos os fóruns voltados para as causas sociais, que convergem em alguns sentidos de modo a proporcionar um tratamento igualitário entre as pessoas com necessidades especiais e as demais em todos os campos de atividades humanas, respeitadas as limitações de cada uma delas. Tal convergência de propostas leva em consideração as seguintes medidas (Brasil, 2009):

- Sensibilizar o Estado para a aplicação das leis e recomendações;
- Garantir a igualdade de tratamento no emprego e na atividade profissional;
- Melhorar a integração dessas pessoas na estratégia de criação de novas oportunidades de trabalho no mercado contemporâneo;
- Promover o diálogo social dessas pessoas em todas as esferas da vida social;
- Garantir a educação e a aprendizagem ao longo da vida;
- Sensibilizar as empresas para questões relacionadas com a necessidade especial, principalmente no contexto da responsabilidade e da autoridade social, conforme estamos tratando neste material;
- Promover a integração das demandas das pessoas com necessidades especiais nos domínios da saúde e da segurança.

Existem estudos para o uso das tecnologias da sociedade da informação e da comunicação com vistas a equiparar as possibilidades das pessoas com necessidades especiais. Essas tecnologias recebem o nome de *tecnologias capacitantes* e estão em desenvolvimento com o objetivo de cobrir todas as necessidades levantadas e estudadas – o maior número se refere a pessoas com necessidades especiais relacionadas à visão no acesso a computadores. Um dos programas mais ativos é o projeto Oficina do Futuro[2], que engloba capacitações por meio de cursos modulares de forma presencial e a distância com as mais modernas técnicas de mercado e acesso a laboratórios sofisticados, preparados para dar suporte às tecnologias envolvidas e com acessibilidade para pessoas com necessidades especiais (Oficina do Futuro, 2009).

---

2 Para mais informações sobre o Projeto Oficina do Futuro, acesse: <http://www.oficinadofuturo.com.br>. Acesso em: 6 jun. 2009.

Esses estudos levam em conta a educação a distância e o *e-learning* como possibilidades concretas para democratizar o acesso das pessoas com necessidades especiais ao processo de ensino e aprendizagem. Nos dias atuais, essas considerações são inseridas como "usabilidade"[3] das interfaces dos *sites* da internet com relação aos problemas dessas pessoas.

As questões de acessibilidade a áreas públicas e privadas já têm regras específicas, mesmo que não cumpridas em sua totalidade, mas ainda dependem de uma conscientização das pessoas responsáveis. Transporte e mobilidade podem ser considerados em um patamar que atende à maioria das reivindicações dessas pessoas.

No afã de conseguir apoio comunitário, público e do setor privado, as ações propostas devem ser acompanhadas da integração entre as iniciativas públicas e comunitárias, além de contar com a colaboração do terceiro setor e da iniciativa privada, com a empresa desenvolvendo um olhar diferenciado para o processo de igualdade dessas pessoas. Esse é um processo considerado parte integrante da efetivação da responsabilidade e autoridade social, um modo de aplainar o caminho para a igualdade. Dessa forma, prevê-se a integração de grande contingente de pessoas nessa situação.

A igualdade entre todos não pode ser considerada um favorecimento, mas um direito inalienável garantido na Declaração Universal dos Direitos Humanos e em relatórios e legislações específicas. Como indivíduos ou instituições componentes da sociedade, não podemos nos furtar a atender a esse justo reclamo social.

---

3 Fator que mede a eficiência das interfaces e é obtido pelo quociente entre o número de sucessos em relação ao número de acessos. Quanto mais próxima da unidade, melhor a indicação da interface como de alta usabilidade.

■ ──────────────────────── **Reflexão**

Questione as reivindicações de igualdade reclamadas pelas pessoas com necessidades especiais e as propostas em pauta para atendê-las, a fim de melhorar as condições de vida desses indivíduos. Ao final do trabalho proceda como em outras atividades.

────────────────────────────────── ■

Legislação

Há uma série de legislações que protegem as pessoas com necessidades especiais. Com relação ao mundo do trabalho, a Convenção 159 da Organização Internacional do Trabalho (OIT), de 1983, define *pessoa com necessidade especial* como aquela "cuja possibilidade de conseguir, permanecer e progredir no emprego é substancialmente limitada em decorrência de uma reconhecida desvantagem física ou mental". Com base nessa referência, relatórios recentes da OIT[4] estimam que elas representem 8% da população economicamente ativa do planeta (OIT, 2012).

De forma subsequente, temos como de interesse para leitura e apreciação das pessoas interessadas no assunto as seguintes legislações:

- Lei n. 7.853, de 24 de outubro de 1989, que referenda a Convenção 159 da OIT em 1989 (Brasil, 1989)[5];

---

4   Para mais informações sobre a Convenção 159 da OIT, acesse: <http://www.oit.org.br/node/876>. Acesso em 26 set. 2014.
5   Para mais informações sobre a lei que referenda a Convenção 159 da OIT, acesse: <http://www.planalto.gov.br/ccivil_03/leis/l7853.htm>. Acesso em: 28 set. 2014.

- Lei n. 8.213, de 24 de julho de 1991 (Brasil, 1991a)[6];
- Decreto n. 3.298, de 20 de dezembro de 1999 (Brasil, 1999a)[7];
- Lei n. 10.098, de 19 de dezembro de 2000 (Brasil, 2000)[8].

Em âmbito internacional, destaca-se a Declaração dos Direitos das Pessoas Portadoras de Necessidade Especial[9], publicada em 1975, a qual defende como direito o respeito à dignidade e a consideração às necessidades individuais (USP, 2014). Mais recentemente, tivemos a publicação da Convenção sobre os Direitos das Pessoas com Necessidades Especiais[10], já citada e que pode ser lida na íntegra no endereço correspondente (Brasil, 2009).

O apoio a essas pessoas carreia para a organização a simpatia da sociedade o que pode trazer vantagens – uma vez que elas formam um grupo de pessoas de diversas culturas, situações financeiras e níveis de formação. Os problemas em pauta podem ser naturais ou adquiridos em virtude de acidentes e doenças.

---

6   Para mais informações sobre a lei dos planos de benefícios da Previdência Social, acesse: <http://www.planalto.gov.br/ccivil_03/leis/l8213cons.htm>. Acesso em: 28 set. 2014.
7   Para mais informaçõe, acesse: <http://www.planalto.gov.br/ccivil_03/decreto/d3298.htm>. Acesso em: 28 set. 2014.
8   Para mais informações sobre acessibilidade das pessoas portadoras de deficiência ou com mobilidade reduzida, acesse: <http://www.planalto.gov.br/ccivil_03/leis/l10098.htm>. Acesso em: 28 set. 2014.
9   Para mais informações sobre a Declaração dos Direitos das Pessoas Portadoras de Necessidade Especial, acesse: <http://www.direitoshumanos.usp.br/index.php/Direito-dos-Portadores-de-Defici%C3%AAncia/declaracao-de-direitos-das-pessoas-deficientes.html>. Acesso em: 28 set. 2014.
10 Para mais informações sobre a publicação da Convenção sobre os Direitos das Pessoas com Necessidade Especial, acesse: <http://www.planalto.gov.br/ccivil_03/_ato2007-2010/2009/decreto/d6949.htm>. Acesso em: 6 nov. 2014.

---------- **Exercício** ----------

Analise o documento a seguir com um olhar crítico, que nesta altura esperamos estar suficientemente desenvolvido e que certamente será mais apurado na sequência do curso. Anote as críticas e sugestões e guarde o resultado para consultas posteriores.

USP – Universidade de São Paulo. Biblioteca Virtual de Direitos Humanos. **Declaração de Direitos das Pessoas Deficientes**: 1975. Disponível em: <http://www.direitoshumanos.usp.br/index.php/Direito-dos-Portadores-de-Defici%C3%AAncia/declaracao-de-direitos-das-pessoas-deficientes.html>. Acesso em: 28 set. 2014.

A categorização do nível de necessidade especial é inevitável, tendo em vista que os problemas podem ser físicos, sensoriais ou mentais. Cresce em todo o mundo a compreensão de que é preciso incluir essas pessoas, como uma questão ética de efetivação da responsabilidade e autoridade social, tanto individual quanto das empresas contemporâneas. A dificuldade reside no preconceito para que sejam adotadas como medidas favoráveis. Elas podem variar em profundidade. As organizações e os indivíduos podem colaborar tornando as seguintes medidas:

- Auxílio financeiro às instituições voltadas para atendimento e inclusão dessas pessoas;
- Participação em iniciativas comunitárias direcionadas a programas diversos de inclusão, envolvendo atividades esportivas, sociais, entre outras;
- Respeito aos direitos estabelecidos na legislação.

As corporações também podem ir além dessas iniciativas básicas, mantendo, contratando e promovendo essas pessoas, dando-lhes condições de desenvolvimento profissional e participando como patrocinadoras de parceiros de sua cadeia de valor e de iniciativas desenvolvidas pela comunidade, além de incentivar o voluntariado individual. O importante é quebrar o modelo assistencialista e fazer com que as pessoas participem das atividades de forma plena, dentro das limitações que impedem sua ação.

Ações das empresas

A inclusão das pessoas com necessidade especial é parte da responsabilidade e autoridade social das empresas. Sendo assim, é preciso buscar trazer a diferença para seu interior, combatendo o preconceito e reconhecendo a igualdade essencial entre as pessoas. Essa é uma prática sugerida como parte da postura ética a ser adotada como valor nos negócios.

Ressaltamos, nesse sentido, que a organização pode auferir vantagens (argumento de convencimento) em troca da aplicação de sua capacidade de transformação social. Ao adotar políticas inclusivas, ela estabelece diferenciais competitivos em relação ao reforço da marca e à criação de uma imagem institucional que favorece a conquista e a fidelização de clientes aos seus serviços ou produtos.

Como subproduto, há uma tendência à melhoria do ambiente interno, o que reforça o espírito de equipe e a consideração da empresa como um bom local para se trabalhar. No entanto, existem preconceitos que devem ser superados. O primeiro ocorre quando o desempenho e a produção dessas pessoas superam as expectativas do início do contrato. Nesses casos, todo o apoio inicial pode se transformar em má vontade, demonstrada a partir dessa constatação.

Inserir essas pessoas em uma organização cujo clima apresenta problemas pode representar um possível bloqueio para sua evolução no trabalho e pode gerar comportamentos não recomendados – atividades de *bullying*[11]. Esse é um cuidado necessário, pois pode estender o problema, dificultando a tomada de novas iniciativas.

Em situação oposta, a inclusão dessas pessoas em empresas onde há um bom clima organizacional pode servir como aspecto motivador para os demais empregados, fazendo com que estes se tornem mais colaborativos e produtivos. Ainda que não seja regra geral, há possibilidade de maior humanização do ambiente de trabalho, com a diminuição de competição.

Quando as gerências intermediárias e a cúpula da corporação participam de forma ativa, configurando a ação como um compromisso do grupo, o despertar da consciência quanto à necessidade de respeito à diferença pode se tornar mais efetivo.

Nesse sentido, há um cuidado que as empresas devem tomar no que diz respeito às instalações, pois estas devem apresentar condições de trabalho para essas pessoas. É necessário um planejamento minucioso da proposta e uma divulgação antecipada para todos os colaboradores que atualmente prestam serviço. Esse planejamento deve estabelecer políticas capazes de evitar a segregação e o isolamento dessas pessoas. É importante também adequar as expectativas dentro de uma realidade possível para evitar decepções que impeçam a continuidade do programa.

---

[11] Termo utilizado na descrição de atos de violência física ou psicológica praticados contra alguma pessoa, não importa por quais razões.

Leitura complementar

Acesse os textos indicados a seguir para leitura complementar. Em seguida, faça suas anotações e registre-as no diário de bordo.

BRASIL. Senado. Comissão de Valorização. Como chamar as pessoas com necessidade especiais? **Conversa Pessoal**, ano 6, n. 70, set. 2006. Disponível em: <http://www.senado.gov.br/sf/senado/portal doservidor/jornal/jornal70/utilidade_publica_pessoas_deficiencia. aspx>. Acesso em: 14 jun. 2014.

BRASIL. Senado. Portadores de deficiências avisam: querem ser tratados como iguais. **Conversa Pessoal**, ano 6, n. 70, set. 2006. Disponível em: <http://www.senado.gov.br/senado/portaldoservidor/jornal/jornal70/utilidade_publica_pessoas_iguais.aspx>. Acesso em: 14 jun. 2014.

ONU – Organização das Nações Unidas. Convenção sobre os Direitos de Pessoas com Necessidade Especial: protocolo facultativo à convenção sobre os direitos das pessoas com deficiência (a ser adotado simultaneamente com a Convenção). **Bengala Legal**, 2006. Disponível em: <http://www.bengalalegal.com/convencao.php>. Acesso em: 14 jun. 2014.

13

APOIO À ERRADICAÇÃO DA POBREZA E AOS PROCESSOS DE INCLUSÃO SOCIAL

13

NADA MAIS TRISTE que o espelho da miséria apresentado em cartazes chamativos, quando apelos para a erradicação da pobreza e dos processos de exclusão social são divulgados na mídia. A individualidade cada vez maior faz com que as pessoas considerem normais esses processos, como se fossem consequências do destino – o que faz com que sejam banalizados, ainda que contra os apelos sociais, como expressa Dejours (2007). Assim, é importante que, entre as ações das empresas, haja um espaço para o tratamento desse tema.

Dados do Instituto de Pesquisa Econômica Aplicada (Ipea)[1] mostram que, apesar de o Brasil ter o 8º PIB, (Produto Interno Bruto) do mundo em uma competição com 25 países, com quase R$ 800 bilhões anuais, tem hoje mais da metade da população vivendo abaixo da linha da pobreza (D'ercole; Beck, 2014). São 85 milhões de brasileiros nessa situação, sem condições mínimas de garantir suas necessidades básicas.

Esses parágrafos introdutórios destacam a importância de um trabalho conjunto entre Estado, sociedade civil e empresas, com vistas a efetivar um processo de responsabilidade e autoridade social e comportamentos éticos no mercado, dirigindo ações que contribuam para erradicar essa situação do entorno social brasileiro e em nível mundial, onde se observam condições idênticas ou piores.

Os dados do Ipea (2010) revelam que a distribuição da pobreza no Brasil (por região) é a seguinte: no Nordeste, 80% dos 45,4 milhões de habitantes; no Norte, 68% da população; e no Centro-Oeste, 51%. O Sudeste (43%) e o Sul (39%) continuam sendo as regiões com menores índices percentuais de pessoas vivendo abaixo da linha de pobreza; já o estado brasileiro em pior situação é o Maranhão, onde 86% da população vive na miséria, seguido por Piauí (83%) e Tocantins (81%) (Ipea, 2010).

Em nível mundial, a situação é ainda pior. Segundo levantamento da Conferência das Nações Unidas para Comércio e Desenvolvimento (UNCTAD, 2014)[2], o número de pessoas que vivem com menos de 1 dólar por dia nos 49 países mais pobres

---

1 Sobre o tema, confira o *site*: <http://oglobo.globo.com/economia/pib-do-brasil-fica-em-8-lugar-na-comparacao-com-25-paises-11732485>. Acesso em: 28 set. 2014.
2 Para mais informações, acesse: <http://unctad.org/en/Pages/Home.aspx>. Acesso em: 28 set. 2014.

do mundo – principalmente na África – mais do que duplicou nos últimos 30 anos: chegou a 307 milhões, o que equivale a 65% da população africana. As estimativas são de que esse número pode chegar a 420 milhões em 2015.

A globalização, processo que diminui as barreiras internacionais, tem sido apontada como a principal responsável pelo agravamento da pobreza internacional. Prevê-se que a mudança climática e o desastre ecológico que a acompanha somente venham a afirmar a diferença entre as classes, aprofundando o abismo entre os países ricos e os subdesenvolvidos e em desenvolvimento.

No relatório do projeto para o milênio da Organização das Nações Unidas – ONU (8 jeitos..., 2015a), são apresentados alguns dados que somente fazem crescer a preocupação com a eliminação da pobreza e da exclusão social no mundo:

1. Mais de um bilhão de pessoas vivem (melhor dizendo, sobrevivem) com um rendimento inferior a 1 dólar por dia.
2. Outros 2,7 bilhões de pessoas no mundo vivem com menos de dois dólares por dia.
3. Mais de um bilhão de pessoas não dispõem de água potável.
4. Mais de 840 milhões de pessoas são vítimas de fome crônica.
5. Estima-se em 11 milhões o número de crianças que morrem anualmente com a idade inferior a 5 anos.
6. São 6 milhões de crianças que morrem anualmente por motivo de doenças evitáveis, tais como o impaludismo e a pneumonia.
7. Calcula-se que, no mundo inteiro, 114 milhões de crianças não frequentam o ensino básico.
8. Mais de 1 bilhão de pessoas vivem em condições de extrema pobreza – a "pobreza que mata", uma vez que priva as pessoas dos recursos essenciais para enfrentarem a fome, a doença e os riscos ambientais.

Na declaração da reunião das Nações Unidas, que uniu 189 dirigentes mundiais, foi aprovada por unanimidade a Declaração do Milênio, a qual formulou oito objetivos concretos a serem atingidos entre os anos de 1999 e 2015, prazo já quase vencido sem que tais indicativos tenham sido atingidos:

1. Reduzir para metade a pobreza extrema e a fome.
2. Alcançar o ensino primário universal.
3. Promover a igualdade entre homens e mulheres.
4. Reduzir em dois terços a mortalidade infantil.
5. Reduzir em três quartos a mortalidade materna.
6. Controlar e começar a reduzir a propagação da Aids, da malária, entre outras doenças graves.
7. Garantir a sustentabilidade do meio ambiente.
8. Criar uma parceria mundial para o desenvolvimento. (8 jeitos..., 2015b)

É com base nesses dados que os organismos internacionais, sem o propósito de interferir em políticas internas, sugerem medidas para que qualquer processo de exclusão social seja eliminado.

A exclusão social

O que analisamos até agora é um fenômeno abrangente, que atinge pessoas que não tiveram acesso ao processo de educação e que vivem em situação de penúria extrema. Existe outro contingente menor em número, mas não em importância, referente às necessidades individuais, que é atingido por um processo denominado *exclusão social*. Todas as pessoas submetidas à pobreza são excluídas socialmente, mas nem todos os excluídos sociais se enquadram nessa categoria.

A exclusão é uma das diversas facetas da sociedade em geral, independentemente de sua ideologia, e nem sempre se refere aos aspectos econômicos, destacados quando trabalhamos com a análise da situação de pobreza extrema. A exclusão, conforme estamos tratando neste material, situa-se no nível de grupos sociais – e nesse processo estão as minorias, o que não quer dizer que somente estas possam ser consideradas excluídos sociais.

Pessoas com necessidades especiais podem sofrer discriminações e fazer parte do grupo dos excluídos sociais. Quando falamos em *minorias*, surge logo uma visão ou um pensamento voltado para a dimensão racial; esse processo, no entanto, se estende para minorias sociais, culturais, religiosas, de gênero, educacionais, de saúde etc.

Dissemos no início e vamos repetir: todas as pessoas sujeitas à pobreza extrema são excluídos sociais. Existe um contingente não contabilizado nas estatísticas submetido ao trabalho escravo ou semiescravo. Esse último grupo apresenta como principal diferença com relação aos casos de pobreza o fato de não participar do sistema. Mas o trabalho conjunto dessas pessoas pode sustentar a ordem econômica e social em alguns países; sem elas, o sistema não sobreviveria. Um dos maiores exemplos vem de estudos da ONU, segundo os quais há 25 milhões de pessoas submetidas a trabalho escravo ou semiescravo.

Não nos interessa a definição histórica do termo *escravo*, mas sim a caracterização do que é considerado trabalho escravo na atualidade. A Organização Internacional do Trabalho (OIT) adota hoje o conceito de *escravatura* hoje como o desenvolvimento de trabalho forçado – aquele exigido de uma pessoa sob ameaça de sanção e para o qual ela não tenha se oferecido espontaneamente. São trabalhos considerados degradantes e que colocam o ser humano em condições indignas.

Já existe uma variação chamada de *trabalho semiescravo*, cujo exemplo mais próximo são as crianças, de rua, que fazem malabarismo, vendem qualquer coisa nos semáforos das nossas cidades ou servem como mensageiros para o tráfico de drogas; há ainda os pequenos ladrões, que promovem arrastões a fim de conseguir dinheiro para comida ou drogas. Neste trabalho, buscamos formas de eliminar a pobreza, porém as ações podem, da mesma forma, não ser tão abrangentes, estando referenciadas em contextos diferentes daqueles do fenômeno da pobreza mundial.

Exercício

Antes de prosseguir com o tema da exclusão social, é importante que você adquira um conhecimento mais detalhado sobre trabalho escravo e semiescravo. Para que isso seja possível, recomendamos a leitura e a reflexão dos textos indicados a seguir e as anotações em seu diário de bordo. O periódico indicado trabalha com diversos aspectos do trabalho escravo e semiescravo, além de tratar de outros assuntos relativos à exclusão social.

PEC do trabalho escravo é aprovada no Congresso. **Repórter Brasil**, 28 maio 2014. Disponível em <http://www.trabalhoescravo.org.br/noticia/80>. Acesso em: 18 jun. 2014.

O QUE É trabalho escravo. **Repórter Brasil**. Disponível em: <http://reporterbrasil.org.br/trabalho-escravo>. Acesso em: 18 jun. 2014.

Quando em alguma comunidade se estabelece a concentração de riqueza e se cria uma situação de insensibilidade, podemos observar o crescimento da violência e o aumento da exclusão social em diversos segmentos.

Outro exemplo de exclusão social é o trabalho do Congresso Nacional visando excluir dos rendimentos assalariados todo um elenco de benefícios trabalhistas conquistados arduamente com o sacrifício de muitos trabalhadores, principalmente aqueles que envolvem questões de aposentadoria.

Observando essa diferenciação, neste eixo temático vamos considerar como as empresas podem atuar no sentido de eliminar a pobreza e a exclusão social. Daremos preferência ao tema da eliminação da pobreza, considerado mais crítico e abrangente.

Exercício

Retornando ao conteúdo do curso, vamos analisar as definições colocadas na sequência (Conteúdoescola, 2004), retiradas de um amplo referencial de sustentação de ações em prol da eliminação da pobreza. Expresse a sua opinião, faça críticas e sugestões. Ao término do trabalho, proceda como fez em outras atividades.

1. "uma impossibilidade de poder partilhar, o que leva à vivência da privação, da recusa, do abandono e da expulsão, inclusive, com violência, de um conjunto significativo da população, por isso, uma exclusão social e não pessoal. Não se trata de um processo individual, embora atinja pessoas, mas de uma lógica que está presente nas várias formas de relações econômicas, sociais, culturais e políticas da sociedade brasileira. Esta situação de privação coletiva é que se está entendendo por exclusão social. Ela inclui pobreza, discriminação, subalternidade, não equidade, não acessibilidade, não representação pública..." (Sposati, 1996).

2. "excluídos são todos aqueles que são rejeitados de nossos mercados materiais ou simbólicos, de nossos valores" (Xiberras, 1993).
3. "um processo (apartação social) pelo qual se denomina o outro como um ser 'à parte', ou seja, o fenômeno de separar o outro, não apenas como um desigual, mas como um 'não semelhante', um ser expulso não somente dos meios de consumo, dos bens, serviços etc., mas do gênero humano. É uma forma contundente de intolerância social" (Buarque, 1993).
4. "a desfiliação (exclusão) [...] representa uma ruptura de pertencimento, de vínculos societários [...] o desafiliado (excluído) é aquele cuja trajetória é feita de uma série de rupturas com relação a estados de equilíbrio anteriores, mais ou menos estáveis, ou instáveis..." (Castel, citado por Conteúdoescola, 2004).

A pobreza

Para verificar o estado de pobreza de determinado contexto social, geralmente não é necessário ir muito longe. Em alguma esquina perto de casa ou nas proximidades de regiões com muito movimento vamos encontrar pessoas mendigando e solicitando ajuda.

Crespo e Gurovitz (2002) propõem a utilização de um conceito multidimensional que leva em consideração a variação da pobreza de acordo com idade, gênero, cultura e outros contextos sociais. Com base nisso, os autores consideram que a pobreza pode ser definida como a falta do que é necessário para o bem-estar material, especialmente alimento, moradia, terra e outros ativos, ou a falta de recursos múltiplos que levam à fome e à privação física (Crespo; Gurovitz, 2002).

As pessoas, quando submetidas e esse estado, sentem o que os autores chamam de *aspecto psicológico da pobreza* – quando os pobres têm consciência da falta de voz, poder e independência e são sujeitos à exploração. Os autores entendem ainda que o problema de ausência de infraestrutura básica e as doenças também podem influenciar na determinação de estado de pobreza de algum grupo social (Crespo; Gurovitz, 2002).

A perspectiva do fim dos empregos, colocada por muitos analistas sociais, e a criação de uma sociedade na qual prevalece o trabalho informal (sem vínculo trabalhista) aumentam o receio e pioram a condição psicológica de pessoas com menos condições de competir.

As oportunidades de trabalho virtual (teletrabalho) – desenvolvido a partir de algum local não claramente definido, quando as empresas se resumem a um pequeno escritório e alguma secretária ou algum agente artificial inteligente registram contatos e localizam os proprietários dessas organizações – não são mais uma visão do futuro, mas algo que acontece em nosso dia a dia. São locais que vêm aos poucos sendo estabelecidos, com a tecnologia atuando como uma vilã responsável pela implantação de uma consciência egoísta e não solidária, travando uma luta que apenas banaliza os processos de injustiça social.

A caridade e a filantropia apenas não bastam mais para resolver um problema crônico e que cada vez mais se aprofunda. No panorama atual, a pobreza não pode mais ser caracterizada somente como falta de recursos financeiros; esse conceito se amplia a um processo de desemprego estrutural sem precedentes.

De acordo com a proposta de ampliação desse conceito, ele passa a englobar e, ao mesmo tempo, ser considerado parâmetro de caracterização da exclusão social. É preciso criar uma consciência nas instituições para o engajamento em uma disputa contra um vírus que corrói a sociedade atual e estabelece a pobreza progressiva de grandes contingentes em países menos favorecidos pelo desenvolvimento tecnológico, econômico e social.

É importante aceitar que a pobreza não é, e nunca foi, um fenômeno homogêneo. À medida que os fios da trama da renda, do emprego, da provisão e do acesso aos serviços públicos se interpenetram e se cruzam com as barreiras e os bloqueios ao exercício da cidadania de diferentes grupos sociais, a definição e a compreensão da pobreza mudam, bem como os programas, as políticas e os projetos válidos para a sua erradicação.

Falar em pobreza é tratar sobre a incapacidade de uma sociedade de assumir como tarefas cívicas obrigatórias a redução das desigualdades, o aumento das oportunidades e a redistribuição das riquezas. Hoje o problema não está em descobrir o que causa e gera pobreza, mas em identificar os múltiplos fatores, sejam culturais, sejam econômicos, sejam sociais, que estão impedindo a sua eliminação – e agir sobre eles.

Infelizmente, possíveis soluções e caminhos visando ao enfrentamento da pobreza ou à sua erradicação não constituem ainda uma ação articulada, de corresponsabilidade entre Estado, sociedade civil e grupos privados. Essa dificuldade de alcançar entendimento em termos de coparticipação na gestão do social pode ser herança de uma visão simplificada sobre a pobreza que vem sendo construída ao longo dos anos e que se contrapõe às noções de equidade e justiça social.

Reflexão

Leia o texto indicado a seguir, analise a proposta desenvolvida pelos autores e registre as suas considerações. Cada vez que você aprofunda os conteúdos com atividades complementares à leitura do texto, aumenta os conhecimentos sobre o assunto.

> CRESPO, A. P. A.; GUROVITZ, E. A pobreza como um fenômeno multidimensional. **RAE Eletrônica**, v. 1, n. 2, p. 1-12, jul./dez. 2002. Disponível em: <http://www.scielo.br/pdf/raeel/v1n2/v1n2a03.pdf>. Acesso em: 20 jun. 2014.

Ações das empresas

Para as empresas, os programas voltados para a eliminação da pobreza não podem mais ser considerados atividade de filantropia – mas ser parte da efetivação da responsabilidade e da autoridade social. É uma proposta que decorre da necessidade ética de devolver à sociedade parte dos benefícios que elas obtiveram no mercado. Também é sinal de visão estratégica, pois contribuir para a sustentabilidade social significa investir no futuro da economia e das próprias organizações. De acordo com tal percepção, elas devem superar as obrigações legais e os interesses imediatos.

Os comportamentos e as atitudes das corporações podem se tornar uma fonte de pobreza ou de enriquecimento, o que significa que elas têm a incumbência de deixar de considerar a pobreza como um problema à margem de sua responsabilidade. Sua ação pode ser isolada ou como apoio a iniciativas públicas. Entre as diferentes atitudes que podem ser desenvolvidas, a redução das desigualdades e o combate à pobreza são um aspecto importante, já que essas condições provocam outros problemas sociais. É preciso identificar possíveis soluções e eliminar as situações de discriminação e exclusão.

A direção da empresa pode liderar esse processo, tornando a erradicação da pobreza um eixo prioritário em seu planejamento e em suas ações. Internamente, as relações com funcionários, fornecedores, clientes e consumidores devem ser examinadas, com vistas a avaliar em que medida podem estar, direta ou indiretamente, gerando situações de pobreza ou, ao contrário, contribuindo para a sua superação.

Todas as corporações, não importa se grandes empreendedores ou microempresários, podem colaborar de forma decisiva com o propósito de eliminação da pobreza. Torna-se importante, nesse sentido, o pronunciamento da diretora-geral da Organização das Nações Unidas para a Educação, a Ciência e a Cultura (Unesco), Irina Bokova, na ocasião do Dia Internacional para Erradicação da Pobreza, em 17 de outubro de 2013 (Unesco, 2013)[3]. Suas colocações permitem antever a erradicação da pobreza como prioridade absoluta para qualquer política de desenvolvimento. A líder de um dos órgãos internacionais que mais propugna o desenvolvimento de iniciativas que permitam cumprir as metas do milênio considera que a pobreza é um obstáculo ao desenvolvimento e uma ameaça à paz (Unesco, 2013).

São posições que dão a exata dimensão desse problema social. Educação, inclusão social, inclusão digital e respeito ao multiculturalismo podem colaborar para a erradicação da pobreza. A meta é possível quando analisamos os dados – em 1990, 43% da

---

3   Para conhecer a íntegra do pronunciamento de Irina Bokova, diretora-geral da Unesco, acesse: <http://www.unesco.org/new/pt/brasilia/about-this-office/single-view/news/international_day_for_the_eradication_of_poverty_17_october-1/#.U4uORIZBmOU>. Acesso em: 26 set. 2014.

população mundial vivia em estado de pobreza, números que hoje estão em 21%, ainda um índice elevado, o que justifica qualquer proposta de urgência a ser efetivada pelas empresas (Unesco, 2013).

O trabalho diferenciado com políticas de gestão de pessoas para a criação de estratégias de seleção que privilegiem a contratação dos que não têm oportunidades, que estão à procura do primeiro emprego e que aspiram por recolocação depois de anos de trabalho constitui uma iniciativa que pode apresentar resultados positivos.

Propor a mesma política para toda a cadeia de valor organizacional, a fim de que todos adotem o mesmo comportamento, com envolvimento de fornecedores, é outra atividade com possível retorno positivo. As grandes corporações podem utilizar sua imagem e influência social para divulgar os programas governamentais e deles participar (Bolsa-Família e outros).

A efetivação de programas de conscientização nas comunidades de base, onde estão parte dos colaboradores – por meio da discussão e da elaboração de propostas de participação da sociedade em decisões governamentais – também pode colaborar com avanços significativos.

Independentemente do trabalho que a empresa pode realizar, é preciso diminuir o resultado de indicadores de pobreza que colocam o Brasil entre os países onde o problema de distribuição de renda é mais preocupante. Levantamento feito pelo Instituto Brasileiro de Geografia e Estatística (IBGE) em 2012 revela que 10% dos mais ricos detêm 42% de toda a renda do país (IBGE, 2012). O mesmo relatório traz números que mostram que 40% dos mais pobres ficam com somente 13,3% da renda. Os dados apresentam queda e diminuição dos índices mais críticos, mas ainda estão muito abaixo do que pode se esperar de um país com as condições que tem o Brasil.

■ ──────── Leitura complementar

Para completar seu trabalho, você pode acessar os materiais relacionados a seguir, os quais tratam especificamente das questões de exclusão social.

GOOGLE. **Indicadores de desenvolvimento mundial**. 9 nov. 2011. Disponível em: <http://www.google.com/publicdata/explore?ds=wb-wdi&met=ny_gdp_mktp_cd&idim=country:PRT&dl=pt-PT&hl=pt-PT&q=pib>. Acesso em: 16 jun. 2014.

IBGE – Instituto Brasileiro de Geografia e Estatística. **Síntese de indicadores sociais**: uma análise das condições de vida da população brasileira – 2012. Rio de Janeiro, 2012. Disponível em: <ftp://ftp.ibge.gov.br/Indicadores_Sociais/Sintese_de_Indicadores_Sociais_2012/SIS_2012.pdf>. Acesso em: 18 jun. 2014.

POCHAMAN, M. **Atlas da exclusão social**: agenda não liberal da inclusão social no Brasil. São Paulo: Cortez, 2005. v. 5.

14
APOIO AOS PROCESSOS DE INCLUSÃO DIGITAL

14

POUCOS ANOS ATRÁS, o apelo à inclusão digital não teria significado ou seria de menor importância. Porém, a acelerada evolução das tecnologias da informação e da comunicação (TICs) e o seu caráter excludente em relação àqueles que a ignoram – não importa por quais motivos –, mais notadamente por questões de exclusão social, justificam o seu tratamento como problema a ser enfrentado pelas organizações.

A sociedade atual é denominada por diversos pesquisadores (Castells, 1999; Feenberg, 2012; Tapscott; Willians, 2010) de *sociedade da informação e da comunicação*. Nela, o conhecimento passa a ser considerado mercadoria de elevado valor, sendo construído com base em um volume de informações nunca antes disponível para nenhuma das sociedades que nos antecederam.

Dessa forma, os processos de inclusão digital ganham destaque e são tratados de forma diferente de outras atitudes éticas e de responsabilidade das instituições, ainda que atuem em conjunto para eliminar mais uma das arestas que impedem a melhoria do Índice de Desenvolvimento Humano (IDH) do Brasil.

O conhecimento é algo legado. Nesse sentido, deve ser reconhecido como um bem que pertence a toda a humanidade – portanto um bem comum de todos, tendo de ser preservado e mantido à disposição para acesso via tecnologias da informação. Os processos de inclusão social visam diminuir o número de pessoas marginalizadas da sociedade da informação e democratizar o acesso às novas tecnologias, como forma de permitir a aquisição de novas competências e habilidades e aumentar as chances individuais em um mercado de trabalho extremamente competitivo, no qual o conhecimento tecnológico constitui grande diferencial.

A proposta de inclusão digital segue o direcionamento de que a sociedade da informação deve ser inclusiva. Lançando um olhar no entorno social da pós-modernidade, observamos exatamente o contrário: ela se mostra exclusiva, pois cada vez é maior o abismo entre os países mais desenvolvidos e os menos desenvolvidos ou em desenvolvimento.

Quando acessamos as comunidades estabelecidas em rede, observamos que a rede mundial de comunicações é um território livre, o que pode revelar um caminho para uma tecnologia da liberdade e o reconhecimento do multiculturalismo global.

Em contraposição, ela aumenta a possibilidade de exploração do pobre pelo rico, visando à opressão dos desinformados e levando ao aumento da exclusão e à afirmação de ideologias dominantes. Até o presente momento percebemos que esse processo ainda não se confirmou como algo definitivo, mas existem tentativas nesse sentido que devem ser evitadas. Países ricos têm resistido à proposta de criação do Fundo Solidariedade Digital (Musafir, 2005), o que poderia promover a inclusão em diversas partes do mundo.

Para que a tecnologia seja utilizada como instrumento de inclusão social, é necessário que o estado de independência ou democracia eletrônica seja preservado, considerando o bem-estar comum. Sem isso, novos processos de repressão podem ser estabelecidos, frustrando as expectativas do uso da tecnologia contra a exclusão implantada por meio de seu próprio desenvolvimento. A visão de uma sociedade denominada por uma perspectiva tecnocrática não é nada agradável – ela lembra a "sociedade do grande irmão", descrita com propriedade por George Orwell (2009) em sua obra *1984*.

Sociedade da informação e da comunicação

Neste estudo, a sociedade atual vêm sendo denominada *sociedade da informação e da comunicação*. Não se trata de apenas mais uma sigla para popularizar o folclore, mas uma realidade à qual todos precisam se acostumar. Ela surge como consequência da revolução tecnológica, cujo complexo e elevado desenvolvimento tem colocado a sociedade em alerta. Muitas pessoas se veem despreparadas para enfrentar a extrema velocidade com que as coisas se tornam reais e possíveis, em razão dessa nova visão de alta produtividade.

Os computadores e o desenvolvimento das telecomunicações são responsáveis pelo nascimento e desenvolvimento de uma nova sociedade, que surge como substituta da sociedade industrial. A rede mundial de comunicação reduz ou elimina as distâncias e dá uma nova configuração ao conceito de *tempo*, além de estabelecer novos tipos de relacionamento entre as pessoas.

Assim, a sociedade contemporânea – a sociedade da informação e da comunicação – vai sendo dirigida pelas Novas Tecnologias da Informação e da Comunicação (NTICs), que impõem novos problemas, múltiplas atividades e muita polêmica a respeito dos seus efeitos sociais.

Nesse contexto, os níveis de colaboração se tornam quase imensuráveis; além disso, a desterritorialização[1] acaba sendo cruel para algumas economias e positiva para outras, pois a transferência de um complexo organizacional hoje é simplificada pelo o fato de uma parte ou o todo estarem apoiados na virtualidade, independentemente de onde as pessoas estejam. Apontamos, a seguir, algumas características importantes que marcam esse novo momento histórico:

- O surgimento e a evolução dos computadores.
- O surgimento e a evolução das redes de comunicação.
- O surgimento da internet.
- A evolução das tecnologias para armazenamento e recuperação seletiva das informações (*data mining*[2] – prospecção de dados – e

---

[1] A desterritorialização, no aspecto econômico, refere-se à mobilidade das indústrias em busca de mão de obra mais barata, sem levar em consideração os efeitos sociais que ela provoca, de acordo com a visão proposta por Giddens (1991).

[2] É assim chamada a atividade de pesquisa de informações desenvolvida nas grandes redes.

data warehouse[3] – armazenamento de dados) e a disseminação dessa informação em nível planetário.

- O surgimento e o incremento da interatividade entre as pessoas.
- A criação e a grande popularidade alcançada pelo hipertexto, que, por ser similar à forma como o ser humano pensa, pode ser considerado uma das formas responsáveis pelo maior fenômeno de comunicação de todos os tempos.
- A multimídia, a hipermídia e a estrada do futuro antevista por Bill Gates, quando considerava que todo o conhecimento criado pelo homem deve circular na superestrada da informação, transformada na rede mundial de comunicações.
- O impacto social dessas tecnologias, com efeitos devastadores em todos os campos (nocivos ou benéficos), alterando aspectos acadêmicos, culturais, econômicos, sociais, políticos, jurídicos e legais.

O conhecimento passa a ser considerado "insumo" para a economia globalizada e novas formas de criação são propostas a partir do grande e crescente volume de informações disponíveis. Os relatórios da Conferência das Nações Unidas para Comércio e Desenvolvimento (UNCTAD)[4] reconhecem, de forma tácita, que a economia mundial está se transformando em uma economia baseada nas TICs (UNCTAD, 2012) .

Castells (1999) argumenta que vem sendo criado um mercado financeiro global e independente, operado por redes de computadores, com um novo conjunto de regras para o investimento do capital e a avaliação de ações e títulos em geral. Os mercados

---

3   É assim chamada a atividade de armazenamento das informações captadas nas grandes redes.
4   Para mais informações, acesse: <http://unctad.org/en/PressReleaseLibrary/PR12039_pt_IER.pdf>. Acesso: em 8 jun. 2014.

financeiros vão se tornando interligados e acabam por operar como uma unidade em tempo real por todo o globo.

Essas são as características básicas da sociedade da informação e comunicação, cujos efeitos sociais do desenvolvimento tecnológico e cujas percepções a respeito de como será o mundo em um futuro próximo restam ainda sem mensuração. Podemos apenas supor que a sociedade que nos sucederá será muito diferente daquela em que vivemos atualmente – espera-se que para melhor, mas sem a certeza e o otimismo propostos pelo Iluminismo[5] quando do surgimento da sociedade industrial.

Ações de inclusão digital

As ações de inclusão digital têm como objetivo a igualdade na sociedade da informação e da comunicação. Elas partem de novas formas de associativismo que podem permitir o acesso a um elevado volume de informação e privilegiar a sua transformação em conhecimento via um processo de inteligência coletiva estabelecido na rede (Lévy, 1999). Incentivar esse processo é o começo de uma luta contra a exclusão digital ou infoexclusão e tende a confirmar o que disse Jean D'Arcy (citado por Selaimem; Lima, 2004, p. 18), diretor francês de programas de televisão: "virá o dia em que a declaração dos direitos do homem terá que incluir um direito mais amplo que o direito do homem à informação: o direito dos homens por comunicar-se".

A ideia de expandir os direitos à comunicação apenas reforça a necessidade da luta pela inclusão digital, pois essa é uma das formas mais fáceis de igualar o acesso à informação entre

---

5 Movimento filosófico, político e social que defendia o uso da razão como o melhor caminho para se alcançar a liberdade, a autonomia e a emancipação (Abbagnano, 1998).

aqueles que têm poucos recursos e as pessoas mais favorecidas. O direito à comunicação é um direito humano básico, universal e fundamental; além disso, pode ser considerado como o ponto de partida para a transformação social.

Essa reforma cria novos modelos de comunicação em todos os campos do conhecimento humano e é capaz de alterar todas as formas de comunicação presentes na sociedade atual. As recomendações convergem e podem ser relacionadas em uma lista de intenções:

- Proporcionar acesso às TICs para todos.
- Aplicar as TICs como ferramentas para o desenvolvimento e a inclusão em todos os níveis.
- Investir no desenvolvimento de infraestrutura que permita o barateamento ou a gratuidade de acesso às tecnologias nas escolas e nas comunidades de baixa renda.
- Criar confiança e segurança para a utilização das TICs.
- Definir como princípios éticos a liberdade, a igualdade, o ompartilhamento e o uso das TICs.
- Definir políticas que impeçam o uso TICs em atos que incitem a violência, o ódio, a discriminação racial, a xenofobia, a intolerância, o abuso infantil e o tráfico de pessoas.
- Reconhecer as TICs como um instrumento, e não como um fim em si mesmo.
- Permitir a distribuição igualitária das TICcs, diferentemente do que acontece hoje entre países desenvolvidos e em desenvolvimento e subdesenvolvidos.
- Privilegiar os jovens, que serão os responsáveis por guiar as gerações futuras no que concerne a um acesso integral aos meios digitais.
- Reconhecer os princípios de acesso universal e sem discriminação às TICs.

- Comprometer-se com a criação de uma sociedade de informação mundial sem exclusões, na qual sejam implantados mecanismos internacionais concretos, incluindo assistência financeira e técnica, integrando o Fundo Solidariedade Digital[6].
- Criar mecanismos que permitam a implantação de planos de ação incentivados pelos governos dos países signatários;
- Buscar formas de incentivar o compromisso do setor privado no desenvolvimento e na difusão das TICs para a criação de infraestrutura, conteúdo e aplicações que facilitem o acesso dos excluídos digitais aos benefícios delas.
- Colocar o potencial das TICs a serviço do desenvolvimento.
- Promover a utilização da informação e a construção do conhecimento para o alcance dos objetivos de iniciativas sociais em todos os níveis, com vistas a a ampliar a luta contra a exclusão digital, dentro do processo mais abrangente de exclusão social.

No plano de metas e desenvolvimento proposto na Declaração do Milênio[7], foram propostas ações a serem tomadas na área das TICs. A proposta prevê que até 2015 os seguintes objetivos devem ser alcançados (Selaimen; Lima, 2004):

- Conectar aldeias com as TICs e criar pontos de acesso comunitário.
- Conectar universidades, escolas superiores, escolas secundárias e escolas primárias por meio das TICs.
- Conectar centros científicos e de pesquisa por meio das TICs.

---

6   Fundo de apoio à eliminação da exclusão digital criado depois das discussões que tiveram lugar na Cúpula de Túnis, em 2005. Para mais informações, acesse: <http://noticias.uol.com.br/ultnot/afp/2005/11/17/ult34u140926.jhtm>. Acesso em: 6 nov. 2014.
7   Para mais informações, acesse: <http://www.objetivosdomilenio.org.br/artigos>. Acesso em: 6 nov. 2014.

- Conectar bibliotecas públicas, centros culturais, museus, agências de correios e arquivos públicos por meio das TICs.
- Conectar centros de saúde e hospitais por meio das TICs.
- Conectar departamentos de governo locais e centrais e criar endereços *web* e endereços eletrônicos, voltados para governança eletrônica, por meio das TICs.
- Adaptar todos os currículos de escolas primárias e secundárias para que se tornem compatíveis com o cumprimento dos objetivos da sociedade da informação e da comunicação, levando em conta as circunstâncias de cada país.
- Assegurar que todos os habitantes do mundo tenham acesso aos serviços de televisão e rádio.
- Fomentar o desenvolvimento de conteúdos e implantar condições técnicas que facilitem a presença e a utilização de todos os idiomas do mundo na internet.
- Assegurar que o acesso às TICs esteja ao alcance de mais da metade dos habitantes do planeta.

A participação dos países signatários para o desenvolvimento da sociedade da informação requer as seguintes medidas (Selaimen; Lima, 2004):

- Todos os países devem estimular estratégias nacionais de TICs com vistas a promover o desenvolvimento das capacidades humanas, consideradas as circunstâncias de cada país.
- Iniciar em cada país um diálogo estruturado entre todas as partes interessadas – por exemplo, mediante parcerias entre os setores público e privado – para que seja possível elaborar estratégias de TICs e para intercambiar boas práticas.
- Os atores interessados, quando da concepção e da implantação de estratégias digitais nacionais, devem considerar as necessidades e preocupações regionais, locais e nacionais. Para aproveitar ao máximo os benefícios das iniciativas

empreendidas, elas têm de incluir o conceito de *sustentabilidade*. É necessário convidar o setor privado, que deve participar de projetos concretos de desenvolvimento da sociedade da informação nos níveis local, regional e nacional.

- Identificar, nos níveis regional, nacional e internacional, mecanismos para iniciar e promover parcerias entre os atores na sociedade da informação.
- Examinar a viabilidade de estabelecer, em nível nacional, portais para os povos indígenas, com a participação de múltiplas partes interessadas.
- Os grupos sociais internacionais devem publicar em suas esferas de competência, inclusive em seus sítios na *web*, informações confiáveis, apresentadas por atores relevantes sobre experiências bem-sucedidas de utilização das TICs.
- Encorajar a adoção de medidas correlatas que incluam, entre outras coisas, planos de incubadoras, investimentos de capital de risco (nacionais e internacionais), fundos de investimento governamentais (incluídos sistemas de microcrédito destinados aos pequenos, médios e microempreendedores), estratégias de promoção de investimentos, atividades de apoio à exportação de *softwares* (assessoria comercial), respaldo de redes de pesquisa e desenvolvimento e parques informáticos.

Existem determinações particulares quanto a questões de infraestrutura para que seja possível alcançar os objetivos de inclusão digital, capacitação universal, acesso sustentável, ubíquo[8] e economicamente viável das TICs para todos. Devem ser consideradas as soluções pertinentes já aplicadas nos países em

---

8 O termo indica algo que pode estar presente em diversos lugares ao mesmo tempo, o que foi facilitado pela evolução das tecnologias e pela mobilidade. A presença é virtual e não física.

desenvolvimento e naqueles com economias em transição para oferecer, nos níveis regional e nacional, conectividade e acesso sustentável às regiões distantes e marginais. Para que isso seja possível, as seguintes medidas são recomendadas (Selaimen; Lima, 2004):

- No marco de suas políticas nacionais de desenvolvimento, os governos devem tomar medidas que sirvam de apoio a um ambiente habilitador e de competência para garantir o investimento necessário em infraestrutura de TICs e desenvolver novos serviços.
- No contexto das estratégias nacionais de TICs, formular políticas e estratégias de acesso universal adequadas e conceber os meios necessários para sua aplicação, alinhados às metas indicativas, assim como definir indicadores de conectividade digital.
- No contexto das estratégias nacionais de tecnologias da informação e da comunicação, proporcionar e melhorar a conectividade digital em todas as escolas, universidades, instituições de saúde, bibliotecas, agências de correios, centros comunitários, museus e outras instituições acessíveis ao público, conforme as metas indicativas.
- Desenvolver e fortalecer a infraestrutura de redes de banda larga nacionais, regionais e internacionais, com inclusão dos sistemas por satélite e outros que contribuam para facilitar a provisão de uma capacidade que satisfaça às necessidades dos países e de seus cidadãos e a prestação de novos serviços baseados nas tecnologias da informação e da comunicação.
- Contribuir para a elaboração dos estudos técnicos, de regulamentação e operacionais da União Internacional de Telecomunicações (UIT) e, quando for o caso, de outros grupos internacionais competentes a fim de:

- ampliar o acesso aos recursos das órbitas e garantir a harmonização das frequências e a normalização mundial dos sistemas;
- fomentar as parcerias entre o setor público e o privado;
- promover a prestação de serviços mundiais de satélite em alta velocidade a zonas não atendidas, como as regiões remotas e escassamente povoadas;
- pesquisar outros sistemas que possam proporcionar conectividade em grande velocidade.

■ No contexto das estratégias nacionais das TICs, abordar as demandas das pessoas de terceira idade, daquelas com necessidade especial, das crianças, especialmente as marginalizadas, e de outros grupos desfavorecidos e vulneráveis, tomando medidas educativas, administrativas e legislativas adequadas para garantir a plena inclusão na sociedade da informação.

■ Fomentar o desenho e a fabricação de equipamentos e serviços de informação e comunicação economicamente viáveis aos quais todos possam ter acesso fácil, incluídas as pessoas de terceira idade, aquelas com necessidade especial, as crianças, especialmente as crianças marginalizadas, e outros grupos desfavorecidos e vulneráveis. Assim, pode-se promover o desenvolvimento de tecnologias, aplicações e conteúdo adaptados a suas necessidades, guiando-se pelos princípios de *design* universal[9] e melhorando-o mediante tecnologias de utilização comum por um grande número de pessoas.

■ Com o objetivo de ajudar as pessoas analfabetas, desenhar tecnologias mais simples e interfaces informáticas sem texto

---

9 Conceito referente ao desenvolvimento de projetos que atendam ao maior número possível de pessoas, independentemente de idade, habilidade ou situação.

para facilitar o acesso às tecnologias da informação e da comunicação para todos. O conceito por trás dessa proposta já foi defendido quando do estudo de medidas para solucionar problemas de pessoas com necessidades especiais – as *tecnologias capacitantes*.

- Realizar atividades de pesquisa e desenvolvimento em âmbito internacional para pôr à disposição dos usuários finais equipamentos adequados e acessíveis.
- Promover o uso conexões *wireless* inutilizadas, incluídos os satélites, nos países desenvolvidos e, em particular, naqueles em desenvolvimento e com economias em transição e melhorar a conectividade de baixo custo. Deve-se prestar especial atenção aos países menos adiantados em sua busca por estabelecer uma infraestrutura de telecomunicações.
- Aperfeiçoar a conectividade entre as principais redes de informação, fomentando a criação e o desenvolvimento de redes, *backbones* e centrais de internet regionais, a fim de reduzir os custos de interconexão e ampliar o acesso à rede.
- Desenvolver estratégias para aumentar a conectividade a preços acessíveis em todo o mundo, facilitando, com isso, melhor acesso à rede. Os custos de trânsito e interconexão de Internet negociada de maneira comercial devem orientar-se em direção a parâmetros objetivos, transparentes e não discriminatórios em que se levem em conta os trabalhos realizados sobre esse tema.
- Encorajar e promover o uso conjunto dos meios de comunicação tradicionais e das novas tecnologias.

A partir das recomendações vistas até aqui, uma empresa pode dar a sua colaboração, seja investindo na formação dos colaboradores internos, seja investindo nos filhos dos colaboradores e no entorno social subjacente, visando à eliminação da exclusão digital. Ela deve levar em consideração que o acesso às TICs permite às pessoas travar contato com todo um mundo de informações e, com base nelas, criar novos conhecimentos e adquirir maior capacidade de competição em um mercado em que a competitividade é cada vez mais acirrada.

Leitura complementar

Para que seu conhecimento possa ser apoiado em outros referenciais além dos aqui apontados, indicamos a leitura dos livros a seguir.

CASTELLS, M. **A sociedade em rede**. São Paulo: Paz e Terra, 1999.

LÉVY, P. **A inteligência coletiva**: por uma antropologia do ciberespaço. São Paulo: Loyola, 1999.

ORWELL, G. **1984**. São Paulo: Companhia das Letras, 2009.

SELAIMEN, G.; LIMA, P. H. (Org.). **Cúpula Mundial sobre a Sociedade da Informação**: um tema de todos. Rio de Janeiro: Rits, 2004.

SILVA C. G.; MELO, L. C. P. (Coord.). **Ciência Tecnologia e Inovação**: desafio para a sociedade brasileira – livro verde. Brasília: Academia Brasileira de Ciências, 2001.

15

APOIO AOS PROCESSOS DE RECUPERAÇÃO DO MEIO AMBIENTE

15

MUITAS VISÕES APOCALÍPTICAS preveem um mundo de calor escaldante em virtude do aumento da temperatura do planeta ou sujeito aos cataclismos que provocam enchentes, quedas de barreiras, entre outros problemas, divulgados fartamente, sempre relacionados ao abuso dos recursos do planeta – comportamento que precisa ser revisto pelos órgãos sociais e integrar a responsabilidade e autoridade social das empresas.

Na atualidade, a questão ambiental transcende o trabalho incessante de pequenos contingentes que lutam contra a derrubada de matas. O problema da sustentabilidade é globalizado, provocado pelo consumismo desenfreado que utiliza os recursos dísponíveis do planeta sem se preocupar em recuperá-los.

O tema constitui mais um dos graves problemas a resolver, sempre com a participação do Poder Público, da sociedade e das organizações civis, e exige das empresas um olhar mais detalhado e uma participação intensiva com todos os demais atores visando à adoção de um comportamento ético e à efetivação da responsabilidade e da autoridade social.

O que era preocupação de poucos ambientalistas ante os riscos de grande consequência que o uso indiscriminado das fontes energéticas do planeta traz para um futuro próximo, hoje é um tema de debate em escala mundial. São grandes os desdobramentos e os impactos sobre o meio ambiente devido ao descaso com que até recentemente o assunto era tratado. Crescimento populacional, aumento do consumo, desenvolvimento industrial e corrida armamentista somam-se como responsáveis pela resposta agressiva da natureza em fase de esgotamento de recursos e previsões nada otimistas para um futuro próximo.

Em 1968, a Conferência da Biosfera, promovida pela Organização das Nações Unidas para a Educação a Ciência e a Cultura (Unesco), começou a despertar a atenção dos cientistas e especialistas em meio ambiente, processo que pode ser considerado tardio e que se agravou pelo descaso com que foi tratado até a virada do milênio. Agora que as condições são críticas, todos são chamados à ação, em benefício de nossa herança para as gerações futuras.

Vários perigos são diariamente apresentados na mídia. Desertificação de áreas verdes, destruição da camada de ozônio, falta de água e outras realidades colocam muitas pessoas em polvorosa, em busca de soluções rápidas, que não existem, pois o que está sendo rapidamente consumido levou séculos para ser criado pela natureza.

A questão tornou-se tão crítica que as Nações Unidas criaram um programa de meio ambiente, em 1972, por meio da Declaração de Estocolmo, na qual o meio ambiente saudável passou a ser considerado um direito fundamental do indivíduo.

Os movimentos ambientalistas aprofundaram-se nos anos de 1980 com o surgimento de partidos políticos voltados a essa causa em quase todos os países e têm se tornado cada vez mais ativos, principalmente devido a desastres ambientais (como Chernobyl), à emissão de dióxido de carbono (CO_2) e a outros tipos de poluição que causam o efeito estufa, que estão alterando as condições climáticas do planeta com consequências gravíssimas.

Em nosso país, a conscientização começou de forma mais tardia ainda, com a Conferência das Nações Unidas sobre o Meio Ambiente e Desenvolvimento (CNUMAD – Rio-92), na qual uma das principais posições considera que os seres humanos são o centro das preocupações relacionadas com o desenvolvimento sustentável. Afinal, todos têm direito a uma vida saudável e produtiva em harmonia com o meio ambiente. Passou-se a considerar como direito da comunidade a participação na formulação e na execução das políticas ambientais, que devem ser discutidas com as populações atingidas.

Com esses parágrafos iniciais, esperamos que você tenha consciência da gravidade do problema e o interesse despertado para análise e propostas de soluções a esse desafio, partindo de pequenas iniciativas locais. São exemplos dessas iniciativas a Conferência Rio-92[1] e, na sequência, a Convenção Rio+20[2].

O relatório final da Rio+20 foi pouco agressivo em suas medidas. Seu propósito era a formulação de um plano para que a humanidade se desenvolvesse de modo a garantir vida digna a todas as pessoas, administrando os recursos naturais de modo que as gerações futuras não sejam prejudicadas. No entanto, observadores e diretores de diversas organizações não governamentais (ONGs) acreditam que seus propósitos não serão alcançados em razão da fraqueza do documento final.

Exercício

Leia na íntegra o texto final da Convenção Rio+20 e desenvolva uma atividade de reflexão, principalmente com relação à negativa de sua aceitação plena pelas ONGs nacionais e estrangeiras. Faça uma pesquisa para localizar essas críticas e monte um pequeno ensaio com o que houver formulado.

RIO+20 – Conferência das Nações Unidas sobre Desenvolvimento Sustentável. **Declaração final**. 12 ago. 2012. Disponível em: <http://www.mma.gov.br/port/conama/processos/61AA3835/O-Futuro-que-queremos1.pdf>. Acesso em: 16 set. 2014.

---

[1] Para mais informações a respeito, acesse: <http://www.senado.gov.br/noticias/Jornal/emdiscussao/rio20/a-rio20/conferencia-rio-92-sobre-o-meio-ambiente-do-planeta-desenvolvimento-sustentavel-dos-paises.aspx>. Acesso em: 16 set. 2014.

[2] Para mais informações sobre a Rio+20, acesse: <http://www.mma.gov.br/port/conama/processos/61AA3835/O-Futuro-que-queremos1.pdf>. Acesso em: 16 set. 2014.

A situação atingiu tal ponto crítico que exigiu a realização de uma reunião entre as nações de todo o mundo em 1997, ocasião em que o Protocolo de Quioto foi assinado, entrando em vigor a partir de 16 de fevereiro de 2005. Pretendia-se, acima de tudo, reduzir as taxas de emissão dos gases do efeito estufa (GEE) na atmosfera.

O aumento de emissão desses gases é resultado do progresso incessante, decorrente das atividades humanas. A principal consequência é a elevação da temperatura na terra. Essas alterações climáticas começam a desenhar um quadro preocupante, cujos desdobramentos imediatos estão destacados a seguir:

- Derretimento das calotas polares, o que vai provocar a elevação do nível dos mares. Inundações ameaçam diversos países, especialmente suas cidades costeiras.
- Aumento do fluxo das águas dos rios.
- Erosão de solos e enchentes.
- Aumento no ritmo do regime de chuvas.
- Ocorrência de furacões e tormentas.
- Agravamento das regiões semiáridas e desérticas.
- Graves repercussões na produção agrícola.
- Alterações no equilíbrio do ecossistema, com o desaparecimento de muitas espécies.
- Surgimento e proliferação de doenças provocadas por organismos nocivos à saúde humana.

Surgimento e progressão do problema

As atividades realizadas pelo homem em busca do progresso provocaram, durante muito tempo, efeitos nocivos, ainda que não fossem observados dessa forma. O aumento da intervenção humana sobre a natureza e o desenvolvimento de economias emergentes (como a China) provocam a liberação de um volume excessivo de gases produzidos pela queima de combustíveis fósseis e de florestas, resultado também da má utilização de técnicas agrícolas e de gases emitidos pelo processo de industrialização crescente de países em desenvolvimento.

Enquanto as tragédias ambientais não chegavam ao público via meios de comunicação de massa, não havia o que hoje se pretende estabelecer: normas de abrangência jurídica e punitiva para todos os que contribuírem com o aumento da poluição.

As antigas normas eram restritas a um nível nacional; todavia, na atualidade, atingem um *status* internacional, que transformou o direito ambiental em um dos ramos da ciência jurídica. Hoje, há a consciência de que os níveis de produção e consumo estão atingindo patamares insustentáveis, se considerarmos os recursos existentes no planeta. Realidades responsáveis pelas condições atuais foram sustentadas, principalmente, pelos países desenvolvidos – portanto, cabe a eles arcar com as consequências, daí a criação do princípio da responsabilidade comum, porém diferenciada, de acordo com a profundidade da responsabilidade individual.

O auxílio que esses países devem oferecer àqueles menos responsáveis pelo cenário ambiental atual e menos desenvolvidos abrange: a) ajuda tecnológica; b) ajuda financeira e c) ajuda científica.

A partir desse panorama, surgiu o Protocolo de Quioto. Seu objetivo principal é a diminuição dos GEE[3] e a maior absorção

---

3   Os GEE (CO_2 – dióxido de carbono, CH_4 – metano e N_2O – óxido nitroso), ao absorverem parte da radiação infravermelha emitida pela superfície terrestre, dificultam seu escape para o espaço, colaboram com a destruição da camada de ozônio e aumentam a temperatura da terra.

destes pelos sumidouros naturais. O Protocolo estabelece como princípios (Brasil, 1997):

1. **Princípio do direito ao desenvolvimento sustentável** – O desenvolvimento sustentável engloba todas as partes; assim, não devem ser abortadas as políticas de desenvolvimento para que o clima possa ser protegido. A proteção climática é compatível com o desenvolvimento, que deve ser adaptado para promover meios energéticos limpos e renováveis. O desenvolvimento é essencial para à adoção de medidas para enfrentar as alterações do clima.
2. **Princípio das responsabilidades comuns, porém diferenciadas** – As partes têm de proteger o sistema climático para as gerações presentes e futuras, observando as suas capacidades diferenciadas e a equidade na imposição das medidas a serem adotadas. Vale observar, também, que além de historicamente terem sido os maiores poluidores, os países desenvolvidos são os que mantêm maior taxa de emissão de GEE *per capita*.
3. **Princípio da precaução** – A United Nations Framework Convention on Climate Change (UNFCCC)[4] expressou em seu texto a preocupação com as situações que pudessem potencialmente causar danos, mas que ainda não foram comprovados cientificamente.
4. **Princípio da cooperação internacional** – Reconhecimento da necessidade de cooperação entre as partes a fim de promover um sistema econômico internacional favorável e aberto, capaz de conduzir ao desenvolvimento sustentável de todas as partes. Como ficou reconhecido que a atmosfera é um bem que ultrapassa fronteiras, sendo de interesse comum

---

4   Para mais informações, acesse: <http://unfccc.int/2860.php>. Acesso em: 6 nov. 2014.

para a humanidade, só a adoção de medidas conjuntas e de eficácia comprovada atenderia aos objetivos estabelecidos pela Convenção. Nesse contexto, a cooperação internacional é o melhor instrumento para a preservação do meio ambiente, com vistas ao desenvolvimento sustentável das nações.

Um dos primeiros desdobramentos é a criação do sistema de ajuda de cumprimento para os países em desenvolvimento e que não tenham meios necessários para implantar as normas do Protocolo de Quioto. Outra consequência da evolução dos trabalhos foi estabelecer o mercado de créditos de carbono, que passou a operar como um instrumento econômico de importância nos dias atuais. Uma cota de carbono, representada por um certificado legalmente registrado, equivale a uma tonelada de CO_2 ou gases equivalentes; por meio dessas cotas, é possível combinar a proteção do meio ambiente com a segurança de sua execução e o suporte do comércio internacional.

As cotas são títulos ou *commodities* que representam a quantidade de GEE emitida licitamente por um Estado que faça parte do Protocolo. Esses títulos, no entanto, ainda não estão definidos como de natureza jurídica pública ou privada. Isso acontece porque eles são um misto de proteção de um bem público (a atmosfera terrestre) necessário à saúde humana e um instrumento de certificação de valores capaz de ser trocado comercialmente sem a interferência estatal. Portanto, créditos de carbono são certificados emitidos por agências de proteção ambiental para projetos de empresas que possam contribuir para a redução de emissões, incluindo desde reflorestamentos até a substituição de combustíveis fósseis por energias limpas, como o biodiesel.

Nesse sentido, o mercado de créditos de carbono pode representar um excelente instrumento para a conservação ambiental.

O agravamento da situação deve acelerar também outras ações, algumas via medidas legais mais eficientes e pesadas, haja vista uma ainda tímida aplicação dos acordos propostos no Protocolo de Quioto.

Grupos sociais

Cada acordo, protocolo e convenção estabelece propostas que podem trazer benefícios ou sanções. São exortações a comportamentos ideais, geralmente recomendados aos governos. Estes, por sua vez, estabelecem a seu critério programas próprios ou de apoio às iniciativas tomadas pelos diversos grupos sociais.

O governo federal constantemente emite cartilhas de boas práticas – entre elas, as recomendações da Agência Nacional de Energia Elétrica (Aneel)[5], em que são estabelecidas condições gerais de fornecimento de energia elétrica, um dos muitos exemplos que podem ser seguidos pelas empresas. Em outras áreas, vêm sendo criados procedimentos similares.

A primeira recomendação é que essas corporações – mais notadamente aquelas que, por sua característica industrial, apropriam-se de recursos – desenvolvam propostas para a redução de consumo, e assim, minimizem a utilização de energia. Aumentar a capacidade de reciclagem, a durabilidade dos bens e o aperfeiçoamento do controle do ciclo de vida dos materiais – aumentando assim o tempo decorrido entre a extração e o descarte, com seu destino correto – estão entre as sugestões colocadas.

Evitar procedimentos agressivos à natureza, como a emissão de gases do efeito estufa, é uma segunda recomendação

---

5   Para conhecer mais sobre a Aneel, acesse: <http://www.aneel.gov.br/>. Acesso em: 16 set. 2014.

constantemente incentivada, principalmente pelo fato de o Brasil ser signatário do Protocolo de Quioto. A utilização de energia limpa é esclarecida para o público leigo por Roya et al. (2011).

A agregação de valor aos produtos e serviços oferecidos aos clientes – como a destinação de pilhas e baterias de celulares e aparelhos eletrônicos em postos de descarte, com oferta de benefícios a quem tiver essa atitude – pode permitir a fidelização e o aumento do valor da marca e da imagem institucional da empresa.

Atuar no sentido de valorizar a profissão de gestor ambiental, por meio da oferta de cursos de graduação tecnológica e pós-graduação em diversos níveis, com incentivos governamentais para instituições e bolsas oferecidas pelo governo, é uma das medidas mais populares, pois traz benefícios à medida que o mercado recebe mais profissionais preocupados com a proteção do meio ambiente.

Há uma linha de trabalho mais recente que estabelece um novo conceito: *ecoeficiência*. Silveira, Antonioli Filho e Calarge (2013) apresentam um relatório no qual discutem o tema por meio de um estudo de caso que pode ser generalizado para outras empresas. O termo é estabelecido como a união entre o fornecimento de bens e serviços sustentáveis em condições competitivas, de modo a direcionar os consumidores para produtos que permitam a redução dos impactos ambientais e do consumo de recursos naturais.

Nesse contexto, o termo *sustentabilidade* ganha destaque. Segundo posição adotada por Torresi, Pardini e Ferreira (2010), ela é o processo por meio do qual um sistema tende a evitar o comprometimento do ecossistema para as gerações futuras.

Todos os estudos que citamos até o momento apresentam uma característica comum: a contraposição entre ética e lucro. A primeira ganha destaque em detrimento dos propósitos de aumento de produtividade e lucratividade, que não levam em consideração os danos que a produção de determinada empresa pode acarretar ao meio ambiente.

As corporações podem (e devem) exigir dos governos reformas que tornem mais objetiva a legislação, com estabelecimento de marcos regulatórios que permitam respostas mais eficazes aos reclamos dos organismos sociais internacionais, com vistas a diminuir as possíveis perdas em números que contabilizam os gastos sociais. O excesso de legislações somente confunde e aumenta a burocracia.

Aliado ao o consumo de energia, outro aspecto de importância é o consumo de água, considerada um dos principais bens do planeta – e que eventualmente pode vir a faltar, talvez em um futuro próximo. Haushahn (2011) alerta para o fato e o indica como um dos grandes problemas para as gerações futuras.

Em quase todos os relatórios e pesquisas desenvolvidos na atualidade, o processo de gestão ambiental é destacado como uma necessidade, mas nenhuma exigência legal foi estabelecida. As iniciativas observadas são resultantes de clamor popular ou de estratégias de empresas para aumentar a competitividade.

O aumento de tarifação de consumo de serviços de oferta de recursos (luz, água, gás) é um erro de enfoque, que penaliza a população sem que nenhum benefício seja realmente obtido. Isso se deve à inobservância, pelas autoridades, das recomendações de reaplicação desses recursos para programas de proteção ao meio ambiente. Uma das formas de economizá-los, não muito do agrado das empresas, é o aumento da relação custo/benefício dos produtos com o aumento de sua durabilidade, o que de forma consequente diminuiria o consumo. O custo social, que representa todos os custos associados às atividades econômicas, precisa ser avaliado de maneira mais acurada; há produtos em que ele é muito elevado – ao superar o custo privado, pode causar prejuízos à sociedade. Sobre o tema, Ismodes (2009) elaborou uma interessante apostila sobre avaliação econômica de projetos. Trata-se de um material recomendado pela Comissão Econômica para a América Latina e o Caribe (Cepal)[6] e disponível para consulta e cópia[7].

Há certa dependência colonialista em relação ao desenvolvimento de pesquisas com a importação de novas tecnologias. Elas geralmente são caras e, algumas vezes, não acrescentam nada quando comparadas com a reeducação das pessoas, menos custosa e mais eficiente. Com relação ao transporte urbano, por exemplo, o rodízio de veículos, que proporciona melhoria de transporte urbano, teria custo menor do que caras tecnologias para diminuição do efeito estufa. A educação ambiental é uma necessidade e depende da conscientização individual, a qual pode ser desenvolvida pelas corporações entre os seus colaboradores.

Um modelo de balanço proposto pela Global Reporting Iniciative (GRI)[8], organização voltada para a sustentabilidade ambiental, orienta sobre a utilização de relatórios de sustentabilidade como uma das formas das quais as organizações podem se apropriar para obter a própria sustentabilidade e atuar no sentido de um desenvolvimento sustentável em relação ao meio ambiente. Esse modelo é denominado *balanço social*. No Brasil, não há um modelo único, mas diversos, que estão sendo utilizados nos trabalhos desenvolvidos pelo Instituto Ethos.

---

6   Consulte o *site* para mais informações: <http://www.cepal.org/cgi-bin/getProd.asp?xml=/brasil/noticias/paginas/2/5562/p5562.xml&xsl=/brasil/tpl/p18f.xsl&base=/brasil/tpl/top-bottom.xsl>. Acesso em: 27 out. 2014.

7   Para consulta e cópia do material da Comissão Econômica para a América Latina e Caribe, acesse: <http://www.cepal.org/ilpes/noticias/paginas/0/35920/Texto_de_Custos_e_Beneficios_Sociais_p.pdf>. Acesso em: 27 out. 2014.

8   Para mais informações sobre a Global Reporting Initiative, acesse: <https://www.globalreporting.org/network/regional-networks/gri-focal-points/focal-point-brazil/Pages/default.aspx>. Acesso em: 27 out. 2014.

É importante o investimento, pelos grupos econômicos, na certificação ambiental, como a ISO 26000, primeira norma internacional de responsabilidade social empresarial[9]. Ela chama as empresas para desenvolverem o que denomina *responsabilidade social empresarial* (RSE)[10]. Trata-se de uma proposta válida que pode ser adotada pelas corporações de modo a promover a sustentabilidade.

■ ——————————————————— **Reflexão**

Questione a não efetividade das políticas estabelecidas como normas internacionais nas convenções e analise qual a principal motivação que leva a essa situação. Algumas pessoas apontam o efeito estufa como um engano de muitos cientistas. Analise esse aspecto. Como complemento, aumente a sua biblioteca digital e aprenda mais sobre as questões de balanço social e certificação.

Saiba mais sobre o que é o balanço social e veja um modelo sugerido:

IBASE. **Balanço social**. Disponível em: <http://www.balancosocial.org.br/cgi/cgilua.exe/sys/start.htm>. Acesso em: 6 nov. 2014.

Saiba mais sobre certificação e RSE:

ABREPET. **Certificação ambiental e o importante papel das empresas despoluidoras do ambiente no processo do desenvolvimento sustentável**. Disponível em: <http://www.abrepet.com.br/certificacao_parte_2.pdf>. Acesso em: 6 nov. 2014.

---

9 Veja mais informações sobre a norma internacional de responsabilidade social empresarial no *site*: <http://www.ecodesenvolvimento.org/iso26000/o-que-e-iso26000>. Acesso em: 27 out. 2014.

10 Conheça mais sobre a RSE no *site*: <http://www.adam-europe.eu/prj/5241/prj/Formacao%20em%20RSE_PT.pdf>. Acesso em: 6 nov. 2014.

ADAM EUROPE – Projects and Products Portal for Leonardo da Vinci. **O que é a responsabilidade social empresarial?** Disponível em: <http://www.adam-europe.eu/prj/5241/prj/Formacao%20em%20 RSE_PT.pdf>. Acesso em: 6 nov. 2014.

Conheça também o trabalho do Núcleo de Estudos sobre o Meio Ambiente e Contabilidade (Nemac):

NEMAC – Núcleo de Estudos sobre o Meio Ambiente e Contabilidade. Disponível em: <http://www.nemac.ufsc.br/>. Acesso em: 6 nov. 2014.

Acesse a ISO 26000:

INMETRO – Instituto Nacional de Metrologia, Qualidade e Tecnologia. **ISO 26000**: conheça a norma na íntegra. Disponível em: <http://www.inmetro.gov.br/qualidade/responsabilidade_social/iso26000.asp>. Acesso em: 6 nov. 2014.

O Mecanismo do Desenvolvimento Limpo (MDL)

O Ministério de Ciência e Tecnologia publicou, em 13 de março de 2007, a situação do Brasil e do mundo em relação ao projeto Mecanismo do Desenvolvimento Limpo (MDL)[11], cujos resultados interessam como conclusão das discussões sobre desenvolvimento sustentável.

O MDL é o único mecanismo que admite participação voluntária de países em desenvolvimento e que permite a certificação de

---

11 Conheça mais sobre os projetos no *site*: <http://www.mct.gov.br/index.php/content/view/30317.html>. Acesso em: 26 set. 2014.

projetos de redução de emissões nestes países e a posterior venda das reduções certificadas de emissão para serem utilizadas pelos países desenvolvidos como modo suplementar para cumprirem suas metas.

Esse mecanismo deve implicar reduções de emissões adicionais àquelas que ocorreriam na ausência do projeto, garantindo benefícios reais, mensuráveis e de longo prazo para a mitigação da mudança do clima. Em termos de reduções de emissões projetadas, o Brasil ocupa a terceira posição. No total, o país é responsável pela redução de 195 milhões de toneladas de CO_2. Isso corresponde a 6% do total mundial para o primeiro período de obtenção de créditos – que pode ser de, no máximo, 10 anos para projetos de período fixo ou de 7 anos para projetos de período renovável (os projetos são renováveis por, no máximo, 3 períodos de 7 anos, totalizando 21 anos).

A China ocupa o primeiro lugar, com 1,3 bilhão de toneladas de CO_2 a serem reduzidas (43%), seguida pela Índia, com 852 milhões de toneladas (28%) de emissões projetadas para o primeiro período de obtenção de créditos. Dividindo-se as toneladas a serem reduzidas no primeiro período de obtenção de créditos pelo número de anos (sete ou dez), obtém-se uma estimativa anual de redução esperada.

A maior parte das atividades desenvolvidas no Brasil está no setor energético, o que explica a predominância do CO_2 na balança de reduções de emissões brasileiras. Esse indicador mostra os escopos setoriais que mais atraem o interesse dos participantes de projetos.

As atividades de projeto estão divididas em pequena e larga escala. Segundo os Acordos de Marraqueche publicados pelo Instituto de Pesquisa Ambiental da Amazônia (Ipam, 2014a), são de pequena escala as seguintes atividades de projeto:

- *Atividades de projeto de energia renovável com capacidade máxima de produção equivalente a até 15 megawatts (ou uma equivalência adequada);*
- *Atividades de projeto de melhoria da eficiência energética que reduzam o consumo de energia do lado da oferta e/ou da demanda até o equivalente a 15 gigawatts/hora por ano;*
- *Outras atividades de projeto que tanto reduzam emissões antrópicas por fontes quanto emitam diretamente menos do que 15 quilos toneladas equivalentes de dióxido de carbono por ano.*

As outras atividades serão, então, classificadas como de projeto de larga escala. A distribuição dos projetos brasileiros por tipo de metodologia indica que a maioria no Brasil é de larga escala. A maior parte de nossos projetos é desenvolvida na área de cogeração com biomassa e aterro sanitário, representando 44%. Os sistemas de cogeração de biomassa permitem a produção simultânea de energia elétrica e calor útil e configuram a tecnologia mais racional para a utilização de combustíveis. Já a cogeração em aterros sanitários, que aproveita a emissão de gases desenvolvida de forma espontânea por geração anaeróbica, está em desenvolvimento desde a década de 1990 (AmbienteBrasil, 2015).

Os meios que mais reduzirão toneladas de CO_2 são a criação de aterro sanitário e a de redução de N_2O, totalizando 113 milhões de toneladas de CO_2 no primeiro período de obtenção de créditos, o que representa 59% do total de redução de emissões das atividades de projeto brasileiras. Estão registradas pelo Conselho Executivo do MDL, de acordo com relatório de 2007 (David, 2007):

- Projetos brasileiros registrados no Conselho Executivo: 97.
- Projetos brasileiros pedindo registro no Conselho Executivo: 10.
- Total de projetos no Conselho Executivo: 107.

Do total de 607 projetos registrados, 97 são brasileiros, o que coloca o país em segundo lugar – a Índia está em primeiro (197) e o México em terceiro (77). Quanto à redução de emissões durante o primeiro período de obtenção de créditos dos projetos registrados, nosso país ocupa a terceira posição, com 134 milhões de toneladas do total mundial de 1,08 bilhão de toneladas de CO_2.

Os números divulgados eram, em grande parte, previsões e fazem parte do relatório MDL de 13 de março de 2007. Hoje, depois de decorridos oito anos, as metas estipuladas não foram atingidas. A apresentação desses dados teve o propósito de mostrar que, mais uma vez, planos estabelecidos são abandonados por falta de vontade política.

Leitura complementar

Para fechar a leitura desta parte do estudo, na qual são discutidos aspectos da efetivação da responsabilidade e da autoridade social de grupos sociais com relação ao meio ambiente, você pode completar seus conhecimentos com as obras relacionadas a seguir.

BRASIL. Decreto n. 3.515, de 20 de junho de 2000. **Diário Oficial da União**, Poder Executivo, Brasília, DF, 20 de jun. de 2000. Disponível em: <http://www.planalto.gov.br/ccivil_03/decreto/D3515.htm>. Acesso em: 6 nov. 2014.

BRASIL. Ministério de Ciência e Tecnologia. **Processo de preparação de colaboração do Brasil ao novo acordo sobre a UNFCCC**. Disponível em: <http://diplomaciapublica.itamaraty.gov.br/81-consultaclima>. Acesso em: 6 nov. 2014.

FBMC – Fórum Brasileiro de Mudanças Climáticas. **Mudanças climáticas**: guia de informação. Tradução de Thiago Costa Serra. Brasília: Fórum Brasileiro de Mudanças Climáticas, 2002.

16

APOIO AOS PROCESSOS DE INCLUSÃO RACIAL

16

AS QUESTÕES RACIAIS aludem à segregação e a significativas parcelas da população em situação de discriminação. Tal realidade não somente depõe contra a cultura e a educação de um povo, mas também representa um processo de injustiça social – razão por que se recomenda seu tratamento como uma situação cultural sobre a qual as empresas devem atuar.

Um dos principais problemas sociais que vive a humanidade de forma geral é a discriminação do homem pelo próprio homem. Ela ocorre em relação ao sexo, à raça, à etnia, à procedência, à origem, à religião, à idade, à classe social, à necessidade física especial. No tratamento de todos os eixos temáticos deste material, referimo-nos a alguma forma de discriminação ou à ação incorreta do ser humano, seja contra seu semelhante, seja contra a própria natureza da qual tira o sustento.

Na época em que vivemos, todos bradam contra essa situação; são criados movimentos diversos de solidariedade, muitos dos quais tratamos neste livro. Quando eles têm como objetivo mudar a forma humana de pensar e agir, observamos uma convergência de orientações no sentido de o ser humano olhar o outro como igual, com total transparência e dignidade.

A partir da igualdade de condições, começa o diálogo em torno das diferenças. A luta pelo reconhecimento e pelo respeito às desigualdades raciais é outro campo em que a responsabilidade dos órgãos públicos, da sociedade e das corporações deve atuar.

É considerada como discriminação racial toda distinção, exclusão, restrição ou preferência baseada em raça, cor, descendência ou origem nacional ou étnica que tenha por objetivo restringir ou anular o reconhecimento e o exercício, em igualdade de condições, de direitos humanos e liberdades fundamentais em todos os campos – político, econômico, social e cultural.

Qualquer situação injustificada de diferenciação de acesso e gozo de bens, serviços e oportunidades é considerada discriminação e deve ser combatida como comportamento antiético, passível de punição de acordo com o grau da ofensa produzida. Tal punição pode abranger a reparação, a compensação e a inclusão das vítimas da desigualdade e a valorização da diversidade racial. Há diversas sugestões que partem de órgãos de defesa e proteção envolvidos com diferenças raciais, os quais pontuam uma série de iniciativas possíveis. Com relação à intervenção do Estado, é recomendável a luta pela adoção de programas e políticas de ação inclusiva que apoiem projetos voltados para a eliminação de diferenças de tratamento devido a questoes raciais.

A continuidade dessa preocupação pode levar à mudança de comportamentos fóbicos associados à desigualdade racial existente e muitas vezes encoberta, desenvolvida em surdina nos mais diversos ambientes sociais. Isso exige o estudo de formas de estímulo às organizações privadas e não governamentais voltadas para atividades sociais. Sugerimos que sejam incluídas em suas iniciativas de responsabilidade e autoridade social medidas que evitem a ocorrência, nos ambientes de trabalho, de manifestações de discriminação racial.

O Estado também pode incentivar o desenvolvimento de programas comunitários direcionados à conscientização e à criação de uma cultura contrária a qualquer tipo de preconceito, que estabeleça um processo de igualdade social para todos.

Exercício
Desenvolva pesquisas para verificar o que o setor público, as organizações não governamentais (ONGs) e as empresas estão fazendo em relação ao tema tratado neste capítulo.

Qualquer um desses programas deve ter como objetivo a defesa de pessoas discriminadas por quaisquer das razões anteriormente apresentadas ou de minorias existentes, criadas em função de condições sociais desfavoráveis (por exemplo, a exclusão dos portadores de Aids).

Nosso país tem 500 anos de história e em nenhum período anterior pudemos perceber condições tão favoráveis em nível social para que as minorias reivindiquem os seus direitos, de modo a retirar qualquer grilhão de discriminação que ainda permaneça ativo.

Muitas vezes, em nossas escolas, recebemos conceitos que representam estereótipos de discriminação das minorias, distorcidos pela ideologia dominante ou pelos mais favorecidos por uma condição financeira vantajosa, que lutam pela manutenção desse quadro. Apesar de diversos movimentos propugnarem condições especiais a cada classe de discriminados, o que se pretende é que governo, sociedade e corporações atuem em um sentido amplo, em conjunto.

Combate à exclusão das minorias

As ações sociais de proteção às minorias estão sendo efetivadas por meio do que se convencionou denominar *discriminação positiva* – ou, como a maioria das instituições prefere denominar, *ação afirmativa*. Para Santos (1998, p. 35), a ação afirmativa

> *é um conjunto de medidas legais, modo de vida e políticas sociais que pretendem aliviar os tipos de discriminação que limitam oportunidades de determinados grupos sociais. Um esforço voluntário ou obrigatório, imposto pelo governo federal, estadual e municipal; instituições públicas e privadas, escolas para combater a discriminação e para promover a igualdade de oportunidades na educação e no acesso ao emprego.*

Todas as ações subsequentes partem do art. 3º da Constituição Federal Brasileira, que considera como objetivos fundamentais (Brasil, 1988):

Art. 3º [...]
I. *construir uma sociedade livre, justa e solidária;*
II. *garantir o desenvolvimento nacional;*
III. *erradicar a pobreza e a marginalização e reduzir as desigualdades sociais e regionais;*
IV. *promover o bem de todos, sem preconceitos de origem, raça, sexo, cor, idade e quaisquer outras formas de discriminação.*

Outro ponto de apoio às diversas iniciativas leva em consideração que todos são iguais perante a lei, o que garante aos brasileiros e aos estrangeiros residentes no país a inviolabilidade do direito à igualdade. O fundamento legitimador é o pacto de submissão de todos às deliberações que sejam do interesse comum, ou seja, ressalta-se a supremacia da vontade geral sobre as particulares.

A primeira é geralmente expressa por leis que devem ser seguidas por todos. Dessa forma, por meio da ação afirmativa, dispõe-se que a lei vai reservar um percentual de cargos e empregos públicos a pessoas consideradas excluídas. Além disso, definem-se os critérios de sua admissão e, quando necessário, implanta-se um sistema de cotas.

Alguns argumentam e buscam na tese e objeto da isonomia a garantia do direito das chamadas *liberdades materiais* em igualdade de condições sociais. Assim posto, podemos considerar que a ação afirmativa, apesar de despertar polêmicas nas áreas favorecidas e em áreas contrárias, abre portas para as minorias. Ela tanto pode ser configurada por meio de alguma lei ou estatuto quanto representar apenas a abertura, sem força de lei, de todas as instituições para todas as pessoas. Trata-se uma ação afirmativa que abre portas.

A partir daí, somente competências e habilidades mantêm os favorecidos, da mesma forma como o acontece com as pessoas não beneficiadas. No entanto ainda há controvérsias com relação às questões de cotas. Um exemplo: a reserva de cotas nas universidades não encontra unanimidade, sendo colocadas restrições à sua efetivação. Muitas das soluções desenvolvidas para minorar problemas sociais não têm apoio total.

Reflexão

Sempre que há uma polêmica, temos chamado sua atenção e sugerido que você tome algum partido, para o que é necessário conhecimento de causa. O Instituto de Pesquisas Avançadas em Educação (Ipae) desenvolveu um estudo sobre as cotas. Leia-o e escreva a sua opinião em seu diário de bordo. Guarde o resultado de seu trabalho e prossiga com o texto.

IPAE – Instituto de Pesquisas Avançadas em Educação. **Considerações acerca do sistema de cotas no Brasil**. Estudo Técnico. 2010. Disponível em: <http://www.ipae.com.br/et/32.pdf>. Acesso em: 8 fev. 2015.

Não faz sentido utilizar esse processo de igualdade pelo meio artificial do assistencialismo. Muitas vezes, aquilo que não é exigido por lei tem maior aceitação nas organizações do que o que vem por meio de algum mandato legislativo, que força tais comportamentos. Mas a experiência de muitos demonstra que as pessoas, quando há alguma história de exclusão, não mudam voluntariamente; se não forem forçadas de algum modo, não farão nada, pois vivem na zona confortável da omissão. Desse modo, por vezes as leis são necessárias para abrir a mente àquilo que não é levado em consideração de modo voluntário, independentemente da gravidade do problema.

Reflexão

Questione a ausência de ações voluntárias e a necessidade de leis em aspectos que têm relação com os processos de exclusão social.

A segregação de cor é uma das mais evidentes. É possível citar como exemplo de medidas tomadas pelo governo o Estatuto da Igualdade Racial – Lei n. 12.288, de 20 de julho de 2010 (Brasil, 2010) –, cuja finalidade é atender a inúmeras solicitações e que tem como pontos relevantes:

- Ensinar história geral da África e da população negra no Brasil (o tema já foi previsto numa lei de 2003, mas sem desdobramentos concretos).
- Reconhecer a capoeira como um esporte (o governo deverá investir na prática).
- Liberar a assistência religiosa em hospitais aos seguidores de cultos religiosos de origem africana.
- Criar linhas de financiamento diferenciado para as comunidades quilombolas.
- Implantação, pelo Poder Público, de ouvidorias permanentes em defesa da igualdade racial.
- Adotar medidas, pelo Poder Público, para coibir a violência policial de caráter racial.

Exercício

Leia o Estatuto da Igualdade Racial com uma visão crítica, anote suas observações e proceda da mesma forma como sugerido em outros exercícios.

BRASIL. Lei n. 12.288, de 20 de julho de 2010. **Diário Oficial da União**, Poder Legislativo, Brasília, DF, 20 de jul. de 2010. Disponível em: <http://www.njobs.com.br/seppir/pt>. Acesso em: 8 fev. 2015.

Ação das empresas

Nas empresas, a competitividade está relacionada a muitos fatores. Eles dizem respeito a comportamentos éticos e à efetivação da responsabilidade e da autoridade social, que se reflete na imagem que transmitem à sociedade. As iniciativas podem ser tomadas a "fundo perdido", como atitude mais recomendável; há casos em que pode acontecer retorno de forma palpável na preferência a serviços e produtos.

Um dos principais aspectos em discussão na sociedade contemporânea refere-se ao respeito à diversidade, que já tratamos anteriormente de forma mais genérica. Dentro dessa questão ampla de aceitação da diversidade, destacam-se as discriminações de ordem racial, étnica e religiosa, todas já discutidas.

A fuga ao padrão normalmente aceito caracteriza todas as minorias e não apenas as raciais, entre as quais a de maior evidência é o preconceito contra as pessoas de cor. Mas, quando nos referimos à discriminação racial, não queremos abordar exclusivamente esse fator, ampliando nossa discussão de modo a incluir outras minorias discriminadas, completando o tema iniciado com o tratamento da aceitação da diversidade.

Quando entendemos o valor da diversidade, as ações afirmativas deixam de ser uma imposição, o que está de acordo com o que expusemos até este momento. Nas reflexões das empresas a propósito do que podem fazer, é possível considerar que há três tipos de discriminação possível em seus espaços. O primeiro se refere à discriminação ocupacional, relacionada diretamente com o questionamento sobre a capacidade do discriminado para execução das tarefas exigidas pelo cargo. O segundo diz respeito à discriminação salarial, que fere o princípio da isonomia, quando se observa que pessoas com a mesma função recebem valores distintos por fazerem parte de alguma minoria discriminada. Esse tipo de discriminação, além de utilitária, embute a ideia de que o trabalho das minorias discriminadas não vale tanto quanto o dos demais. Por último, há a discriminação por imagem, que evita ligar o grupo social com pessoas pertencentes a alguma minoria.

A existência dessas condições nas mais diversas empresas nos leva à conclusão de que é preciso adotar políticas de favorecimento à aceitação da diversidade racial, a fim de favorecer a inclusão, a capacitação e a promoção de trabalhadoras e trabalhadores negros – conceito que ampliamos para todas as minorias discriminadas.

O fato de que o racismo é considerado crime também traz para quem o pratica uma mácula em sua imagem institucional. As corporações acabam recebendo respingos quando colaboradores – cujos atos são considerados parte integrante da instituição – adotam essas medidas. Isso leva à recomendação de uma série de medidas internas, além do respeito à legislação brasileira e a acordos internacionais subscritos pelo Brasil, entre os quais sublinhamos (Bento, 2004):

- Estabelecer e divulgar como norma de procedimento interno o respeito a todo e qualquer tipo de diversidade, propósito no qual está incluído o respeito à diversidade de raça.
- Não se intimidar perante grupos de colaboradores que manifestam qualquer tipo de sentimento fóbico; nesses casos, é recomendado sugerir que essa preferência não seja manifestada no interior do grupo.
- Incentivar medidas que orientem todos os colaboradores a evitar atitudes (apelidos, piadas etc.) que possam configurar desrespeito à diversidade.

- Procurar conscientizar todos os colaboradores discriminados sobre suas condições de igualdade.
- Procurar conscientizar os colaboradores internos e a comunidade subjacente o valor da luta contra a discriminação racial e também contra qualquer outro tipo de discriminação.
- Efetuar levantamentos internos para conhecer a distribuição cultural e de raça.
- Estimular fóruns e reuniões internas nos quais sejam propostas reflexões sobre a discriminação racial em qualquer ambiente.
- Discutir e ressaltar a importância de pessoas sujeitas à discriminação em nosso país (índios, negros, orientais, homossexuais e todos os demais discriminados como minorias).

Leitura complementar

Não tratamos com maiores detalhes as questões de discriminação racial na escola. Por isso, solicitamos que seja efetuada a leitura de um texto complementar que pode contribuir para aumentar o seu conhecimento na área. Após encerrar a leitura, proceda como nos trabalhos anteriores.

ARRUDA, M. A. Cultura africana e afro-brasileira: relações raciais na escola, 18 mar. 2011. Disponível em: <http://www.webartigos.com/artigos/cultura-africana-e-afro-brasileira-relacoes-raciais-na-escola/61605/#ixzz33VHCXQB9>. Acesso em: 14 jun. 2014.

17

APOIO AO VOLUNTARIADO E A ORGANIZAÇÕES DA SOCIEDADE CIVIL

17

A PARTIR DE uma ação individual por meio do voluntariado é possível observar que um exemplo vale por mil orientações. Muitas pessoas não desenvolvem atividades de voluntariado, por falta de divulgação ou de incentivo, que poderiam partir das empresas via campanhas de estímulo ao seu desenvolvimento. Por meio de incentivo direto, as empresas podem cooperar para o aumento do volume do voluntariado individual.

Qual a necessidade de atividades voluntárias e da criação de organizações da sociedade civil para minorar os problemas que o mundo atual vivencia? A sociedade contemporânea apresenta características de um domínio do capital e do consumismo, no qual as riquezas que as pessoas acumulam assumem importância e valor maiores que o próprio homem.

A situação de insegurança individual se estende aos relacionamentos em toda a sociedade, fazendo com que estes sejam superficiais, nos quais se nota a ausência de calor, amizade e amor ao próximo. Já as iniciativas de voluntariado centram-se na prática da compaixão, ações que um ser humano toma com relação aos demais com o objetivo de que todos sejam felizes e tenham boa qualidade de vida.

As ações voluntárias transcendem a legislação e qualquer outra consideração coercitiva. Ações desenvolvidas sem interesses outros que não os de colaborar com o próximo são identificadas como voluntariado. A ausência dessas ações pode ocorrer em decorrência da falta de consciência ou de compreensão do homem a respeito do mundo no qual vive.

Normalmente o voluntariado parte de um sentimento de compreensão da necessidade da solidariedade em nível planetário, como uma das maneiras, talvez a única, de recuperação do planeta, em fase de esgotamento de recursos devido à exploração desenfreada.

Quebrar a forma como a sociedade atual está estruturada – calcada no materialismo, na existência de processos de banalização de todos os valores e na afirmação da injustiça social – não é tarefa fácil, principalmente considerando a corrupção galopante que atinge todas as instituições sociais, as quais perdem cada vez mais a credibilidade, levando à degradação moral em todos os sentidos.

De grupos de pessoas e organismos internacionais surgem, contra esse estado de egoísmo que permeia o tecido social, reações que orientam as pessoas a ações individuais e voluntárias, as quais desembocam na criação das organizações da sociedade civil – organizações não governamentais (ONGs) e Organizações da Sociedade Civil de Interesse Público (OSCIPs). Fica estabelecido, assim, um novo setor da economia (terceiro setor), voltado para atividades humanitárias e para a solução, fora da esfera pública e privada – a primeira, corrupta, e a segunda, dependente do capital –, dos graves problemas que acometem o ser humano e o planeta Terra.

Exercício

Observe como estão os sentimentos descritos nos parágrafos anteriores em relação a você mesmo. Analise o texto com senso crítico e anote as conclusões no seu diário de bordo para consultas futuras.

O voluntariado

A primeira reação contra as injustiças sociais é a consciência individual. Por mais empedernido que o ser humano esteja pelo consumismo e pelo hedonismo que dominam a sociedade atual, tal consciência tem despertado algumas mentes inquietas e felizmente, expandido-se lenta e inexorávelmente em busca de melhoria das condições de vida da própria pessoa e de seus semelhantes.

Da união dessas pessoas nasce a ajuda mútua, que se espalha em diversas localidades, consistindo no apoio que elas prestam umas às outras. O trabalho voluntário é um ato de doação de si próprio, respondendo a um impulso humano básico que ainda sobrevive em meio ao egoísmo, que tende a afogar a sociedade e dificultar a própria sobrevivência.

Essa mobilização em favor dos menos privilegiados estende uma rede de solidariedade e confiança. A ação conjunta de pessoas independe do grupo social. Trata-se de empreendedorismo social individual ou de ONGs e OSCIPs – as três formas por meio das quais as pessoas podem desenvolver atividades em benefício de outras menos favorecidas.

O voluntariado também tem sua definição. A Organização das Nações Unidas (ONU) enxerga essa atividade como aquela desenvolvida por jovens e adultos que, em virtude de seus interesses pessoais e ao espírito cívico, dedicam parte de seu tempo, sem remuneração alguma, a diversas formas de atividades organizadas ou não de bem-estar em diversos campos (Corullón, 2014)[1].

O voluntário pode ser considerado um ator social e agente de transformações que presta serviços não remunerados em benefício da comunidade, doa seu tempo e conhecimentos e realiza um trabalho gerado pela energia de seu impulso solidário, atendendo às necessidades do próximo ou aos imperativos de uma causa, com as próprias motivações pessoais, as quais podem ser de caráter religioso, cultural, filosófico, político ou emocional. Ser um bom voluntário compreende: ser humilde, ser profissional da mesma forma como em qualquer outro trabalho e aceitar críticas.

Antes de tudo, questione-se. Pergunte a você mesmo por que deseja ser um voluntário. A resposta pode fazê-lo desistir antes de começar ou lhe dar ainda mais forças para continuar com a ideia.

---

1   Para mais informações sobre o voluntariado, acesse: <http://www.voluntarios.com.br/oque_e_voluntariado.htm>. Acesso em: 6 nov. 2014.

Identificada a sua motivação, você pode, então, escolher uma entidade. Uma andorinha sozinha pode não fazer verão; assim, se você não tiver o apoio de outras pessoas ao seu lado, talvez não consiga alcançar os objetivos traçados cuidadosamente antes de iniciar a atividade.

Exercício

Em uma atividade de estudo independente, reflita sobre a sua posição com relação ao voluntariado e como você se sente em relação à sua atuação direta em alguma atividade com essa característica. Analise a seguir os itens de uma lista que aponta as dez dicas sobre o voluntariado e registre a sua opinião; se tiver sugestões para aumento da lista, adicione-as. Ao encerrar a atividade, proceda como em todas as outras interações.

- *Todos podem ser voluntários:* Não é só quem é especialista em alguma coisa que pode ser voluntário. Todas as pessoas possuem capacidades, habilidades e dons. O que cada um faz bem pode fazer bem a alguém.
- *Voluntariado é uma relação humana, rica e solidária:* Não é uma atividade fria, racional e impessoal. É relação de pessoa a pessoa, oportunidade de fazer amigos, viver novas experiências, conhecer outras realidades.
- *Trabalho voluntário é uma via de mão dupla:* O voluntário doa sua energia e criatividade, mas ganha em troca contato humano, convivência com pessoas diferentes, oportunidade de aprender coisas novas, satisfação de se sentir útil.
- *Voluntariado é ação:* Não é preciso pedir licença a ninguém antes de começar a agir. Quem quer vai e faz.

- *Voluntariado é escolha: Não há hierarquia de prioridades. As formas de ação são tão variadas quanto as necessidades da comunidade e a criatividade do voluntário.*
- *Cada um é voluntário a seu modo: Não há fórmulas nem modelos a serem seguidos. Alguns voluntários são capazes, por si mesmos, de olhar em volta, arregaçar as mangas e agir. Outros preferem atuar em grupo, juntando os vizinhos, amigos ou colegas de trabalho. Por vezes é uma instituição inteira que se mobiliza, seja ela um clube de serviços, seja uma igreja, seja uma entidade beneficente, seja uma empresa.*
- *Voluntariado é compromisso: Cada um contribui na medida de suas possibilidades, mas cada compromisso assumido é para ser cumprido. Uns têm mais tempo livre, outros só dispõem de algumas poucas horas por semana. Alguns sabem exatamente onde ou com quem querem trabalhar. Outros estão prontos a ajudar no que for preciso, onde a necessidade é mais urgente.*
- *Voluntariado é uma ação duradoura e com qualidade: Sua função não é de tapar buracos e compensar carências. A ação voluntária contribui para ajudar pessoas em dificuldade, resolver problemas, melhorar a qualidade de vida da comunidade.*
- *Voluntariado é uma ferramenta de inclusão social: Todos têm o direito de ser voluntários. As energias, recursos e competências de crianças, jovens, pessoas portadoras de deficiência, idosos e aposentados podem e devem ser mobilizados.*
- *Voluntariado é um hábito do coração e uma virtude cívica: As formas de ação voluntária são tão variadas quanto à criatividade do voluntário e as necessidades da comunidade.* (Portal do Voluntário, 2012)

Terceiro setor

O surgimento do terceiro setor foi consequência direta da falência do Estado no tratamento das questões sociais, aliada à vontade de algumas pessoas de solucionar problemas graves que eram ignorados pela incapacidade do Poder Público, quando afetam grandes contingentes. Ele é composto por organizações sem fins lucrativos e não governamentais que têm como objetivo gerar serviços de caráter público, com vistas a favorecer pessoas ou minorias que enfrentam problemas sociais devido à omissão do Estado, os quais atingem contingentes significativos no âmbito social. De acordo com Kanitz (2014), fazem parte do terceiro setor:

- As **fundações**, que são instituições que financiam o terceiro setor, fazendo doações a entidades beneficentes. No Brasil, são poucas e seu trabalho tem eficiência restrita.
- As **entidades beneficentes**, que são a linha de frente e que cuidam de carentes, idosos, drogados e alcoólatras, meninos e meninas de rua, por meio de uma série de atividades. São em número superior às fundações e de sua ação depende a melhoria da qualidade de vida de milhares de pessoas. Elas englobam:
    - **Fundos comunitários** – Recebem doações incentivadas de diversas empresas e aplicam em atividades sociais. Não são efetivos em nosso país, existem em pequeno número e têm eficácia reduzida.
    - **Entidades sem fins lucrativos** – Algumas reais, outras apenas de fachada, que geralmente atendem aos interesses do grupo de pessoas que a criou. Elas devem ser diferenciadas da entidade beneficente.

- **Organizações não governamentais** – Por meio de ações comunitárias ou ações políticas, conseguem pressionar os setores público e privado, conseguindo obter benefícios que favoreçam pessoas submetidas a injustiças sociais.
- **Grupos sociais civis de interesse público** – Representam algo similar a uma organização não governamental com algumas características diferenciadoras que veremos na sequência deste estudo.
- **Corporações** – Efetivam o processo de responsabilidade e autoridade social que temos trabalhado neste livro.
- **Grupos sociais doadores** – São parceiros do terceiro setor que efetuam doações.

O terceiro setor é o responsável por inúmeras ações de natureza pública. Ele representa uma força que emerge com soluções que podem colaborar de forma decisiva para o bem-estar da sociedade.

Leitura complementar

Vamos sugerir que você estude as dez aulas disponíveis na referência apresentada a seguir, nas quais vai aprender um pouco mais sobre autoridade e responsabilidade social, com opiniões convergentes com as que apresentamos neste material. Indique também o endereço para um amigo que quer ser voluntário, mas ainda não sabe como. Registre as suas impressões e acione o seu diário de bordo.

COMTEXTO: Comunicação e pesquisa. **Aula 1**: em busca de um conceito de responsabilidade social. Disponível em: <http://www.comtexto.com.br/comresponsaaulas_1.htm>. Acesso em: 22 out. 2014.

Ações das empresas

Qual é o interesse de uma empresa em participar de atividades voluntárias? Há um sentimento geral de que aquele que adota um comportamento ético e promove ações de responsabilidade e autoridade social carrega benefícios para sua imagem, os quais podem se refletir em um aumento da competitividade no mercado de trabalho, o mesmo valendo para o voluntariado individual.

Seja por esse ou por outro motivo qualquer, o importante é que o voluntariado se beneficia quando uma corporação empresta o seu conhecimento administrativo e a sua inteligência para que as ações individuais tenham maior efeito, ainda que participando indiretamente, via incentivo ao voluntariado organizacional realizado pelos funcionários.

Por definição adotada como consenso geral, o voluntariado organizacional é um conjunto de ações de empresas com vistas a incentivar e apoiar o envolvimento dos funcionários em atividades voluntárias em prol de uma causa, de uma instituição ou de grupos de beneficiários específicos. Esse modelo chegou ao nosso país adotado como prática comum em grandes grupos econômicos internacionais. Ele é usado como um dos argumentos válidos para a efetivação da responsabilidade e da autoridade social no mercado contemporâneo.

Essas ações podem alavancar a imagem e trazer benefícios indiretos na melhoria das atitudes do quadro funcional de uma empresa, assim como em seu nível de competitividade. A organização cria uma área denominada *investimento social*, que muitas vezes a empresa delega aos funcionários, dando-lhes em troca vantagens em planos de benefício e incentivos como progresso funcional. Assim, o colaborador se torna um aliado para que a empresa desenvolva uma política social com vistas à melhoria de sua imagem institucional.

Não importa que essa seja uma visão utilitarista por parte da organização – é até interessante ressaltar que um programa de voluntariado tem um custo mínimo para a empresa ante os benefícios que podem advir como retorno. Ao emprestar o conhecimento administrativo a iniciativas individuais, é possível construir um programa interno de voluntariado que seja bem estruturado e esteja alinhado com a estratégia da empresa. As vantagens do voluntariado empresarial podem ser elencadas de acordo com o que segue (CBVE, 2013):

a) Para a empresa:
- Fortalece a lealdade, ajudando a atrair e manter bons funcionários.
- Agrega valor ao clima organizacional.
- Aumenta a satisfação dos funcionários.
- Proporciona maior motivação e confiança para a resolução de problemas.
- Incentiva a criatividade, a confiança, a persistência e o trabalho em grupo.
- Ajuda a garantir o bom aproveitamento de recursos doados ou investidos por intermédio dos funcionários voluntários.
- Promove a marca institucional e dos produtos ou serviços, por meio do reforço positivo da imagem entre o público beneficiado e os clientes em geral.
- Favorece o reconhecimento e a valorização dos consumidores.
- Promove resultados eficazes e duradouros com custos financeiros mínimos.

- Demonstra que a organização tem compromisso com o crescimento do país.

b) Para os funcionários:
- Possibilita a prática de novas funções e o desenvolvimento de habilidades pessoais e profissionais.
- Fortalece o espírito de equipe.
- Promove a lealdade, a satisfação, o respeito e a admiração à empresa e ao local de trabalho.
- Estimula o crescimento pessoal.

c) Para a sociedade:
- Melhora a qualidade de vida de um grupo ou de uma comunidade.
- Contribui para a redução dos problemas sociais.

Para que possamos fechar o tema sobre voluntariado individual, vamos mostrar, para quem não sabe de sua existência, o texto da Lei do Voluntariado vigente no Brasil – a Lei n. 9.608, de 18 de fevereiro de 1998, que dispõe sobre o serviço voluntário e dá outras providências:

> Art. 1º Considera-se serviço voluntário, para fins desta Lei, a atividade não remunerada, prestada por pessoa física a entidade pública de qualquer natureza, ou a Instituição privada de fins não lucrativos, que tenha objetivos cívicos, culturais, educacionais, científicos, recreativos ou de assistência social, inclusive mutualidade.
>
> Parágrafo único. O serviço voluntário não gera vínculo empregatício, nem obrigação de natureza trabalhista, previdenciária ou afim.
>
> Art. 2º O serviço voluntário será exercido mediante a celebração de Termo de Adesão entre a entidade, pública ou privada, e o prestador do serviço voluntário, dele devendo constar o objeto e as condições de seu exercício.

Art. 3º O prestador de serviço voluntário poderá ser ressarcido pelas despesas que comprovadamente realizar no desempenho das atividades voluntárias.

Parágrafo único. As despesas a serem ressarcidas deverão estar expressamente autorizadas pela entidade a que for prestado o serviço voluntário.

Art. 4º Esta Lei entra em vigor na data de sua publicação.

Art. 5º Revogam-se as disposições em contrário. (Brasil, 1998)

Leitura complementar

Para completar seus estudos, procure ler o material indicado a seguir:

KANITZ, S. **O que é o terceiro setor**. Disponível em: <http://filantropia.org/OqueeTerceiroSetor.htm>. Acesso em: 18 jun. 2014.

18

APOIO AOS MOVIMENTOS LGBT

18

O TEMA PODERIA ter sido tratado em capítulo anterior, quando foi colocada em discussão a exclusão social. Os grupos compostos por lésbicas, gays, bissexuais e transgêneros (LGBT) são excluídos e fazem parte das minorias. O pouco conhecimento do assunto por parte das pessoas em um estado de intolerância e incompreensão que tem gerado movimentos fóbicos justificam a abordagem separada.

O principal objetivo deste capítulo é conscientizar indivíduos e empresas – estas com maior dificuldade, pois a discriminação é muito arraigada – para a complexidade da construção da cidadania. A sociedade já está cheia de preconceitos: de raça, de credo e, agora, de orientação sexual. O grupo LGBT busca o que todas as outras minorias desejam, mas o fato de ser considerado por muitos uma "aberração sexual" aumenta a resistência à concessão de direitos a seus integrantes.

O movimento *gay*, com o decorrer do tempo, assumiu formas cada vez mais complexas e reuniu em um mesmo grupo uma diversidade de pessoas que levam a vida sexual de forma diferenciada. Assim, a ele se incorporou a luta em defesa das lésbicas, em seguida se juntaram os bissexuais, e, na atualidade, os componentes do grupo denominado *transgênero*, formado por pessoas que trocam de sexo (incluídos travestis e transformistas). Todas essas categorias são englobadas na sigla *LGBT*.

A luta pela igualdade se trava principalmente no campo político, com o Estado, por meio dos parlamentares, responsáveis por leis que não são muito bem recebidas pela sociedade. O fato de o grupo LGBT ser excluído desperta preocupações dos defensores de pessoas oprimidas de alguma forma, ainda que sob protestos sociais de religiões que condenam as práticas e de pessoas que estão criando movimentos fóbicos, o que transforma a situação em caso policial.

Sociais, somente os grupos sociais do terceiro setor têm tido uma atuação mais destacada; mas aos poucos as pessoas que participam desses grupos vêm sendo mais bem aceitas. É uma pena que, principalmente entre os jovens, tantos não tenham sensibilidade para tratar de um assunto tão delicado. A visão cristã e a "educação familiar" ainda têm raízes muito profundas, e o sentimento de que a opção sexual e o estilo de vida diferenciados são uma anormalidade.

A sexualidade somente foi admitida, através do tempo, em sua forma heterossexual e mediante o casamento. Na atualidade, o sexo livre é aceito por homens e mulheres e vem sendo praticado por pessoas cada vez mais jovens, a ponto de não mais ser considerado uma transgressão. O mesmo sentimento não ocorre com outras formas de relacionamento sexual.

O comportamento dos adeptos ao movimento LGBT foge ao convencional e se opõe diretamente ao estado conservador. Ao se sentirem ameaçadas na segurança de seu casamento ou nas propostas de abstinência sexual, as pessoas contrárias a tal comportamento reagem desfavoravelmente a toda e qualquer iniciativa tomada no sentido de tratar tal movimento como minoria, sob um processo de exclusão social.

Politicamente, os integrantes desse grupo social conseguiram transformar em lei duas reinvindicações importantes: a autorização da união civil entre pessoas do mesmo sexo e a criminalização da homofobia, combatida nas lides evangélicas aos brados de pastores indignados.

Essas conquistas legalizaram o que já existia: pessoas que já conviviam juntas há muito tempo e o combate à violência, que não tinha proteção legal. Aos poucos, o grupo social LGBT vem obtendo vitórias — pelo menos no aspecto legal, as pessoas têm de aceitá-lo. Gradativamente, as desigualdades jurídicas relativas a essas pessoas vão sendo eliminadas e a igualdade com os grupos heterossexuais está cada vez mais próxima. Paulatinamente, os seus componentes se organizam e têm cada vez menos receio de revelar a condição de participante do LGBT. Eles conquistam cadeiras nos parlamentos municipais, estaduais e federais; muitos ganham respeito por sua habilidade intelectual; outros assumem chefias e postos importantes em outras instâncias sociais, utilizando as facilidades que adquirem em benefício daqueles ainda submetidos ao preconceito.

O primeiro ponto de apoio das pessoas desse grupo social é o art. 3º da Constituição Federal, que, no inciso IV, diz que devemos "promover o bem de todos, sem preconceito de origem, raça, sexo, cor, idade e quaisquer outras formas de discriminação" (Brasil, 1988).

■ ─────────── Leitura complementar

Acesse a *Revista do Terceiro Setor* e procure artigos e informações publicadas sobre o grupo LGBT. Alguns estão indicados a seguir, mas solicitamos que você exercite sua capacidade de pesquisa e busque outros interessantes, de modo a enriquecer a sua biblioteca virtual sobre o assunto e aumentar o diário de bordo com seus comentários.

BRASIL cria Conselho Nacional LGBT. **RETS – Revista do Terceiro Setor**, 5 abr. 2011. Disponível em: <http://www.rets.org.br/?q=node/935>. Acesso em: 6 nov. 2014.

ONU lança campanha mundial para promover a igualdade LGBT. **RETS – Revista do Terceiro Setor**, 29 jul. 2013. Disponível em: <http://www.rets.org.br/?q=node/2303>. Acesso em: 6 nov. 2014.

ONU quer medidas efetivas para proteção dos direitos humanos da população LGBT. **RETS – Revista do Terceiro Setor**, 24 maio 2013. Disponível em: <http://www.rets.org.br/?q=node/2229>. Acesso em: 6 nov. 2014.

───────────────────────────── ■

Apenas nos últimos cinco anos podemos verificar, com uma rápida pesquisa nas manchetes policiais, um sem-número de casos de homofobia, que, na verdade, ainda não representam tudo o que acontece na realidade, levando-se em conta que grande parte das agressões não chega até as delegacias. Isso revela que atitudes homofóbicas tomaram um rumo inesperado e indesejável na atualidade.

Até pouco tempo, os praticantes da violência se acobertavam na falta de legislação e na hipocrisia de muitas autoridades que diziam proteger os direitos dos homossexuais, mas faziam exatamente o contrário. Mesmo comportamento tinham alguns membros do judiciário, que impunham penas ridículas de prestação de serviço em comunidades carentes.

Assim, o homossexual era apenado diversas vezes, pela discriminação das crenças religiosas, em colégios, hospitais e outros espaços públicos; era deserdado pela família e vivia em um nível de promiscuidade que o aproximava dos animais. Em ruas da cidade era agredido, apedrejado, assassinado, quando não submetido a sessões de torturas.

Essa situação perdurou até o surgimento das primeiras leis internacionais, mas que não encontravam eco em nosso país. Elas começaram a ser aventadas a partir de 1990, com a utilização dos mecanismos de proteção colocados pela Organização das Nações Unidas (ONU). A recomendação era que o Estado monitorasse o cumprimento das legislações internacionais e as cópias nacionais que surgiram em sua esteira, nas quais estava expressa a preocupação com a segurança e o bem-estar dos componentes do LGBT. O Conselho de Direitos Humanos iniciou um processo que desembocou em leis que finalmente existem – mas ainda não são cumpridas em sua totalidade.

A primeira resolução de peso ocorreu em 2011, quando o Conselho de Direitos Humanos demonstrou "grande preocupação" com a violência e a discriminação contra indivíduos por causa de orientação sexual e identidade de gênero. O processo de acabar com essa discriminação era tido como grande desafio, e a competência por seu cumprimento colocada sob a responsabilidade do Estado. Assim, essas pessoas começaram a viver um novo tempo de esperança. O dique que impede a continuidade das agressões represa emoções contidas a custo da lei. Qualquer descuido das autoridades pode provocar um mar de sangue nas comunidades onde elas estão situadas.

A incapacidade do Estado de proporcionar uma condição de vigilância extensiva acaba por jogar nos ombros da sociedade civil e do terceiro setor a responsabilidade por esse estado de alerta. O problema não está na determinação de leis: se elas são necessárias, mais ainda é a criação de uma cultura de igualdade em todos os quadrantes.

Demetriuk (2013) fez um levantamento no qual assinala diversos pontos de inflexão nos quais foram estabelecidos direitos legais para homossexuais. A autora lembra que tudo começou nos anos 1980, quando o homossexualismo deixou de ser visto como distúrbio mental. A proibição da homossexualidade passou a ser considerada pela Anistia Internacional uma violação dos direitos humanos.

A partir daí se iniciou um longo caminho até que a homossexualidade não fosse mais punida. A legislação está voltada para a pacificação e a regulamentação dos direitos da comunidade LGBT. Mesmo sem lei do Congresso, o Conselho Nacional de Justiça (CNJ) oficializou o casamento gay (Recondo et al., 2013), com direito a nome e partilha dos bens, medida que encontra grande resistência. O decreto vai permitir que pessoas do mesmo sexo que vivem juntas tenham direitos a herança, sucessão, previdência, declaração de renda conjunta e nacionalidade.

Depois de percorrer um longo caminho, enfim é possível ver estabelecida em nosso país uma legislação que considera crime a discriminação homossexual. Há muitas variações nos textos legais em diversos estados; o mais completo está no Projeto de Lei n. 185, de 12 de junho de 2002, estabelecida no Rio Grande do Sul e que deve servir como modelo a outras legislações estaduais (Porto Alegre, 2002).

A caminhada envolve ainda:

- *Homossexualidade perante a previdência social (direito concedido por jurisprudência em alguns casos);*
- *Questões de direito sucessório (direito concedido por jurisprudência em alguns casos);*
- *Questões de adoção por homossexuais (direito concedido por jurisprudência em alguns casos).* (Demetriuk, 2013)

Há ainda um longo caminho a percorrer, mas os homossexuais enxergam uma luz no final do túnel, com diversas aberturas baseadas em jurisprudência enquanto a legislação não se estabelece de forma definitiva.

Ações das empresas

Nesse particular, o volume de polêmicas faz com que não sejam muitas as intervenções de corporações, a não ser dos próprios interessados (comunidade LGBT). Em escolas, no trabalho, em atividades sociais, os homossexuais continuam obtendo vitórias que ainda encontram grande resistência. Praticamente em todos os grupos sociais se observam falhas na inclusão dos homossexuais. Se sabem trabalhar com diversos outros tipos de diversidade, com relação ao preconceito com os homossexuais o mesmo fato não ocorre.

As agressões físicas ainda existem em um grande número. A população LGBT somente é aceita em atividades estereotipadas, tais como: cabeleireiros, profissionais das artes e outras carreiras associadas às mulheres. Assim, aqueles que assumem publicamente a sua condição enfrentam grande resistência. A questão do humor pode parecer inocente, mas revela uma condição de *bullying* que se torna inaceitável com o transcorrer do tempo.

Quando instados a inserir homossexuais em suas equipes de trabalho, muitos gerentes consideram inaceitável o que chamam de "vitimização" dos homossexuais. A eles não devem ser dadas regalias, o que acontece em algumas ocasiões, fazendo com que as pessoas sejam mais resistentes com relação a sua aceitação no meio social.

A culpabilidade das empresas no caso de não protegerem os direitos dos homossexuais atua como outro freio. Se o funcionário homossexual registrar uma queixa de forma oficial, via boletim de ocorrência, a corporação será responsabilizada pela Justiça. Para as organizações e para a sociedade como um todo, não é fácil o tratamento do tema.

Espera-se que este material possa colaborar com uma situação que se arrasta há muito tempo, ainda que venha sendo cada vez mais combatida, na medida em que as novas gerações incluem em sua cultura a existência de pessoas com diferentes preferências sexuais.

Leitura complementar

Dos temas que foram tratados até o momento, certamente você deve ter considerado este como o de maior complexidade, não somente pela ausência de legislação, mas também em virtude do fato de as pessoas que não aceitam, pelos mais diversos motivos, tratar de forma natural pessoas pertencentes ao grupo LGBT. Se necessário, releia o texto com atenção e leia também a publicação indicada a seguir. Depois de terminado o trabalho, registre suas impressões em seu diário de bordo.

DEMETRIUK, E. Homossexualidade e a legislação. **Psicnet**, 7 maio 2013. Disponível em: <http://www.psicnet.psc.br/v2/site/temas/temas_default.asp?ID=75>. Acesso em: 17 jun. 2014.

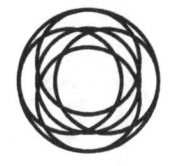

19

COMPROMISSO COM OS OBJETIVOS DO MILÊNIO

19

EM TODAS AS conferências, geralmente é proposto, como documento final, um protocolo de intenções. Infelizmente, quando acompanhamos a evolução das medidas propostas como resultado das mais diversas discussões, observamos que elas são cumpridas parcialmente ou acabam não sendo respeitadas em sua totalidade. O mesmo problema acontece com o tema em discussão neste capítulo. Ainda assim, é preciso acompanhar a evolução e instituir cobranças.

Em 2000, os **oito objetivos do milênio** foram aprovados por 191 países da Organização das Nações Unidas (ONU) em Nova York, na maior reunião de dirigentes mundiais de todos os tempos – estiveram presentes 124 chefes de Estado e de Governo (8 jeitos..., 2015a). Esses objetivos representam um documento-síntese dos avanços já alcançados e previstos para a construção de valores e objetivos comuns entre os povos de todo o planeta. O documento também evidencia um compromisso compartilhado pela sociedade e seus grupos sociais civis, públicos e privados para o enfrentamento dos desafios globais mais urgentes nos campos econômico, social e ambiental.

Os países signatários, inclusive o Brasil, comprometeram-se a cumprir os oito objetivos, os quais apresentamos a seguir, até 2015. Se alcançados, podem contribuir de forma decisiva para a melhoria da qualidade de vida em nível planetário. Nesse cenário, desenhado com cores otimistas, bem longe da situação real que o mundo enfrenta na atualidade, as corporações podem contribuir com seu respectivo país e em nível global. Cabe a elas incorporar as oito metas nas estratégias organizacionais e no gerenciamento de seus negócios. São elas (8 jeitos..., 2015b):

1. Erradicar a extrema pobreza e a fome.
2. Atingir o ensino básico universal.
3. Promover a igualdade entre os sexos e a autonomia das mulheres.
4. Reduzir a mortalidade infantil.
5. Melhorar a saúde da maternidade.
6. Combater a HIV/Aids, a malária e outras doenças.
7. Garantir a sustentabilidade universal.
8. Estabelecer uma parceria mundial para o desenvolvimento.

> **Exercício**
>
> Antes de se aprofundar no estudo do tema, questione o que levou as nações a adotarem medidas conjuntas e quais são as ações reais e efetivas em nosso país neste período que se encerra.

As metas do milênio foram apresentadas, discutidas e elaboradas na forma de lei ou de normativas locais e expandidas globalmente. Houve união das entidades governamentais, empresas e organizações da sociedade civil que procuraram maneiras de inserir a busca por essas metas nas estratégias particulares como forma de cumprimento de sua responsabilidade e autoridade social. Houve um esforço no sentido de incluir várias delas em estatutos, congressos e agendas internacionais, nacionais e locais de direitos humanos, como modo inovador de valorizar e levar adiante a iniciativa, com vistas à construção de um mundo melhor.

Elas foram colocadas de forma concreta e mensurável. São 18 objetivos e 48 indicadores a serem acompanhados por entidades da sociedade civil e organismos internacionais de controle. Cada avanço no sentido de seu cumprimento pode ser observado em cada um dos países signatários em escala regional, nacional e global.

Ações dos grupos sociais

Diversas instituições buscaram, por meio da publicação de guias de orientação, colaborar com a proposta de envolver os grupos sociais em um compromisso com diversas áreas. Não foi possível perceber um engajamento real além daquele divulgado em notícias que apenas revelaram intenções não cumpridas. Para que você possa, mais uma vez, constatar que os objetivos não foram atingidos, transcrevemos a lista completa:

- *Apoio à geração de emprego e renda;*
- *Apoio à merenda escolar;*
- *Ações de combate à fome em zonas rurais;*
- *Ações de combate à fome em regiões urbanas;*
- *Programa de educação alimentar;*
- *Programas de voluntariado;*
- *Programas de inclusão de negros, pessoas com necessidades especiais e outros grupos de discriminados. Contratação de aprendizes;*
- *Ações de combate ao trabalho infantil;*
- *Apoio e investimento em escolas e ONGs que desenvolvem projetos educacionais;*
- *Promoção da educação de funcionários e dependentes;*
- *Projetos educacionais complementares;*
- *Contribuição para Fundos Municipais da Criança e do Adolescente;*
- *Programas de valorização da diversidade focados em gênero e raça;*
- *Programas de geração de renda para mulheres chefes de família;*
- *Melhoria do acesso a medicamentos seguros e baratos;*
- *Melhoria do acesso à água potável;*
- *Melhoria das condições de trabalho e da saúde ocupacional da mulher;*
- *Apoio a ONGS que trabalhem com o tema de gênero e com a melhoria dos serviços de saúde;*
- *Disponibilização de medicamentos seguros e baratos;*
- *Apoio a programas de educação, prevenção e tratamento no combate à AIDS e a outras doenças;*
- *Apoio a outros projetos na área de saúde;*
- *Gestão do impacto ambiental;*
- *Treinamento, formação e capacitação no uso sustentável de recursos naturais;*

- *Programas de premiação para projetos e ações ambientais;*
- *Garantia de acesso à água potável;*
- *Programas de tratamento de resíduos;*
- *Promoção do trabalho digno para os jovens;*
- *Democratização do acesso às tecnologias da informação;*
- *Viabilização de parcerias para o desenvolvimento social sustentável.* (8 jeitos..., 2015a)

Não é necessário um esforço muito grande de pesquisa para que se comprove que as metas não foram alcançadas. O que deveria ser atingido até 2015 não foi cumprido e a expectativa não é animadora. Não é nada que possa ser objeto de espanto, pois tantas outras promessas já foram quebradas anteriormente, o que de aponta falta de preparo para o trato da coisa pública.

Em meados de 2013, a ONU, criadora do projeto, iniciou uma análise para apontar o cumprimento dos objetivos, sugerindo que outros países procedessem da mesma forma. Um dos relatórios disponíveis para uma análise mais completa sobre como desenvolver essa atividade mostra resultados nada alentadores[1]. Em nosso país, existem estudos sobre o mesmo tema (Ipea, 2014b). Já com relação ao primeiro objetivo, comprova-se que não será cumprido: a erradicação da pobreza ainda deve exigir muitos esforços, superiores aos investimentos que podem ser observados em iniciativas dos seus signatários.

Ban Ki Mon, secretário-geral da ONU, considera o planeta em regime de urgência sem precedentes. Como incentivo, o organismo internacional publicou o relatório *Uma vida de dignidade para*

---

1 Para mais informações sobre a análise do cumprimento das metas, realizada pela ONU, acesse: <http://www.un.org/apps/news/story.asp?NewsID=45669&Cr=mdgs&Cr1=#.U42yU2fQfcd>. Acesso em: 28 out. 2014.

todos (UN, 2013)[2]. Apesar das reduções significativas em algumas regiões, em nível global é possível notar que esses objetivos possivelmente não serão atingidos. Os grupos sociais estão sendo chamados ao cumprimento de sua responsabilidade e de sua autoridade social, pois, para que as metas sejam cumpridas, é preciso aumentar a sua participação nas iniciativas de organismos internacionais.

Exercício

Leia o relatório *A Life of dignity for all: accelerating progress towards the Millennium Development Goals and advancing the United Nations development agenda beyond 2015*. Proceda como fez durante o desenvolvimento da leitura deste estudo e prepare-se para fechar o seu diário de bordo com chave de ouro.

UN – United Nations. A Life of Dignity for All: Accelerating Progress Towards the Millenium Development Goals and Advancing the United Nations Development Agenda Beyond 2015. **General Assembly**, 26 jul. 2013. Disponível em: <http://www.un.org/en/ga/search/view_doc.asp?symbol=A/68/202>. Acesso em: 9 jun. 2015

---

[2] Para obter mais informações sobre o relatório "Uma vida de dignidade para todos", acesse: <http://www.un.org/en/ga/search/view_doc.asp?symbol=A/68/202>. Acesso em: 28 out. 2014.

20

UM OLHAR PARA O FUTURO

20

O QUE PODEMOS esperar daqui para o futuro? O que irá acontecer na próxima década? Os novos movimentos sociais parecem estar concentrados mais em estudos relacionados com os direitos humanos do que em preocupações materialistas, como o desenvolvimento econômico (Stekelenburg; Roggeband; Klandermans, 2013). Os autores consideram que há em trânsito uma nova onda de movimentos sociais distintos daqueles tradicionais surgidos no início da economia pós-industrial. As preocupações são sociais e culturais.

É uma movimentação que vai afetar e envolver mais as empresas de grande porte e a classe média, em vez de se concentrar nas classes mais baixas. Ela vai acontecer com o apoio direto das redes sociais informais, que devem ser adotadas como ferramenta de apoio essencial para as solicitações sociais, pelo volume de pessoas que conseguem atingir e envolver.

Um exemplo dessas novas ações que não envolvem exigências econômicas são as mudanças exigidas com relação ao meio ambiente. Em todas as iniciativas, o fator comum será a luta contra o autoritarismo de qualquer espécie. A arrogância das elites políticas, jurídicas, policiais e sociais deve ser combatida em todas as frentes. O que hoje se considera como extrema-direita e extrema-esquerda deve, aos poucos, perder força na sociedade. O radicalismo provou não ser uma solução aceitável, pois atravessou séculos sem trazer nenhum resultado prático e positivo.

Stekelenburg, Roggeband e Klandermans (2013) consideram uma possível agenda para o futuro:

- Direitos humanos (negros, homossexuais e outros).
- Liberdade de pensamento e de expressão.
- Igualdade de todos perante a lei.
- Rejeição de orientações de consumo.
- Qualidade de vida pessoal e do meio ambiente.

Os principais envolvidos serão os componentes da classe trabalhadora, não importa de qual empresa seja proveniente, em razão do crescimento da dependência de tais grupos em relação aos seus colaboradores. A esfera cultural com seus artistas deve afetar cada vez mais as decisões políticas.

Os novos movimentos sociais devem desafiar o Estado e negar qualquer influência autoritária ou desejo de poder. Todos esses movimentos, ainda que em seu desenvolvimento venha ocorrer eventual violência, têm na busca da paz e da convivência pacífica um dos objetivos principais. Eles não necessitam de uma ideologia forte, descartada pelo fato de que as ideologias têm muitos dogmas impostos por lideranças e acabam desembocando no autoritarismo.

Os trabalhadores do conhecimento (Drucker, 2008) devem ser a maioria dos integrantes dos novos movimentos sociais. Trata-se de uma nova classe média com muitos componentes de uma antiga classe operária que migraram pelo surgimento de novas profissões e pela obsolescência de diversas outras. Gotting (2010) a considera uma classe em evolução e que apresenta, de forma geral e crescente, elevado nível de educação, pela facilidade de acesso a informações e recursos, demonstrando um engajamento muito maior nos movimentos sociais. Grodsky (2012) tem uma visão histórica que esclarece que tais movimentos tiveram início na pós-modernidade, a partir do novo milênio, quando o desafio da autoridade se manifestou como característica marcante.

Um dos aspectos marcantes dos movimentos sociais, visível desde agora, é a despreocupação com a moral arcaica – o movimento LGBT, por exemplo, é aceito por eles de forma natural, assim como a convivência com pessoas de diferentes preferências sexuais. Há aversão contra todos os tabus sociais, que serão quebrados de forma significativa.

O envelhecimento da população cria novas necessidades sociais, aspecto que atinge de forma sensível a população brasileira. Na próxima década, ela deve se transformar em uma preocupação social de elevada monta, principalmente em virtude a problemas de má administração dos fundos referentes ao recolhimento de contribuições.

As instituições de trabalho voluntário devem crescer e sua influência não superará o poder do Estado, mas diminuirá, o que deve levar a conquistas significativas não mais bloqueadas pelo poder de veto que o Executivo tem sobre o Legislativo.

O Judiciário deve sofrer mudanças em relação ao poder que hoje concentra em suas mãos e estará sujeito a um controle maior de sua atividade. A união das religiões pode provocar cisões e são esperados um aumento nos conflitos religiosos e um crescimento inicial do fundamentalismo, mas que aos poucos devem arrefecer.

Novas formas de doutrinas ideológicas surgirão como novas minorias. As subculturas devem proliferar e a xenofobia deve se estabelecer em um novo formato, que visa isolar essas pequenas comunidades.

A evolução tecnológica não apresenta sinais de arrefecimento. Parecem inócuas quaisquer propostas para diminuição da velocidade de sua evolução. Somado ao aumento populacional sem controle, é um fato que pode estimular o receio de um mundo sem empregos.

Os bens e serviços produzidos deverão cada vez mais apresentar elevada utilidade para os indivíduos, com destaque a aspectos ergonômicos e de aumento da mobilidade.

As pessoas estarão cada vez mais ligadas por redes de relacionamento que podem ser pessoais – familiares, colegas de trabalho e de escola – ou profissionais. O teletrabalho deve ter um crescimento exponencial: na rede será vivido a maior parte do tempo de muitas pessoas.

Petras (2013) considera que haverá uma evolução cultural orientada para uma linguagem simbólica, que traz à tona os sentimentos internos dos artistas mais renomados. Esse pesquisador afirma que, de forma cada vez mais sensível, o Estado deve perder força e autoritarismo. Mudanças políticas devem aproximar o povo do poder e aumentar a sua influência sobre ele.

Os trabalhos hoje considerados físicos e que exigem menor conhecimento intelectual devem ter os valores de remuneração significativamente aumentados (cuidadores, faxineiros, carteiros etc.) pelo número cada vez menor de pessoas interessadas em desenvolver essas tarefas.

As projeções de aumento de tempo de vida das pessoas e do pequeno controle de natalidade em continentes subdesenvolvidos são mais um aspecto de influência. A superpopulação deve trazer problemas sérios de alimentação, fornecimento de água e energia, que irão exigir dos cientistas estudos intensivos em busca de recursos no fundo do mar ou em outros planetas.

Upton (2014), em seus estudos de sociologia voltados para o futuro, visualiza, entre diversas mudanças na sociedade até o ano 2025, uma expansão da cibercultura e enxerga que parte da vida das pessoas deve se estabelecer no ciberespaço. Esses conceitos são estabelecidos por Lévy (1999), segundo o qual o ciberespaço é o meio de comunicação que surge da interconexão mundial dos computadores e da cibercultura como o conjunto de técnicas (materiais, intelectuais), práticas, atitudes, modos de pensamento e de valores que se desenvolvem juntamente com o crescimento do ciberespaço.

Sallun Junior (2005) defende que a sociologia, a ciência que estuda todos os fenômenos sociais tratados nesta obra, deve superar um tempo de fragmentação e de perda da identidade, conhecido como "crise sociológica", e apresentar um estado de reabilitação e retorno de modo a distinguir com precisão o nebuloso horizonte que se descortina diante do observador mais atento, para articular teorias capazes de explicar e orientar comportamentos e atitudes em situações sociais nunca antes vivenciadas.

Considerações finais

Não sabemos o tempo que você levou para ler este livro. Também não podemos identificar até que ponto as atividades propostas foram desenvolvidas de acordo com a sua disponibilidade de tempo e a de cada leitor desta obra. Também ignoramos em que nível este estudo conseguiu sensibilizá-lo. Entretanto, esperamos que tenha sido de ajuda para a aquisição da consciência da importância de investir no social – seja a empresa, seja o indivíduo. A única coisa que podemos ter certeza é da agradável sensação de um dever cumprido: o de levar a cada pessoa informações que facilitem a tomada de decisão consciente para desenvolver a sua responsabilidade e autoridade social e motivar não apenas seu contexto social, mas também articulações dentro da organização a qual cada um pertence.

Transformar cada leitor em um porta-voz das metas do milênio não é mais uma opção nos tempos atuais, mas uma necessidade imperiosa, para que possamos viver em um mundo melhor e deixar para as próximas gerações um planeta mais habitável, no qual as injustiças sociais sejam exceção e não regra, conforme é possível observar no comportamento das pessoas na sociedade contemporânea.

Pode não parecer importante que cada um aja nessa direção. Assim seria se cada um fosse uma voz isolada, mas não é o que acontece. Um número crescente de pessoas procura colaborar, seja por meio de atividades de voluntariado, seja pela influência que pode desenvolver e manifestar nas redes sociais. Unir essas pessoas no objetivo comum de melhorar a vida no planeta foi uma das intenções deste livro.

O que é possível concluir deste estudo? Que medidas saneadoras para melhorar as condições de vida das pessoas e do planeta devem ser tomadas com urgência. E mais: ainda há tempo não apenas para o cumprimento das metas do milênio, uma realidade cada vez mais distante, mas também para a melhoria das condições de vida, uma realidade somente possível se contarmos com o apoio de cada um e de todas as organizações.

O que um olhar mais detido sobre a sociedade local, cujos resultados nos interessam mais de perto, nos permite concluir? Trata-se de uma pergunta que assusta algumas pessoas. Esse estado de espírito não decorre de um pessimismo crônico, mas de uma situação social crônica. O mínimo a dizer é que vivemos em um mundo irrequieto. Se opções nos fossem dadas para mudar nosso ritmo de vida, o lugar onde moramos e o trabalho que realizamos, seria possível observar que tudo continuaria como antes. Se a escolha que fosse correta, poderíamos melhorar nossas vidas, mas as coisas no planeta continuariam as mesmas. Poucos ou inexistentes são os lugares onde as coisas acontecem da forma como esperamos fosse correta. Esse sentimento de perplexidade, que já foi considerado como a crise do Ocidente, é hoje mundial. *Igualdade, equidade, liberdade, solidariedade* e *felicidade* parecem termos desconexos, irreais. As pessoas buscam saídas com a utilização de metáforas.

O momento é de crise e todos estamos em uma situação de impasse. De maneira geral, todas as instituições sociais e todas as organizações se encontram sob a crise da desconfiança e da falta de credibilidade. Precisamos de opções realistas, e não de fantasias otimistas que condenem as críticas feitas aos diversos modelos atuais.

Nossas instituições sociais estão em xeque. Família, religião, economia, política, educação e recreação se mostram como tecidos esgarçados. A família encontra-se em degradação; a religião está em crise de fé; a economia privilegia poucos em detrimento de multidões de excluídos sociais; na política a corrupção se espalha pelo Executivo, Legislativo e Judiciário e assusta por seu volume e impunidade; a educação é vencida pela necessidade de sobrevivência; a recreação foi tomada pelo apelo sexual cada vez mais precoce.

Estendido por 20 capítulos, este livro foi composto de uma série de exortações, não para evitar que problemas aconteçam, mas como registro de uma sociedade doente. Os apontamentos são necessários, mas dependem do empenho individual. Que regime poderia permitir que a situação fosse revertida? O Iluminismo falhou em todas as suas previsões: não vivemos em um estado de bem-estar social, que não pode ser confundido com o "ter" substituindo o "ser".

Buscar refúgio nas cinco virtudes de Confúcio[1] ou nas quatro verdades e nos oito passos sugeridos por Buda[2] seria uma solução? Melhorar a sociedade atual pelas vias religiosas nos parece uma utopia distante. Acreditar no comunismo, no socialismo, no capitalismo? Todos falharam e parece que a política não mais é refúgio daqueles que buscam guarida contra as injustiças – ela é conivente com os opressores. Acreditar na força da família quando vemos filhos que assassinam os pais? Em todos os campos é preciso enxergar a realidade que se esconde debaixo dos sete véus da hipocrisia e da dissimulação.

Tudo está perdido? Será que devemos fazer como os violeiros derrotados nos desafios e "enfiar a viola no saco e ir embora"? Será que devemos utilizar a expressão para nos desculpar de todas as gafes cometidas com relação ao social e sair devagarinho? Será que não é isso que deveriam fazer padres, pastores, políticos, advogados, juízes, ministros e tantos outros que não cumpriram com o que deles se esperava, deixando lugares para os mais capazes? Sair por aí em busca da Terra Prometida?

Não seria melhor voltar ao Iluminismo e aceitar a recomendação de Immanuel Kant, que considerava o movimento como a saída do homem do estado de minoridade que ele imputa a si mesmo? Como enfrentar uma sociedade na qual a única certeza é que não se pode mais ter certeza de nada? Uma sociedade em que as anomalias se mostram cada vez mais gritantes? Será que Jorge Amado escreveria nos dias de hoje o seu país do carnaval?

---

1   Para mais informações sobre as cinco virtudes de Confúcio, acesse: <http://supremo taichi.com.br/wp-content/uploads/2011/12/Apostila_Supremo_Confucio.pdf>. Acesso em: 27 out. 2014.
2   Para mais informações sobre os oito passos sugeridos por Buda, acesse: <http://www.humaniversidade.com.br/boletins/4_nobres_verdades_otavio.htm>. Acesso em: 27 out. 2014.

Será que nosso país ainda pode ser considerado o país do futuro, conforme defendia Stephan Zweig? Será a época pós-moderna a era da desilusão e do desencanto? Até quando nosso país vai ser o gigante adormecido[3]? Até quando a nossa população vai ser pacífica e ordeira? Estariam os *black blocs* apontando para uma nova geração mais ativa?

O que cada um pode fazer? Reconhecer a força que juntas as pessoas podem apresentar na reivindicação de seus direitos. Veja os resultados que pegam de surpresa todo mundo em ações tais como a insurgência contra o aumento das tarifas dos transportes públicos, contra a corrupção, contra a baixa qualidade de vida.

A ameaça do retorno do fantasma da inflação, o desemprego que pode se tornar galopante, o autoritarismo, a falta de liberdade de expressão disfarçada, mas existente. Até onde vai a ultrajante indiferença de políticos eleitos pelo voto de um povo cansado e que justificam afirmativas disparatadas que acusam o povo de não saber votar? Até onde vai a incompetência e a negligência da burocracia estatal?

Em primeiro lugar, o que você pode fazer é adquirir a consciência de que, com a sua participação, movimentos libertários têm tudo para se tornar mais eficientes. Em seguida, unir os gritos de outras pessoas como você para que se tornem único e audível em todas as plagas para que possamos: derrotar a pobreza e acabar com a fome e a miséria; proporcionar educação básica de qualidade para todos; exigir a igualdade entre os sexos e lutar pela valorização da mulher; reduzir a mortalidade infantil; melhorar a saúde das gestantes; combater a Aids a malária e outras doenças;

---

3   Para leitura complementar sobre as manifestações ocorridas no Brasil, acesse: <http://oglobo.globo.com/pais/noblat/posts/2013/11/05/o-gigante-continua-adormecido-514180.asp>. Acesso em: 27 out. 2014.

melhorar a qualidade de vida e o respeito ao meio ambiente; e lutar para que todos tenham condições de buscar o desenvolvimento.

Essas são as metas do milênio – se você ainda não fez nada, ou se fez alguma coisa, se decepcionou e abandonou o campo de luta, ou se esta ativo e chamando à luta os que estão cegos, surdos e mudos para não enxergar, não ouvir e não gritar – e ainda há oportunidade de lutar. Não se deixe enganar: não há nada de novo debaixo do sol. "O que foi tornará a ser, o que foi feito se fará novamente; não há nada novo debaixo do sol." (Eclesiastes, 2015, 1: 9).

Referências

8 JEITOS de mudar o mundo. Disponível em: <http://www.objetivosdomilenio.org.br>. Acesso em: 28 maio 2015a.

_____. **Os objetivos do milênio**. Disponível em: <http://www.objetivosdomilenio.org.br/objetivos>. Acesso em: 28 maio 2015b.

_____. **Publicações**. Disponível em : <http://www.objetivosdomilenio.org.br/publicacoes>. Acesso em: 28 maio 2015b.

ABBAGNANO, N. **Dicionário de filosofia**. São Paulo: M. Fontes, 1998.

ABG – Associação Brasileira de Gerontologia. Disponível em: <http://abgeronto.blogspot.com.br>. Acesso em: 6 nov. 2014.

ABRANCHES, S. H. **Política social e combate à pobreza**. Rio de Janeiro: J. Zahar, 1998.

ADAM EUROPE – Projects and Products Portal for Leonardo da Vinci. **O que é a responsabilidade social empresarial?** Disponível em: <http://www.adam-europe.eu/prj/5241/prj/Formacao%20em%20RSE_PT.pdf>. Acesso em: 6 nov. 2014.

AGÊNCIA BRASIL. Índice de reincidência no Brasil é um dos maiores do mundo, diz Peluso. **Última Instância**, 6 set. 2011. Disponível em: <http://ultimainstancia.uol.com.br/conteudo/noticias/53005/indice+de+reincidencia+no+brasil+e+um+dos+maiores+do+mundo+diz+peluso.shtml>. Acesso em: 28 set. 2014.

AGUIAR, A. C. C.; COELHO L. C. (Org.). **Mundo em transformação**: caminhos para o desenvolvimento sustentável. Belo Horizonte: Autêntica, 2006.

ALMEIDA, F. **O bom negócio da sustentabilidade**. Rio de Janeiro: Nova Fronteira, 2002.

AMBIENTEBRASIL. **Sistemas de cogeração da biomassa**. Disponível em: <http://ambientes.ambientebrasil.com.br/energia/biomassa/sistemas_de_cogeracao_da_biomassa.html>. Acesso em: 8 fev. 2015.

ANEEL – Agência Nacional de Energia Elétrica. Disponível em: <http://www.aneel.gov.br>. Acesso em: 16 set. 2014.

ANPROTEC – Associação Nacional de Entidades Promotoras de Empreendimentos Inovadores. **Relatório da PEC 290/13 é aprovado**. 5 dez. 2013. Disponível em: <http://anprotec.org.br/site/2013/12/relatorio-da-pec-29013-e-aprovado>. Acesso em: 6 nov. 2014.

ARENDT, H. **A condição humana**. Rio de Janeiro: Forense Universitária, 1999.

ARRUDA, M. A. **Cultura africana e afro-brasileira**: relações raciais na escola. 18 mar. 2011. Disponível em: <http://www.webartigos.com/artigos/cultura-africana-e-afro-brasileira-relacoes-raciais-na-escola/61605/#ixzz33VHCXQB9>. Acesso em: 18 jun. 2014.

ASHLEY, P. A. et al. **Ética e responsabilidade social nos negócios**. São Paulo: Saraiva, 2005.

BARROS, R. P. de et al. **Pobreza e política social**. Rio de Janeiro: Fundação Konrad Adenauer, 2005.

BENGALA LEGAL. **Convenção sobre os direitos de pessoas com deficiência**: Organização das Nações Unidas – ONU. 11 dez. 2006. Disponível em: <http://www.bengalalegal.com/convencao.php>. Acesso em: 18 jun. 2014.

BENTO, S. A. M. **Cidadania em preto e branco?** Discutindo as relações raciais. São Paulo: Ática, 2004.

BÍBLIA (Antigo Testamento). Eclesiastes. Português. **Bíblia Online**. Tradução de Almeida corrigida e revisada, fiel ao texto original. cap. 1, ver. 9. Disponível em: <https://www.bibliaonline.com.br/nvi/ec/1>. Acesso em: 8 fev. 2015.

BID – Banco Interamericano de Desenvolvimento. **Projeto Brasil Municípios**. Disponível em: <http://idbdocs.iadb.org/wsdocs/getdocument.aspx?docnum=35238095>. Acesso em: 27 out. 2014.

BOFF, L. **A ciência para uma vida saudável**. Entrevista concedida a Fritjof Capra, Porto Alegre, 26 jan. 2003. Disponível em: <http://www.agirazul.com.br/fsm4/_fsm/0000006a.htm>. Acesso em: 8 out. 2014.

BOLSA FAMÍLIA. **Bolsa Escola**. Disponível em: <http://bolsa-familia.info/mos/view/Bolsa_Escola>. Acesso em: 8 out. 2014.

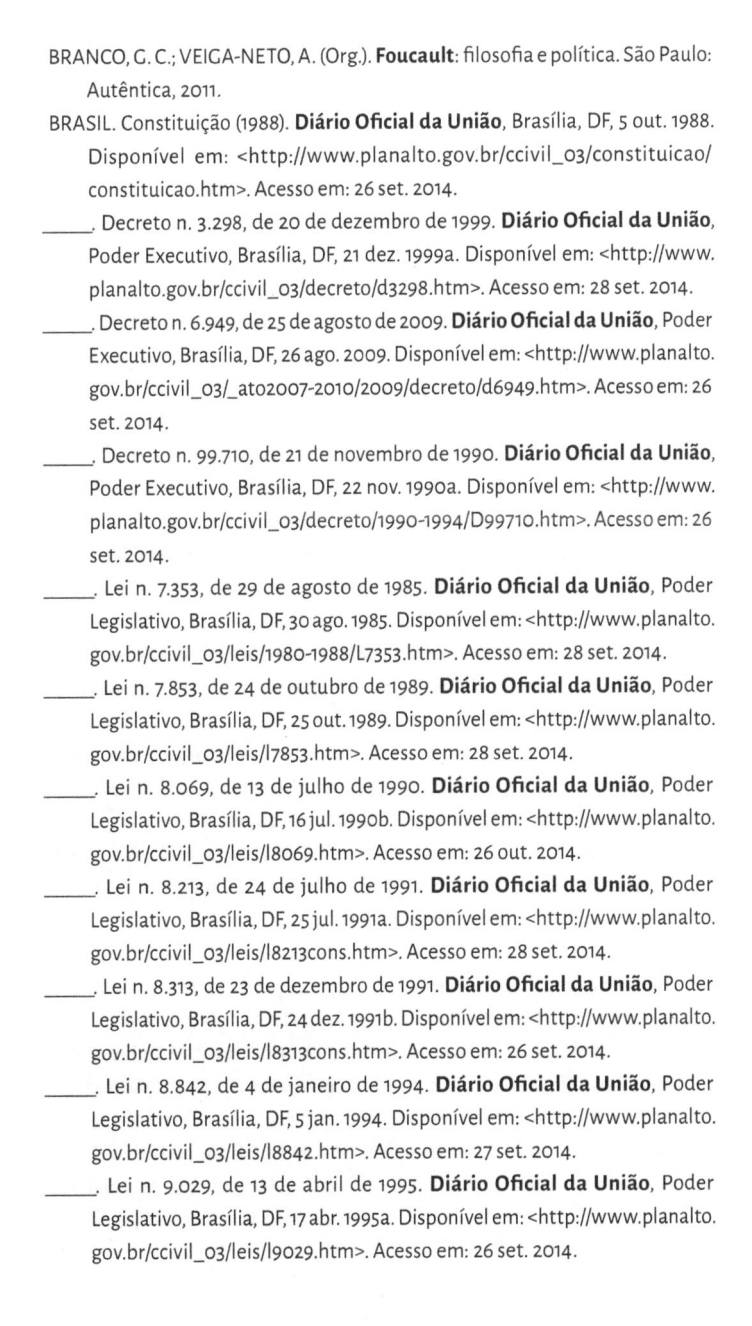

BRANCO, G. C.; VEIGA-NETO, A. (Org.). **Foucault**: filosofia e política. São Paulo: Autêntica, 2011.

BRASIL. Constituição (1988). **Diário Oficial da União**, Brasília, DF, 5 out. 1988. Disponível em: <http://www.planalto.gov.br/ccivil_03/constituicao/constituicao.htm>. Acesso em: 26 set. 2014.

_____. Decreto n. 3.298, de 20 de dezembro de 1999. **Diário Oficial da União**, Poder Executivo, Brasília, DF, 21 dez. 1999a. Disponível em: <http://www.planalto.gov.br/ccivil_03/decreto/d3298.htm>. Acesso em: 28 set. 2014.

_____. Decreto n. 6.949, de 25 de agosto de 2009. **Diário Oficial da União**, Poder Executivo, Brasília, DF, 26 ago. 2009. Disponível em: <http://www.planalto.gov.br/ccivil_03/_ato2007-2010/2009/decreto/d6949.htm>. Acesso em: 26 set. 2014.

_____. Decreto n. 99.710, de 21 de novembro de 1990. **Diário Oficial da União**, Poder Executivo, Brasília, DF, 22 nov. 1990a. Disponível em: <http://www.planalto.gov.br/ccivil_03/decreto/1990-1994/D99710.htm>. Acesso em: 26 set. 2014.

_____. Lei n. 7.353, de 29 de agosto de 1985. **Diário Oficial da União**, Poder Legislativo, Brasília, DF, 30 ago. 1985. Disponível em: <http://www.planalto.gov.br/ccivil_03/leis/1980-1988/L7353.htm>. Acesso em: 28 set. 2014.

_____. Lei n. 7.853, de 24 de outubro de 1989. **Diário Oficial da União**, Poder Legislativo, Brasília, DF, 25 out. 1989. Disponível em: <http://www.planalto.gov.br/ccivil_03/leis/l7853.htm>. Acesso em: 28 set. 2014.

_____. Lei n. 8.069, de 13 de julho de 1990. **Diário Oficial da União**, Poder Legislativo, Brasília, DF, 16 jul. 1990b. Disponível em: <http://www.planalto.gov.br/ccivil_03/leis/l8069.htm>. Acesso em: 26 out. 2014.

_____. Lei n. 8.213, de 24 de julho de 1991. **Diário Oficial da União**, Poder Legislativo, Brasília, DF, 25 jul. 1991a. Disponível em: <http://www.planalto.gov.br/ccivil_03/leis/l8213cons.htm>. Acesso em: 28 set. 2014.

_____. Lei n. 8.313, de 23 de dezembro de 1991. **Diário Oficial da União**, Poder Legislativo, Brasília, DF, 24 dez. 1991b. Disponível em: <http://www.planalto.gov.br/ccivil_03/leis/l8313cons.htm>. Acesso em: 26 set. 2014.

_____. Lei n. 8.842, de 4 de janeiro de 1994. **Diário Oficial da União**, Poder Legislativo, Brasília, DF, 5 jan. 1994. Disponível em: <http://www.planalto.gov.br/ccivil_03/leis/l8842.htm>. Acesso em: 27 set. 2014.

_____. Lei n. 9.029, de 13 de abril de 1995. **Diário Oficial da União**, Poder Legislativo, Brasília, DF, 17 abr. 1995a. Disponível em: <http://www.planalto.gov.br/ccivil_03/leis/l9029.htm>. Acesso em: 26 set. 2014.

BRASIL. Lei n. 9.100, de 29 setembro de 1995. **Diário Oficial da União**, Poder Legislativo, Brasília, DF, 2 out. 1995b. Disponível em: <http://www.planalto.gov.br/ccivil_03/Leis/L9100.htm>. Acesso em: 26 set. 2014.

_____. Lei n. 9.263, de 12 janeiro de 1996. **Diário Oficial da União**, Poder Legislativo, Brasília, DF, 15 jan. 1996a. Disponível em: <http://www.planalto.gov.br/ccivil_03/leis/l9263.htm>. Acesso em: 26 set. 2014.

_____. Lei n. 9.278, de 10 de maio de 1996. **Diário Oficial da União**, Poder Legislativo, Brasília, DF, 13 maio 1996b. Disponível em: <http://www.planalto.gov.br/ccivil_03/leis/l9278.htm>. Acesso em: 26 set. 2014.

_____. Lei n. 9.394, de 20 de dezembro de 1996. **Diário Oficial da União**, Poder Legislativo, Brasília, DF, 23 dez. 1996c. Disponível em: <http://www.planalto.gov.br/ccivil_03/leis/l9394.htm>. Acesso em: 26 set. 2014.

_____. Lei n. 9.608, de 18 de fevereiro de 1998. **Diário Oficial da União**, Poder Legislativo, Brasília, 19 fev. 1998. Disponível em: <http://www.planalto.gov.br/ccivil_03/leis/L9608.htm>. Acesso em: 26 set. 2014.

_____. Lei n. 9.790, de 23 de março de 1999. **Diário Oficial da União**, Poder Legislativo, Brasília, DF, 24 mar. 1999b. Disponível em: <http://www.planalto.gov.br/ccivil_03/leis/l9790.htm>. Acesso em: 25 set. 2014.

_____. Lei n. 9.799, de 26 de maio de 1999. **Diário Oficial da União**, Poder Legislativo, Brasília, DF, 27 maio 1999c. Disponível em: <http://www.planalto.gov.br/ccivil_03/Leis/L9799.htm>. Acesso em: 26 set. 2014.

_____. Lei n. 10.098, de 19 de dezembro de 2000. **Diário Oficial da União**, Poder Legislativo, Brasília, DF, 20 dez. 2000. Disponível em: <http://www.planalto.gov.br/ccivil_03/leis/l10098.htm>. Acesso em: 28 set. 2014.

_____. Lei n. 10.224, de 15 de maio de 2001. **Diário Oficial da União**, Poder Legislativo, Brasília, DF, 16 maio 2001. Disponível em: <http://www.planalto.gov.br/ccivil_03/leis/leis_2001/l10224.htm>. Acesso em: 26 set. 2014.

_____. Lei n. 10.421, de 15 de abril de 2002. **Diário Oficial da União**, Poder Legislativo, Brasília, DF, 16 abr. 2002. Disponível em: <http://www.planalto.gov.br/ccivil_03/leis/2002/l10421.htm>. Acesso em: 26 set. 2014.

_____. Lei n. 10.741, de 1º de outubro de 2003. **Diário Oficial da União**, Poder Legislativo, Brasília, DF, 3 out. 2003a. Disponível em: <http://www.planalto.gov.br/ccivil_03/leis/2003/l10.741.htm>. Acesso em: 26 set. 2014.

_____. Lei n. 11.340, de 7 de agosto de 2006. **Diário Oficial da União**, Poder Legislativo, Brasília, DF, 8 ago. 2006a. Disponível em: <http://www.planalto.gov.br/ccivil_03/_ato2004-2006/2006/lei/l11340.htm>. Acesso em: 26 set. 2014.

BRASIL. Lei n. 12.288, de 20 de julho de 2010. **Diário Oficial da União**, Poder Legislativo, Brasília, DF, 20 jul. 2010. Disponível em: <http://www.planalto.gov.br/ccivil_03/_Ato2007-2010/2010/Lei/L12288.htm>. Acesso em: 8 fev. 2015.

BRASIL. Ministério da Ciência, Tecnologia e Inovação. **A ciência da mudança do clima**. 2012a. Disponível em: <http://www.mct.gov.br/index.php/content/view/17635.html>. Acesso em: 19 ago. 2014.

_____. **Protocolo de Quioto**. dez. 1997. Disponível em: <http://www.mct.gov.br/upd_blob/0012/12425.pdf>. Acesso em: 7 fev. 2015.

BRASIL. Ministério do Planejamento, Orçamento e Gestão. **Plano Brasil de Todos**: participação e inclusão. Brasília, 2003b. Disponível em: <http://www.sigplan.gov.br/arquivos/portalppa/15_%28PlanoBrasildeTodos%29.pdf>. Acesso em: 12 fev. 2015.

BRASIL. Presidência da República. **Catálogo de programas do Governo Federal destinados aos municípios**. Brasília: MP, 2008. Disponível em: <http://www.planejamento.gov.br/secretarias/upload/Arquivos/seges/brasil_municipios/CPGF_01dez08.pdf>. Acesso em: 6 nov. 2014.

BRASIL. Secretaria Especial dos Direitos Humanos. Conselho Nacional dos Direitos do Idoso. **Plano de Ação Internacional para o Envelhecimento**. Brasília: Ministério da Justiça, 2003c. (Série Institucional em Direitos Humanos; v. 1). Disponível em: <http://www.observatorionacionaldoidoso.fiocruz.br/biblioteca/_manual/5.pdf>. Acesso em: 21 out. 2014

BRASIL. Secretaria Geral da Presidência da República. **Marco Regulatório das Organizações da Sociedade Cívil**. Disponível em: <http://www.secretariageral.gov.br/atuacao/mrosc>. Acesso em: 28 set. 2014a.

BRASIL. Senado. **Conferência Rio-92 sobre o meio ambiente do planeta**: desenvolvimento sustentável dos países. Disponível em: <http://www.senado.gov.br/noticias/Jornal/emdiscussao/rio20/a-rio20/conferencia-rio-92-sobre-o-meio-ambiente-do-planeta-desenvolvimento-sustentavel-dos-paises.aspx>. Acesso em: 16 set. 2014b.

_____. Portadores de deficiências avisam: querem ser tratados como iguais. **Conversa Pessoal**, ano 6, n. 70, set. 2006b. Disponível em: <http://www.senado.gov.br/senado/portaldoservidor/jornal/jornal70/utilidade_publica_pessoas_iguais.aspx>. Acesso em: 14 jun. 2014.

BRUNELLI, M.; COHEN, M. Definições, diferenças e semelhanças entre empreendedorismo sustentável e ambiental: análise do estado da arte da literatura entre 1990 e 2012. In: ENCONTRO DA ASSOCIAÇÃO NACIONAL DE PÓS-GRADUAÇÃO E PESQUISA EM ADMINISTRAÇÃO, 36., 2012, Rio de Janeiro. **Anais**... Rio de Janeiro: EnAnpad, 2012. p. 1-16. Disponível em: <http://www.anpad.org.br/diversos/trabalhos/EnANPAD/enanpad_2012/ESO/Tema%2005/2012_ESO2100.pdf>. Acesso em: 5 maio 2014.

BUARQUE, C. **A revolução das prioridades**. Brasília: Inesc, 1993.

CAIRNCROSS, F. **O fim das distâncias**: como a revolução nas comunicações transformará nossas vidas. São Paulo: Nobel/Exame, 2000.

CAMPOS, E. Brasil "estaciona" na 85ª posição do ranking de IDH em 2012. **Valor econômico**, 14 mar. 2013. Disponível em: <http://www.valor.com.br/brasil/3045422/brasil-estaciona-na-85>. Acesso em: 6 nov. 2014.

CARRAHER, D. W. **Senso crítico**: do dia a dia às ciências humanas. São Paulo: Pioneira, 1983.

CARVALHO, L. C. **Planejamento de endomarketing**: guia para construção de planos de marketing interno. Joinville: Clube de Autores, 2009.

CASTEL, R. Les Pièges de L'exclusion. **Lien Social et Politique**, Riac, 34, École de Service Social, Université de Montreal, 1995.

CASTELLS, M. **A sociedade em rede**. São Paulo: Paz e Terra, 1999.

CASTELLS, S.; LUKE, A.; EGAN, K. **Literacy, Society, and Schooling**: a Reader. Cambridge: Cambridge University Press, 1986.

CBVE – Conselho Brasileiro de Voluntariado Empresarial. **Voluntariado empresarial**: do conceito à prática. 2013. Disponível em: <http://www.institutocea.org.br/download/download.aspx?arquivo=midiateca/281120132632_voluntariadoempresarialdoconceitoapratica_cbve.pdf>. Acesso em: 28 set. 2014.

CEPAL – Comissão Econômica para a América Latina e o Caribe. **O que é a Cepal**. Disponível em: <http://www.cepal.org/cgi-bin/getProd.asp?xml=/brasil/noticias/paginas/2/5562/p5562.xml&xsl=/brasil/tpl/p18f.xsl&base=/brasil/tpl/top-bottom.xsl>. Acesso em: 27 out. 2014.

CHAUI, M. O poder da mídia. **Observatório da Imprensa**, São Paulo, ed. 710, 4 set. 2012. Disponível em: <http://www.observatoriodaimprensa.com.br/news/view/_ed710_o_poder_da_midia>. Acesso em: 27 out. 2014.

CLUBE DE ROMA. Disponível em: <www.clubofrome.org>. Acesso em: 6 jun. 2014.

CNBB – Conferência Nacional dos Bispos do Brasil. Disponível em: <www.cnbb.org.br/>. Acesso em: 6 nov. 2014.

CNJ – Conselho Nacional de Justiça. **Cartilha da mulher presa**. 2. ed. Brasília, 2012a. Disponível em: <http://www.cnj.jus.br/images/programas/comecar-de-novo/publicacoes/cartilha_da_mulher_presa_1_portugues_4.pdf>. Acesso em: 27 out. 2014.

_____. **Cartilha da pessoa presa**. 2. ed. Brasília, 2012b. Disponível em: <http://www.cnj.jus.br/images/programas/comecar-de-novo/publicacoes/cartilha_da_pessoa_presa_1_portugues_3.pdf>. Acesso em: 8 maio 2015.

_____. **Cartilha do empregador**. Brasília, 2011. Disponível em: <http://www.fiesp.com.br/arquivo-download/?id=1504>. Acesso em: 27 out. 2014.

_____. **Cartilha do reeducando**. Disponível em: <http://www.cnj.jus.br/images/programas/comecar-de-novo/cartilha_reeducando.pdf>. Acesso em: 27 out. 2014.

_____. Portaria n. 49, de 30 de março de 2010. **Diário de Justiça**, 15 abr. 2010. Disponível em: <http://www.cnj.jus.br/busca-atos-adm?documento=1528>. Acesso em: 8 jun. 2015.

COBAP – Confederação Brasileira de Aposentados, Pensionistas e Idosos. Disponível em: <http://www.cobap.org.br/capa/>. Acesso em: 6 nov. 2014.

COHEN, C. S.; PHILLIPS, M. H.; HANSON, M. (Ed.). **Strength and Diversity in Social Work With Groups**: Think Group. USA: Routledge, 2010.

COMTEXTO – Comunicação e pesquisa. **Aula 1**: Em busca de um conceito de responsabilidade social. Disponível em: <http://www.comtexto.com.br/comresponsaaulas_1.htm>. Acesso em: 22 out. 2014.

CONTEÚDOESCOLA. **Exclusão Social. Que bicho é esse? – I**. 22 jul. 2004. Disponível em: <http://www.conteudoescola.com.br/artigos/28/95-exclusao-social-que-bicho-e-esse-i>. Acesso em: 6 fev. 2015.

COOLINVAUX, D.; LEITE, L. B.; DELL'AGLIO, D. D. **Psicologia do desenvolvimento**: reflexão e práticas atuais. São Paulo: Casa do Psicólogo, 2006. (Coleção Psicologia e Educação).

CORULLÓN, M. **O que é voluntariado?** Disponível em: <http://www.voluntarios.com.br/oque_e_voluntariado.htm>. Acesso em: 6 nov. 2014.

CRAWFORD, D. Crise faz número de mulheres trabalhando em sites pornôs subir. **Estadão**, São Paulo, 15 set. 2009. Disponível em: <http://www.estadao.com.br/noticias/tecnologia,crise-faz-numero-de-mulheres-trabalhando-em-sites-pornos-subir,435199,0.htm>. Acesso em: 5 maio 2014.

CRESPO, A. P. A.; GUROVITZ, E. A pobreza como um fenômeno multidimensional. **RAE Eletrônica**, v. 1, n. 2, p. 1-12, jul./dez. 2002. Disponível em: <http://www.scielo.br/pdf/raeel/v1n2/v1n2a03.pdf>. Acesso em: 20 jun. 2014.

CRIANÇA ESPERANÇA. Rede Globo. Disponível em: <http://redeglobo.globo.com/criancaesperanca/>. Acesso em: 8 out. 2014.

D'ERCOLE, R.; BECK, M. PIB do Brasil fica em 8º lugar na comparação com 25 países. **O Globo**, 27 fev. 2014. Disponível em: <http://oglobo.globo.com/economia/pib-do-brasil-fica-em-8-lugar-na-comparacao-com-25-paises-11732485>. Acesso em: 18 jun. 2014.

DAVID, S. Perspectivas do MDL no Brasil e no Mundo. **MGM International**, 2007. Disponível em: <http://www.katoombagroup.org/documents/events/event16/presentation5PerspectivasdoMDLnoBrasilenoMundoOutubro07.pdf>. Acesso em: 8 fev. 2015.

DEBORD, G. **A sociedade do espetáculo**. São Paulo: EbooksBrasil, 2003.

DEJOURS, C. **Banalização da injustiça social**. 7. ed. Rio de Janeiro: Ed. da FGV, 2007.

DELORS, J. et al. **Educação, um tesouro a descobrir**: relatório para a Unesco da Comissão Internacional sobre Educação para o século XXI. Brasília: MEC; Unesco; Cortez, 1999. Disponível em: <http://goo.gl/URPRfl>. Acesso em: 17 nov. 2014.

DEMETRIUK, E. Homossexualidade e a legislação. **Psicnet**, 7 maio 2013. Disponível em: <http://www.psicnet.psc.br/v2/site/temas/temas_default.asp?ID=75>. Acesso em: 17 jun. 2014.

DIEESE – Departamento Intersindical de Estatística e Estudos Socioeconômicos. **Sistema PED – Pesquisa de Emprego e Desemprego**. Disponível em: <http://www.dieese.org.br/analiseped/ped.html>. Acesso em: 27 out. 2014.

DOWLING, C. **Complexo de Cinderela**. 3. ed. São Paulo: Melhoramentos, 2012.

DRUCKER, P. F. **As cinco perguntas essenciais que você sempre deverá fazer sobre sua empresa**. São Paulo: Campus, 2008.

DUARTE, M. A lei de Talião e o princípio da igualdade entre crime e punição na Filosofia do Direito de Hegel. **Revista Eletrônica Estudos Hegelianos**, ano 6, n. 10, p. 75-85, jun. 2009. Disponível em: <http://www.hegelbrasil.org/Reh10/melina.pdf>. Acesso em: 5 maio 2014.

DURKHEIM, É. **Da divisão do trabalho social**. São Paulo: M. Fontes, 1999.

E.EDUCACIONAL. Legislação educacional. **FNDE**. Disponível em: <http://www.educacional.com.br/legislacao/leg_viii.asp>. Acesso em: 6 out. 2014.

ECO DESENVOLVIMENTO. **O que é ISO 26000**. Disponível em: <http://www.ecodesenvolvimento.org/iso26000/o-que-e-iso26000>. Acesso em: 27 out. 2014.

EFEITO BORBOLETA. Direção: Eric Bress; J. Mackye Gruber. Canadá: Katalyst films, 2004. 113 min.

EFES – Escola de Formação da Secretaria de Estado de Defesa Social. **Infopen**: Sistema de Informações Penitenciárias – Curso introdutório. Slides. fev. 2012. <https://www.seds.mg.gov.br/images/seds_docs/efap1/Nelio/2012/MATERIAL/infopen.pdf>. Acesso em: 26 set. 2014.

ERA – Ética e Realidade Atual. **Afinal o que é empreendedorismo sustentável?** Disponível em: <http://era.org.br/2012/09/afinal-o-que-e-empreendedorismo-sustentavel/>. Acesso em: 19 fev. 2015.

ESCOSSIA, C. **O que é**: primeiro setor, segundo setor e terceiro setor? 8 out. 2009. Disponível em: <http://www.carlosescossia.com/2009/10/o-que-e-primeiro-segundo-e-terceiro.html>. Acesso em: 5 maio 2014.

FEENBERG, A. **Questioning Technology**. London: Routledge, 2012.

FIALHO, F. **Psicologia das atividades mentais**: introdução às ciências da cognição. Florianópolis: Insular, 2011.

FIERO – Federação das Indústrias do Estado de Rondônia. Projeto Senai/Sebrae "Chão de fábrica" encerra com sucesso. **Pillar Assessoria Empresarial**, 19 out. 2013. Disponível em: <http://pillarassessoria.com.br/site/chao_de_fabrica/>. Acesso em: 6 nov. 2014.

FISCHER, R. M. et al. Desafios da atuação social através de alianças intersetoriais. In: SEMINÁRIOS EM ADMINISTRAÇÃO, 6., 2003, São Paulo. **Anais**... São Paulo: FEA/USP, 2009. Disponível em: <http://www.ead.fea.usp.br/Semead/6semead/ADM%20GERAL/047Adm%20-%20Desafios%20da%20Atua%E7ao%20Social.doc>. Acesso em: 14 ago. 2013.

FLEURY, M. T. L. Gerenciando a diversidade cultural: experiências de empresas brasileiras. **Revista de Administração de Empresas**, São Paulo, v. 40, n. 3, p. 18-25, jul./set. 2000. Disponível em: <http://www.scielo.br/pdf/rae/v40n3/v40n3a03>. Acesso em: 18 out. 2014.

FNPETI – Fórum Nacional de Prevenção e Erradicação do Trabalho Infantil. Disponível em: <http://www.fnpeti.org.br/>. Acesso em: 8 out. 2014.

FONTINELE, A. K. B.; OLIVEIRA, M. M. G. de; COSTA, P. H. Modernização organizacional: do departamento pessoal à gestão de pessoas. **RH Portal**, 15 ago. 2013. Disponível em: <http://www.rhportal.com.br/artigos/rh.php?idc_cad=qzaextpdq>. Acesso em: 20 jun. 2014.

FÓRUM BRASILEIRO DE MUDANÇAS CLIMÁTICAS. **Mudanças climáticas**: guia de informação. Tradução de Thiago Costa Serra. Brasília, 2002.

FREITAS J. C. de. Administração de RH ou Gestão com pessoas? **Associação Brasileira de Recursos Humanos do Rio de Janeiro**, 2009. Disponível em: <http://www.abrhrj.org.br/typo/index.php?id=545>. Acesso em: 5 maio 2014.

FUNAP – Fundação de Amparo ao Trabalhador Preso. Disponível em: <http://www.funap.sp.gov.br/>. Acesso em: 6 nov. 2014.

FUNDAÇÃO ABRINQ. Disponível em: <http://www.fundabrinq.org.br/>. Acesso em: 18 set. 2014.

FUNDAÇÃO ABRINQ. **Programa Empresa Amiga da Criança**. Disponível em: <http://fundabrinq.org.br/index.php/protecao/protecao-empresa-amiga-da-crianca>. Acesso em: 8 out. 2014.

GARCIA, L. P. et al. Violência contra a mulher: feminicídios no Brasil. **Instituto de Pesquisa Econômica Aplicada**. Disponível em: <http://www.ipea.gov.br/portal/images/stories/PDFs/130925_sum_estudo_feminicidio_leilagarcia.pdf>. Acesso em: 5 maio 2014.

GEORGE WRIGHT SOCIETY. **UNESCO's Man and the Biosphere Program**: What are Biosphere Reserves all About? Disponível em: <http://www.georgewright.org/mab>. Acesso em: 18 ago. 2014.

GIAQUETO, A.; SOARES, N. O trabalho e o trabalhador idoso. In: SEMINÁRIO DE SAÚDE DO TRABALHADOR DE FRANCA, 7., 2010, Franca. **Anais**... Franca: Unesp, 2010. Disponível em: <http://www.proceedings.scielo.br/scielo.php?pid=MSC0000000112010000100007&script=sci_arttext>. Acesso em: 21 maio 2014.

GIDDENS, A. **As consequências da modernidade**. São Paulo: Ed. da Unesp, 1991.

GITTERMAN, A.; SALMON, R. **Encyclopedia of Social Work with Groups**. New York: Routledge, 2010.

GLOBAL REPORTING INITIATIVE. Disponível em: <https://www.globalreporting.org/network/regional-networks/gri-focal-points/focal-point-brazil/Pages/default.aspx>. Acesso em: 27 out. 2014.

GOIÁS. Secretaria de Estado de Gestão e Planejamento. **Programa de Ação Integrada**, 31 ago. 2012. Disponível em: <http://www.segplan.go.gov.br/post/ver/143597/segplan-6>. Acesso em: 8 out. 2014.

GOTTING, A. C. **New Social Movements**. London: Green Verlag Gmbh, 2010.

GOVERNO Federal institui o programa "Fome de Livro", prevendo instalar bibliotecas em todos os municípios brasileiros. **Jornal Brasileiro de Ciências da Comunicação**, São Bernardo do Campo, ano 7, n. 272, jul. 2005. Disponível em: <http://www2.metodista.br/unesco/jbcc/jbcc_mensal/jbcc272/estado_governo.htm>. Acesso em: 28 set. 2014.

GRODSKY, B. **Social Movements and the New State**: the Fate of Pro-democracy Organizations when Democracy is Won. Redwood City: Stanford University Press, 2012. v. 66.

GRUPO BOTICÁRIO. Disponível em: <http://www.grupoboticario.com.br/pt-br/Paginas/default.aspx>. Acesso em: 12 fev. 2015.

GUGEL, M. A. **Discriminação positiva**. 12 abr. 2011. Disponível em: <http://phylos.net/direito/discriminacao-positiva/>. Acesso em: 25 jun. 2014.

HAUSHAHN, R. **Falta de água será problema mundial para o século XXI**. São Paulo: Umesp, 2011.

HERCULANO-HOUSEL, S. **O cérebro nosso de cada dia**. Rio de Janeiro: Vieira & Lent Casa Editorial, 2010.

HOCKERTS, K.; WÜSTENHAGEN, R. Greening Goliaths Versus Emerging Davids: Theorizing About the Role of Incumbents and New Entrants in Sustainable Entrepreneurship. **Journal of Business Venturing**, v. 25, p. 481-492, 2010. Disponível em: <http://www.researchgate.net/publication/222576823_Greening_Goliaths_versus_emerging_Davids_Theorizing_about_the_role_of_incumbents_and_new_entrants_in_sustainable_entrepreneurship/links/0fcfd508af5ffbb7da000000>. Acesso em: 18 ago. 2014.

HOFMEISTER, W. (Org.). **Política social internacional**: consequências sociais da globalização. Rio de Janeiro: Fundação Konrad Adenauer, 2005.

IBGE – Instituto Brasileiro de Geografia e Estatística. **Perfil dos idosos responsáveis pelos domicílios no Brasil**: 2000. Rio de Janeiro, 2002. (Coleção Estudos e Pesquisas: Informação Demográfica e Socioeconômica; n. 9). Disponível em: <http://www.ibge.gov.br/home/estatistica/populacao/perfilidoso/perfidosos2000.pdf>. Acesso em: 27 set. 2014.

_____. **Pesquisa Mensal de Emprego**. Disponível em: <http://www.ibge.gov.br/home/estatistica/indicadores/trabalhoerendimento/pme_nova/>. Acesso em: 27 out. 2014a.

_____. **Resultados de pesquisas**. Disponível em: <http://www.ibge.gov.br/home/estatistica/pesquisas/pesquisa_resultados.php?id_pesquisa=40>. Acesso em: 6 nov. 2014b.

_____. **Síntese de indicadores sociais**: uma análise das condições de vida da população brasileira – 2012. Rio de Janeiro, 2012. (Coleção Estudos e Pesquisas: Informação Demográfica e Socioeconômica; n. 29). Disponível em: <ftp://ftp.ibge.gov.br/Indicadores_Sociais/Sintese_de_Indicadores_Sociais_2012/SIS_2012.pdf>. Acesso em: 18 jun. 2014.

IBOPE – Instituto Brasileiro de Opinião Pública e Estatística. Disponível em: <http://www.ibope.com.br/pt-br/Paginas/home.aspx>. Acesso em: 28 out. 2014.

IDENTIDADE e diversidade. **Portal Brasil**, 6 fev. 2012. Disponível em: <http://www.brasil.gov.br/cultura/2012/02/identidade-e-diversidade>. Acesso em: 25 maio 2015.

IIEB – Instituto Internacional de Educação do Brasil. Disponível em: <http://www.iieb.org.br/>. Acesso em: 27 out. 2014a.

_____. **Programa de Desenvolvimento Local Sustentável (PSLS)**. Disponível em: <http://www.iieb.org.br/index.php/programas-e-projetos/programa-sulam/programa-de-desenvolvimento-local-sustentavel/>. Acesso em: 27 out. 2014b.

INSTITUTO ETHOS. Disponível em: <http://www3.ethos.org.br/>. Acesso em: 12 fev. 2015.

_____. **Fórum Clima**: ação empresarial sobre mudanças climáticas – o desafio da harmonização das políticas de mudanças climáticas. São Paulo, 2012. Disponível em: <http://www1.ethos.org.br/EthosWeb/arquivo/0-A-d2ePublica%C3%A7%C3%A3o_Forum%20Clima_2012_com%20anexo.pdf>. Acesso em: 21 ago. 2013.

_____. **Fórum Empresarial de Apoio ao Município**: uma proposta para empresas e administrações municipais que querem atuar juntas pelo desenvolvimento local. São Paulo, 2005a. Disponível em: <http://www.portalodm.com.br/dnfile/874dlqqcwzb7vy2b3yon/pdf/publicacoes/1/forum-empresarial-de-apoio-ao-municipio-objetivo-8.pdf>. Acesso em: 18 nov. 2014.

_____. **O compromisso das empresas com a valorização da mulher**. São Paulo, 2004. Disponível em: <http://www.bndes.gov.br/SiteBNDES/export/sites/default/bndes_pt/Institucional/BNDES_Transparente/Pro-equidade_de_genero/valorizacao_da_mulher.pdf>. Acesso em: 19 nov. 2014.

_____. **O compromisso das empresas com o meio ambiente**: a agenda ambiental das empresas e a sustentabilidade da economia florestal. São Paulo, 2005b. Disponível em: <http://www3.ethos.org.br/wp-content/uploads/2005/09/meio_ambiente.pdf>. Acesso em: 19 nov. 2014.

_____. **O que as empresas podem fazer pela criança e pelo adolescente**. 2. ed. São Paulo, 2000. Disponível em: <http://www3.ethos.org.br/wp-content/uploads/2012/12/29.pdf>. Acesso em: 27 out. 2014.

_____. **O que as empresas podem fazer pela inclusão das pessoas com necessidade especial**. São Paulo, 2002. Disponível em: <http://www3.ethos.org.br/wp-content/uploads/2012/12/25.pdf>. Acesso em: 27 out. 2014.

INSTITUTO GRPCOM. **Objetivos do milênio**. Disponível em: <http://www.institutogrpcom.org.br/objetivos-do-milenio>. Acesso em: 26 set. 2014.

IPAM – Instituto de Pesquisa Ambiental da Amazônia. **Acordo de Marraqueche**. Disponível em: <http://www.ipam.org.br/saiba-mais/glossariotermo/Acordo-de-Marraqueche/1>. Acesso em: 28 set. 2014a.

IPAM – Instituto de Pesquisa Ambiental da Amazônia. **Protocolo de Quioto**. Disponível em: <http://www.ipam.org.br/saiba-mais/glossariotermo/Protocolo-de-Quioto-/61>. Acesso em: 28 set. 2014b.

IPEA – Instituto de Pesquisa Econômica Aplicada. Dimensão, evolução e projeção da pobreza por região e por estado no Brasil. **Comunicados do Ipea**, Brasília, n. 58, 13 jul. 2010. Disponível em: <http://www.ipea.gov.br/portal/images/stories/PDFs/100713_comunicado58.pdf>. Acesso em: 18 ago. 2014.

_____. O que é? Índice de Gini. **Desafios do Desenvolvimento**, ano 1, ed. 4, nov. 2014a. Disponível em: <http://desafios.ipea.gov.br/index.php?option=com_content&view=article&id=2048:catid=28&Itemid=23>. Acesso em: 6 nov. 2014.

_____. **Objetivos de desenvolvimento do milênio**: Relatório Nacional de Acompanhamento. Brasília: Ipea; SPI/MP, 2014b. Disponível em: <http://www.pnud.org.br/Docs/5_RelatorioNacionalAcompanhamentoODM.pdf>. Acesso em: 11 nov. 2014.

IPM – Instituto Paulo Montenegro. Disponível em: <http://www.ipm.org.br/>. Acesso em: 28 out. 2014.

_____. O que é? Índice de Gini. **Desafios do Desenvolvimento**, ano 1, ed. 4, nov. 2014. Disponível em: <http://desafios.ipea.gov.br/index.php?option=com_content&view=article&id=2048:catid=28&Itemid=23>. Acesso em: 6 nov. 2014.

_____. **Alfabetismo funcional**. Disponível em: <http://www.ipm.org.br/ipmb_pagina.php?mpg=4.09.00.00.00&id_duv=34&ver=por>. Acesso em: 12 fev. 2015.

IPU – Inter-Parliamentary Union. **Women in National Parliaments**. Disponível em: <http://www.ipu.org/wmn-e/classif.htm>. Acesso em: 6 nov. 2014.

ISMODES, J. **Curso de avaliação socioeconômica de projetos**: custos e benefícios sociais. Brasília, maio 2009. Apostila digitada. Disponível em: <http://www.cepal.org/ilpes/noticias/paginas/0/35920/Texto_de_Custos_e_Beneficios_Sociais_p.pdf>. Acesso em: 27 out. 2014.

KANITZ, S. **O que é o terceiro setor**. Disponível em: <http://filantropia.org/OqueeTerceiroSetor.htm>. Acesso em: 18 jun. 2014.

LACERDA FILHO, M. **A importância do pensamento criativo nas organizações**. Disponível em: <http://www.techoje.com.br/site/techoje/categoria/detalhe_artigo/331>. Acesso em: 12 fev. 2015

LEAL, O. **As quatro nobres verdades**: a felicidade dos Budas. Disponível em: <http://www.humaniversidade.com.br/boletins/4_nobres_verdades_otavio.htm>. Acesso em: 27 out. 2014.

LÉVY, P. **A inteligência coletiva**: por uma antropologia do ciberespaço. Tradução de Luiz Paulo Rouanet. São Paulo: Loyola, 1998.

_____. **Cibercultura**. Tradução de Carlos Irineu da Costa. São Paulo: Ed. 34, 1999.

LIMA, R. de. Para entender o pós-modernismo: notas de pesquisa. **Revista Espaço Acadêmico**, n. 35, abr. 2004. Disponível em: <http://www.espacoacademico.com.br/035/35eraylima.htm>. Acesso em: 6 jun. 2013.

LORENZO, C. O consentimento livre e esclarecido e a realidade do analfabetismo funcional no Brasil: uma abordagem para a norma e para além da norma. **Revista Bioética**, Brasília, v. 15, n. 2, p. 268-282, 2007. Disponível em: <http://revistabioetica.cfm.org.br/index.php/revista_bioetica/article/view/47/50>. Acesso em: 5 maio 2014.

LOURES, R. C. R. **Educar e inovar sob uma nova consciência**. São Paulo: Gente, 2009.

MACHADO, P. A. L. **Meio ambiente**: as 17 leis ambientais do Brasil. Disponível em: <http://planetaorganico.com.br/site/index.php/meio-ambiente-as-17-leis-ambientais-do-brasil>. Acesso em: 25 set. 2014.

MAMBERTI, S. **Identidade e diversidade cultural para estudos**: políticas públicas – cultura e diversidade. Pronunciamento do Secretário Sérgio Mamberti na IV Conferência de Educação e Cultura na Câmara dos Deputados. Disponível em: <http://www.netpetropolis.com.br/lermais_materias.php?cd_materias=5597#.VOcvVYERFS0>. Acesso em: 22 maio 2014.

MARQUES, A. I. S.; TANAKA, S. C.; MACHADO, N. D. Plano de desenvolvimento local sustentável: municípios capixabas. In: CONGRESSO DO CONSELHO NACIONAL DE SECRETÁRIOS DE ESTADO DA ADMINISTRAÇÃO DE GESTÃO PÚBLICA, 3., 2010, Brasília. **Anais**... Brasília: Consad, 2010. Disponível em: <http://www.escoladegoverno.pr.gov.br/arquivos/File/Material_%20CONSAD/paineis_III_congresso_consad/painel_3/Plano_de_desenvolvimento_local_sustentavel_municipios_capixabas.pdf>. Acesso em: 18 jun. 2014.

MARTELETO, R. M. Análise de redes sociais: aplicação nos estudos de transferência da informação. **Ciência da Informação**, Brasília, v. 30, n. 1, p. 71-81, jan./abr. 2001. Disponível em: <http://www.scielo.br/pdf/ci/v30n1/a09v30n1.pdf>. Acesso em: 18 jun. 2014.

MASI, D. de. **Ócio criativo**. Rio de Janeiro: Sextante, 2000.

MCTI – Ministério da Ciência, Tecnologia e Inovação. **Status de projetos do MDL no Brasil**. Disponível em: <http://www.mct.gov.br/index.php/content/view/30317.html>. Acesso em: 26 set. 2014.

MEISTER, J. **Educação corporativa**: a gestão do capital intelectual através das universidades corporativas. São Paulo: Pearson Makron Books, 1999.

MELO NETO, F. P. de; FROES, C. **Gestão da responsabilidade social corporativa**: o caso brasileiro. Rio de Janeiro: Qualitymark, 2001.

MENDONÇA, J. R. C. de; VIEIRA, M. M. F. Fundamentos para análise do downsizing como estratégia de mudança organizacional. **REAd**, ed. 9, v. 5, n. 3, maio/jun. 1999. Disponível em: <http://www.lume.ufrgs.br/bitstream/handle/10183/19414/000301441.pdf>. Acesso em: 12 nov. 2014.

MENDONÇA, L. R. de. **Desenvolvimento e sustentabilidade**: um estudo de alianças estratégicas intersetoriais no empreendedorismo social. 166 f. Tese (Doutorado em Administração) – Faculdade de Economia, Administração e Contabilidade, Universidade de São Paulo, São Paulo, 2007. Disponível em: <http://www.teses.usp.br/teses/disponiveis/12/12139/tde-31012008-140436/pt-br.php>. Acesso em: 30 ago. 2014.

MIGLIEVICH-RIBEIRO, A. M. et al. **A modernidade como desafio teórico**: ensaios sobre o pensamento social alemão. Porto Alegre: EdiPUCRS, 2008.

MILLO, R. F. J. **Declaración de Persépolis**. Simpósio Internacional de Persépolis, 8 set. 1975. Disponível em: <http://www.unesco.org/education/nfsunesco/pdf/PERSEP_S.PDF>. Acesso em: 26 set. 2014.

MINAS GERAIS. Decreto n. 44.184, de 23 de dezembro de 2005. **Diário do Executivo**, Poder Executivo, 24 dez. 2005. Disponível em: <http://www.lexml.gov.br/urn/urn:lex:br;minas.gerais:estadual:decreto:2005-12-23;44184>. Acesso em: 27 set. 2014.

MIRANDA, A. B. S. de. O que é a psicologia cognitiva? **Psicologado**, mar. 2013. Disponível em: <http://psicologado.com/abordagens/psicologia-cognitiva/o-que-e-a-psicologia-cognitiva>. Acesso em: 5 maio 2014.

MOEHLECKE, S. As políticas de diversidade na educação no governo Lula. **Cadernos de pesquisa**, v. 39, n. 137, p. 461-487, maio/ago. 2009. Disponível em: <http://www.scielo.br/pdf/cp/v39n137/v39n137a08.pdf>. Acesso em: 5 maio 2014.

MOREIRA, D. A. **Analfabetismo funcional**: o mal nosso de cada dia. São Paulo: Pioneira Thomson Learning, 2003.

_____. Analfabetismo funcional: perspectivas e soluções. **Administração OnLine**, v. 1, n. 4, out./dez. 2000. Disponível em: <http://www.fecap.br/adm_online/art14/daniel3.htm>. Acesso em: 4 fev. 2015.

MOREIRA M. de M. O envelhecimento da população brasileira: intensidade, feminização e dependência. **Revista Brasileira de Estudos Populacionais**, Brasília, v. 1, n. 15, 1998. Disponível em: <http://www.abep.nepo.unicamp.br/docs/rev_inf/vol15_n1_1998/vol15_n1_1998_5artigo_79_94.pdf>. Acesso em: 5 out. 2014.

MUSAFIR, V. E. N. Fundo Solidariedade Digital: uma necessidade para os países da América Latina e Caribe. **Serviço Federal de Processamento de Dados**, 10 jun. 2005. Disponível em: <http://www4.serpro.gov.br/noticias-antigas/noticias-2005-1/20050610_06>. Acesso em: 18 jun. 2014.

MUSSAK, E. Tudo o que sobe desce. **Revista Vida Simples**, n. 19, 1º ago. 2004. Disponível em: <http://eugeniomussak.com.br/tudo-o-que-sobe-desce>. Acesso em: 5 maio 2014.

MYERS, A. O valor da diversidade racial nas empresas. **Estudos afro-asiáticos**, Rio de Janeiro, v. 25, n. 3, 2003. Disponível em: <http://dx.doi.org/10.1590/S0101-546X2003000300005>. Acesso em: 5 maio 2014.

NACIONES UNIDAS. Cumbre de Johannesburgo 2002. **Conferencia de las Naciones Unidas sobre el Medio Ambiente y el Desarrollo – CNUMAD**, 2002. Disponível em: <http://www.un.org/spanish/conferences/wssd/unced.html>. Acesso em: 14 ago. 2014.

NASCIMENTO, J. C. H. B do; DUARTE, F. R.; ALBERTO, M. As perdas invisíveis do analfabetismo funcional nas organizações. In: SIMPÓSIO DE ENGENHARIA DA PRODUÇÃO DA REGIÃO NORDESTE, 4., 2009, Fortaleza. **Anais**... Fortaleza: Seprone, 2009. Disponível em: <http://www.simapot.com.br/index.php?option=com_docman&task=doc_download&gid=86&Itemid=76>. Acesso em: 5 maio 2014.

NOJIMA, V. L. M. dos S.; ALMEIDA JUNIOR, L. N. de. Globalização e desterritorialização: reflexões preliminares sobre uma ideologia. **Revista Alceu**, v. 7, n. 14, p. 96-116, jan./jun. 2007. Disponível em: <http://revistaalceu.com.puc-rio.br/media/Alceu_n14_Nojima.pdf>. Acesso em: 5 maio 2014.

NUNES, O. **Definição, função e tipos de memória**. 12 abr. 2010. Disponível em: <http://www.webartigos.com/artigos/definicao-funcao-e-tipos-de-memoria/36064>. Acesso em: 5 maio 2014.

OBSERVATÓRIO DA DIVERSIDADE CULTURAL. Disponível em: <http://observatoriodadiversidade.org.br/site>. Acesso em: 26 set. 2014.

OBSERVATÓRIO DA DIVERSIDADE CULTURAL. **Mapeamento de políticas públicas para a diversidade cultural**: estudo de caso de Belo Horizonte. Relatório de Pesquisa. Disponível em: <http://observatoriodadiversidade.org.br/site/wp-content/uploads/2011/06/Relatorio-LMIC-30Dez13-Versao-final.pdf>. Acesso em: 26 set. 2014.

OEI – Organização dos Estados Ibero-Americanos. **Plano Nacional do Livro e Leitura – PNLL**. 2011. Disponível em: <http://www.oei.es/noticias/spip.php?article9323>. Acesso em: 26 set. 2014.

OFICINA DO FUTURO. Disponível em: <http://www.oficinadofuturo.com.br>. Acesso em: 6 jun. 2009.

OIT – Organização Internacional do Trabalho. **Avanços nos indicadores de trabalho decente no Brasil é tema de relatório inédito da OIT**. 19 jul. 2012. Disponível em: <http://www.oit.org.br/node/876>. Acesso em: 26 set. 2014.

OLIVEIRA, C. A.; AZEVEDO, S. P. de. Analfabetismo digital funcional: perpetuação de relações de dominação? **Revista Brasileira de Linguística**, v. 5, n. 2, p. 101-112, 2007. Disponível em: <http://www.professorcarlosoliveira.com/MDV/Carlos/RBL2007.pdf>. Acesso em: 19 set. 2014.

ORMANDY, L. **Brainstorming for a Topic**. São Paulo: Ebook Kindle, 2012.

ORWELL, G. **1984**. São Paulo: Companhia das Letras, 2009.

OS DANOS da pornografia. **Despertai!**, p. 6-10, 2003. Disponível em: <http://wol.jw.org/en/wol/d/r5/lp-t/102003523>. Acesso em: 27 set. 2014.

PATO BRANCO. Câmara Municipal. Entrega de Título de Empresa Amiga do Idoso ao Sesc. **YouTube**, 9 maio 2014. Disponível em: <https://www.youtube.com/watch?v=aSAZ5Wducsk>. Acesso em: 6 nov. 2014.

PERES, A. **Gestão de pessoas versus gestão de recursos humanos**, 1º jul. 2011. Disponível em: <http://www.catho.com.br/cursos/gestao_de_pessoas_versus_gestao_de_recursos_humanos>. Acesso em: 5 maio 2014.

PETRAS, J. **The New Development Politics**: the Age of Empire Building New Social Movements. Ebook Kindle, 2013.

PNUD – Programa das Nações Unidas para o Desenvolvimento. **Brasil avança no desenvolvimento humano e sobe uma posição no IDH**. 2 nov. 2011. Diponível em: <http://www.pnud.org.br/Noticia.aspx?id=2583>. Acesso em: 25 maio 2015

_____. **O que é feminização da pobreza?** 26 ago. 2008. Disponível em: <http://www.pnud.org.br/Noticia.aspx?id=1301>. Acesso em: 6 nov. 2014.

PORTAL AMIGO DO IDOSO. Disponível em: <http://portalamigodoidoso.com.br>. Acesso em: 18 out. 2014.

PORTAL APRENDIZ. **Brasil registra 12% de analfabetos, aponta Dieese**. 13 mar. 2008. Disponível em: <http://aprendiz.uol.com.br/content/prudowofro.mmp>. Acesso em: 6 nov. 2014.

PORTAL DO VOLUNTÁRIO. **Para saber mais sobre o trabalho voluntário**. 2012. Disponível em: <https://portaldovoluntario.v2v.net/posts/12012>. Acesso em 6 nov. 2014.

PORTAL TERRA. **MEC divulga a primeira chamada do ProUni; confira**. 20 jan. 2014. Disponível em: <http://noticias.terra.com.br/educacao/enem/mec-divulga-resultado-da-primeirachamadadoprouniconfira,1d54cbc403ea3410VgnVCM10000098cceb0aRCRD.html>. Acesso em: 6 nov. 2014.

PORTO ALEGRE. **Projeto de Lei n. 185, de 12 de junho de 2002**. Dispõe sobre a promoção e reconhecimento da liberdade de orientação, prática, manifestação, identidade, preferência sexual e dá outras providências. Disponível em: <http://www.abglt.org.br/port/leim185.htm>. Acesso em: 26 set. 2014.

RECONDU, F. et al. Brasil oficializa casamento gay, com direito a sobrenome e partilha de bens. **Estadão**, São Paulo, 15 maio 2013. Disponível em: <http://sao-paulo.estadao.com.br/noticias/geral,brasil-oficializa-casamento-gay-com-direito-a-sobrenome-e-partilha-de-bens-imp-,1031923>. Acesso em: 26 set. 2014.

RH PORTAL. Disponível em: <http://www.rhportal.com.br/>. Acesso em: 31 jan. 2015.

RIBEIRO, A. M. et al. **A modernidade como desafio teórico**: ensaios sobre o pensamento social alemão. Porto Alegre: EdiPUCRS, 2008.

RIBEIRO, N. **Quem sou eu?** Identidade e autoestima da criança e do adolescente. Campinas: Papirus, 2006.

RIBEIRO, V. M. Alfabetismo funcional: referências conceituais e metodológicas para a pesquisa. **Educação & Sociedade**, ano 18, n. 60, dez. 1997. Disponível em: <http://www.scielo.br/pdf/es/v18n60/v18n60a8.pdf>. Acesso em: 5 maio 2014.

RIO+20 – Conferência das Nações Unidas sobre Desenvolvimento Sustentável. **Declaração Final da Conferência das Nações Unidas sobre Desenvolvimento Sustentável (Rio +20)**: O Futuro que Queremos. 12 ago. 2012. Disponível em: <http://www.mma.gov.br/port/conama/processos/61AA3835/O-Futuro-que-queremos1.pdf>. Acesso em: 16 set. 2014.

ROSSETTI, J. P. **Finanças corporativas**: teoria e prática empresarial no Brasil. Rio de Janeiro: Elsevier, 2008.

ROYA, B. et al. Biogás: uma energia limpa. **Revista Eletrônica Novo Enfoque**, v. 13, n. 13, p. 142-149, 2011. Disponível em: <http://www.castelobranco.br/sistema/novoenfoque/files/13/artigos/12_BunoRoya_Biogas_Prof_Djalma_VF.pdf>. Acesso em: 28 out. 2014.

SALIM, C. A. Doenças do trabalho: Exclusão, segregação e relações de gênero. **São Paulo em Perspectiva**: revista da Fundação Seade, v. 17, n. 1, p. 11-24, jan./mar. 2003. Disponível em: <http://www.seade.gov.br/wp-content/uploads/2014/07/v17nl.pdf>. Acesso em: 29 maio 2015.

SALLUM JUNIOR, B. O futuro das ciências sociais: a sociologia em questão. **Sociologia, Problemas e Práticas**, Oeiras, n. 48, maio 2005. Disponível em: <http://www.scielo.oces.mctes.pt/scielo.php?pid=S0873652920050002000003&script=sci_arttext>. Acesso em: 18 jun. 2014.

SANTOS, B. de S. **Pela mão de Alice**: o social e o político na pós-modernidade. 4. ed. São Paulo: Cortez, 1997.

SANTOS, I. A. A. dos. Discriminação: uma questão de direitos humanos. In: OLIVEIRA, D. D. et. al. (Org.). **50 anos depois**: relações raciais e grupos socialmente segregados. Brasília: Movimento Nacional de Direitos Humanos, 1998. p. 53-74.

SANTOS, M. J. N.; SILVA, R. R. A importância da responsabilidade social corporativa para a potenciação do capital social em pequenas e médias empresas. **Revista de Ciências da Administração**, v. 12, n. 27, p. 190-207, maio/ago. 2010.

SASSAKI, R. K. Como chamar as pessoas que têm deficiência? In: ____. **Vida independente**: história, movimento, liderança, conceito, filosofia e fundamentos. São Paulo: RNR, 2003. p. 13-16.

SCAVONE, L. Estudos de gênero: uma sociologia feminista? **Revista Estudos Feministas**, Florianópolis, v. 16, n. 1, jan./abr. 2008. Disponível em: <http://www.scielo.br/scielo.php?pid=S0104-026X2008000100018&script=sci_arttext.>. Acesso em: 5 maio 2014.

SEADE – Fundação Sistema Estadual de Análise de Dados. **Diferença salarial**, 2002. Disponível em: <http://www.seade.gov.br/produtos/mulher/index.php?bole=13&tip=03>. Acesso em: 6 nov. 2014.

SELAIMEN, G.; LIMA, P. H. (Org.). **Cúpula Mundial sobre a Sociedade da Informação**: um tema de todos. Rio de Janeiro: Rits, 2004. Disponível em: <http://portal2.tcu.gov.br/portal/pls/portal/docs/2056048.PDF>. Acesso em: 12 mar. 2014.

SENGE, P. **A quinta disciplina**: arte, teoria e prática da organização que aprende. Rio de Janeiro: BestSeller, 1990.

SILVA, C. G.; MELO, L. C. P. de (Coord.). **Ciência, tecnologia e inovação**: desafio para a sociedade brasileira – livro verde. Brasília: Ministério da Ciência e Tecnologia/Academia Brasileira de Ciências, 2001.

SILVEIRA, C. B.; ANTONIOLI FILHO, A.; CALARGE, F. A. Inovação tecnológica e a ecoeficiência: um estudo de caso em uma universidade. In: SIMPÓSIO DE EXCELÊNCIA EM GESTÃO DE TECNOLOGIA, 10, 2013, Resende. **Anais**... Resende: AEDB, 2013. Disponível em: <http://www.car.aedb.br/seget/artigos13/28118217.pdf>. Acesso em: 18 jun. 2014.

SÓ HISTÓRIA. **O Iluminismo**: pensadores e características. Disponível em: <http://www.sohistoria.com.br/resumos/iluminismo.php>. Acesso em: 6 set. 2014.

SOUSA, R. G. **Identidade cultural**. Disponível em: <http://www.mundoeducacao.com/sociologia/identidade-cultural.htm#comentarios>. Acesso em: 28 set. 2014.

SPOSATI, A. (Coord.). **Mapa da exclusão/inclusão social da cidade de São Paulo**. São Paulo: Educ, 1996.

STEKELENBURG, J. V.; ROGGEBAND, C.; KLANDERMANS, B. (Ed.). **The Future of Social Movement Research**: Dynamics, Mechanisms and Processes. Minnesota: University of Minnesota Press, 2013.

STEWART, T. A. **Capital intelectual**: a nova vantagem competitiva das empresas. Rio de Janeiro: Campus, 1998.

SUPREMO Thai Chi Chuan & Cultura Oriental. **Confúcio**. Disponível em: <http://supremotaichi.com.br/wpcontent/uploads/2011/12/Apostila_Supremo_Confucio.pdf>. Acesso em: 27 out. 2014.

TAPSCOTT, D.; WILLIANS, A. D. **Macrowikinomics**: New Solutions for a Connected Planet. New York: Penguin Group, 2010.

TOMAÉL, M. I.; ALCARÁ, A. R.; DI CHIARA, I. G. Das redes sociais à inovação. **Revista Ciência da Informação**, Brasília, v. 34, n. 2, p. 93-104, maio/ago. 2005. Disponível em: <http://www.scielo.br/pdf/ci/v34n2/28559>. Acesso em: 8 maio 2015.

TORO, J. B. **Códigos da modernidade**. Porto Alegre: Fundação Mauricio Sirotsky Sobrinho, 2000.

TORRESI, S. I. C. de; PARDINI, V. L.; FERREIRA, V. F. (Ed.). O que é sustentabilidade? **Química Nova**, São Paulo, v. 33, n. 1, 2010. Disponível em: <http://www.scielo.br/scielo.php?pid=S0100-40422010000100001&script=sci_arttext>. Acesso em: 18 jun. 2014.

TSE – Tribunal Superior Eleitoral. **TSE lança no Congresso Nacional campanha que convoca mulheres para a política**. 19 mar. 2014. Disponível em: <http://www.tse.jus.br/noticias-tse/2014/Marco/tse-lanca-no-senado-campanha-que-convoca-mulheres-para-a-politica>. Acesso em: 26 set. 2014.

UN – United Nations. A Life of Dignity for All: Accelerating Progress Towards the Millennium Development Goals and Advancing the United Nations Development Agenda Beyond 2015. **General Assembly**, 26 jul. 2013. Disponível em: <http://www.un.org/en/ga/search/view_doc.asp?symbol=A/68/202>. Acesso em: 28 out. 2014.

UN NEWS CENTRE. **In Key Report, Ban Outlines Vision for 'Bold' Action to Achive MDGs, set Future Sustainable Development Agenda**. 21 ago. 2013. Disponível em: <http://www.un.org/apps/news/story.asp?NewsID=45669&Cr=mdgs&Cr1=#.U42yU2fQfcd>. Acesso em: 28 out. 2014.

UNCTAD – Conferência das Nações Unidas sobre Comércio e Desenvolvimento. Disponível em: <http://unctad.org/en/Pages/Home.aspx>. Acesso em: 28 set. 2014.

_____. **A UNCTAD vê oportunidade crescente de envolvimento dos países em desenvolvimento no desenvolvimento local de software**. Genebra, 28 nov. 2012. Disponível em: <http://unctad.org/en/PressReleaseLibrary/PR12039_pt_IER.pdf>. Acesso em 8 jun. 2014.

UNDP – United Nations Development Programme. **Human Development Reports**. Disponível em: <http://hdr.undp.org/en>. Acesso em: 18 ago. 2013.

UNESCO – Organização das Nações Unidas para Educação, a Ciência e a Cultura. Disponível em: <www.unesco.org>. Acesso em: 6 jun. 2014.

_____. **Declaração Mundial sobre Educação para Todos**: satisfação das necessidades básicas de aprendizagem – Jomtien, 1990. 1998. Disponível em: <http://unesdoc.unesco.org/images/0008/000862/086291por.pdf>. Acesso em: 30 ago. 2013.

_____. Representação da Unesco no Brasil. **Dia Internacional para Erradicação da Pobreza**: 17 de outubro. 16 out. 2013. Disponível em: <http://www.unesco.org/new/pt/brasilia/aboutthisoffice/singleview/news/international_day_for_the_eradication_of_poverty_17_october1/#.VVFevTHF-80>. Acesso em: 26 set. 2014.

_____. **Declaração Universal sobre a Diversidade Cultural**. 2002. Disponível em: <http://unesdoc.unesco.org/images/0012/001271/127160por.pdf>. Acesso em: 18 ago. 2013.

UNFCCC – United Nations Framework Convention on Climate Change. Disponível em: <http://unfccc.int/2860.php>. Acesso em: 6 nov. 2014.

UNICEF – United Nations Children's Fund. **Relatório da situação mundial da infância 2013**: crianças com deficiência. maio 2013. Disponível em: <http://www.unicef.pt/docs/PT_SOWC2013.pdf>. Acesso em: 26 set. 2014.

UNICEF BRASIL. **Mortes maternas caem um terço em todo o mundo**. Disponível em: <http://www.unicef.org/brazil/pt/media_18811.htm>. Acesso em: 26 set. 2014.

UOL INTERNACIONAL. **Cúpula de Túnis se focaliza na tecnologia para reduzir brecha norte-sul**. 17 nov. 2005. Disponível em: <http://noticias.uol.com.br/ultnot/afp/2005/11/17/ult34u140926.jhtm>. Acesso em: 6 nov. 2014.

UPTON, J. **What Will 2025 Look Like?** If modern research trends continue, this is what some experts say the future holds. **Pacific Standard**, July 2014. Disponível em: <http://www.psmag.com/navigation/nature-and-technology/future-research-will-2025-look-like-84624>. Acesso em: 20 jun. 2014.

USP – Universidade de São Paulo. Biblioteca Virtual de Direitos Humanos. **Declaração de Direitos das Pessoas Deficientes**: 1975. Disponível em: <http://www.direitoshumanos.usp.br/index.php/DireitodosPortadoresdeDefici%C3%AAncia/declaracao-de-direitos-das-pessoasdeficientes.html>. Acesso em: 28 set. 2014.

VALLE, T. G. M. (Org.). **Aprendizagem e desenvolvimento humano**: avaliações e intervenções. São Paulo: Cultura Acadêmica, 2009.

VARALDA, R. B. **Responsabilidade do Estado pela omissão do cumprimento das normas gerais do Conselho Nacional dos Direitos da Criança e do Adolescente**. Disponível em: <http://www.fesmpdft.org.br/arquivos/Renato_barao.pdf>. Acesso em: 12 fev. 2015.

VASCONCELLOS, J. Lei Maria da Penha ainda não tem efetividade, alerta conselheiro do CNJ. **Conselho Nacional de Justiça**, 7 ago. 2013. Disponível em: <http://www.cnj.jus.br/noticias/cnj/60557-lei-maria-da-penha-ainda-nao-temefetividade-alerta-conselheiro-do-cnj>. Acesso em: 5 maio 2014.

VAUGHN, L. **The Power of Critical Thinking**: Effective Reasoning About Ordinary and Extraordinary Claims. New York: Oxford University Press, 2008.

VELHO, G. **Individualismo e cultura**: notas para uma antropologia da sociedade contemporânea. 8. ed. Rio de Janeiro: J. Zahar, 2008.

VIANA, N. **Os valores na sociedade moderna**. Brasília: Thesaurus, 2007.

VIEIRA, R. P. **O perfil do profissional do novo século**. Disponível em: <http://www.sato.adm.br/artigos/espaco_rh_o_perfil_do_profission.htm>. Acesso em: 28 set. 2014.

VILHENA, J. B. Responsabilidade social: vale a pena investir? **Instituto MVC**, 4 ago. 2014. Disponível em: <http://www.institutomvc.com.br/artigos/post/responsabilidade-social-vale-a-pena-investir>. Acesso em: 31 jan. 2015.

VILLA, M. A. O gigante continua adormecido. **O Globo**, 5 nov. 2013. Disponível em: <http://oglobo.globo.com/pais/noblat/posts/2013/11/05/o-gigante-continua-adormecido-514180.asp>. Acesso em: 27 out. 2014.

VOLTAIRE. **Cândido**. eBookLibris, jun. 2001. Disponível em: <http://www.ebooksbrasil.org/eLibris/candido.html>. Acesso em: 12 ago. 2013.

VOTORANTIM. Disponível em: <http://www.votorantim.com.br/pt-BR/Paginas/home.aspx>. Acesso em: 12 fev. 2015.

WEINGRILL, C. (Coord.). **Práticas empresariais de responsabilidade social**: relações entre os princípios do Global Compact e os Indicadores Ethos de Responsabilidade Social. São Paulo: Instituto Ethos, 2003. Disponível em: <http://www.erudito.fea.usp.br/portalfea/Repositorio/5165/Documentos/Global%20Compact%20e%20Ethos.pdf>. Acesso em: 30 out. 2014.

WHO – World Health Organization. Disponível em: <http://www.who.int/en>. Acesso em: 24 out. 2014.

XIBERRAS, M. As teorias da exclusão. **Epistemologia e Sociedade**, n. 41. Lisboa: Instituto Piaget, 1993.

ZHOURI, A. Justiça ambiental, diversidade cultural e accountability: desafios para a governança ambiental. **Revista Brasileira de Ciências Sociais**, v. 23, n. 68, p. 97-107, out. 2008. Disponível em: <http://goo.gl/LoMWmf>. Acesso em: 30 out. 2014.

ZUGMAN, F. **O mito da criatividade**. São Paulo: Campus/Elsevier, 2008.

Sobre o autor

Antonio Siemsen Munhoz é doutor em Engenharia da Produção com ênfase em *design* do produto na área de objetos de aprendizagem pela Universidade Federal de Santa Catarina (UFSC) e mestre em Engenharia da Produção com ênfase em mídia e conhecimento na área de educação a distância (EaD) por essa mesma instituição. É engenheiro civil formado pela UFSC e especialista em Metodologia do Ensino Superior pelas Faculdades Integradas Espírita (Fies), em Metodologia da Pesquisa Científica pelo Instituto Brasileiro de Pós-Graduação e Extensão (Ibpex), em Tecnologias Educacionais pelas Faculdades Spei e em Educação a Distância pela Universidade Federal do Paraná (UFPR). Atualmente, presta consultoria em EaD e em tecnologia educacional, atuando como professor em diversas instituições de ensino superior. É ainda projetista instrucional com desenvolvimento de cursos para oferta em ambientes não presenciais.

Os papéis utilizados neste livro, certificados por instituições ambientais competentes, são recicláveis, provenientes de fontes renováveis e, portanto, um meio responsável e natural de informação e conhecimento.

FSC
www.fsc.org
MISTO
Papel produzido a partir de fontes responsáveis
FSC® C103535

Impressão: Reproset
Fevereiro/2023